JN492311

Electronic Securities Act

전자증권법 해설서

심 영 · 김사엽

정독
DEEP READING

머리말

유가증권은 재산권을 쉽게 거래하기 위하여 만들어진 것이다. 즉 무형의 권리를 증서화하여 권리의 이전 및 양도, 기타 처분이 신속하고 확실하게 이루어질 수 있도록 하였다.

유가증권 법리에 따르면 증권을 양도하는 경우 그 점유를 이전하여야 권리가 이전된다고 보고 있지만 이러한 방식은 거래비용뿐만 아니라 위변조 및 분실위험 등을 안고 있었다. 또한 1960년대 말부터 급격한 증권거래량의 증가로 인하여 증권사무위기(paper crisis)를 경험한 국가에서는 증권 후선업무를 효율화하기 위한 여러 노력을 기울이게 되었다. 그리하여 증권의 이동 없이 예탁기관에 보관한 다음 장부상의 기재로 업무를 처리하는 증권의 부동화(不動化, immobilization) 방식의 하나인 증권예탁제도가 도입되었다. 다음 단계로는 채권등록제도, 불소지제도 등 실물증권을 발행하지 않고 증권의 발행·양도·권리행사를 가능하게 하는 무권화(無券化, dematerialization)제도가 도입되었으나 권리자의 요청 시 실물증권을 발행해야 하는 불완전한 무권화제도라는 한계가 있었다.

전자증권제도는 실물 발행을 원천적으로 배제한다는 점에서 가장 발달된 형태의 무권화제도이다. 우리나라에서는 전자증권제도가 2000년대 초반부터 활발히 논의되었으며 2016년에는 전자증권법이 국회에서 통과되어 그 결실을 맺었고, 2019년 9월에 시행되어 현재까지 비교적 짧은 기간 내에 자본시장의 효율성을 제고하며 성공적으로 안착하였다.

전자증권법은 자본시장의 중요한 한 축을 이루는 법률로, 주식 및 사채 등의 전자등록에 관한 사항을 규율하는 법제도이다. 하지만 그 복잡성과 새로운 개념으로 인해 처음 접하는 사람들에게는 다소 어려울 수 있다. 이에 본 해설서는 전자증권법에 대한 체계적이고 종합적인 안내서로서, 초심자도 쉽게 이해할 수 있도록 최대한 평이한 언어로 서술하려 노력했다.

이 책은 전자증권법의 조문별 해설서 형식으로 구성되어 있으며, 전자증권법의 본문뿐만 아니라 시행령, 하위법규, 그리고 전자등록기관의 실무까지 아우르며 상세히 설명하고자 했다. 또한, 전자증권법을 둘러싼 다양한 학문적, 실무적 논의를 정리하여 독자들이 법률의 의미와 목적을 폭넓게 이해할 수 있도록 했다. 이는 전자증권법 최초의 주석서로서, 법적 해석뿐만 아니라 앞으로의 제도 개선 방향에 대한 제언도 포함하고 있다.

아울러, 전자증권법의 규정이 자본시장법, 상법 등의 관련 제도와 어떻게 상호작용하는지에 대한 비교 서술을 추가함으로써, 독자들이 각 법률 간의 관계를 명확히 파악할 수 있도록 하였다.

본 해설서가 전자증권법을 공부하는 이들에게는 물론, 실무자들에게도 유용한 참고자료가 되기를 바라며, 나아가 전자증권법 제도의 발전에 기여할 수 있기를 기대한다.

2024년 10월

저자

차 례

제 1 편 전자증권제도 개관

제 2 편 전자증권법 조문 해설

제 3 편 제도 발전을 위한 향후 과제

제 1 편

전자증권제도 개관

제 1 장 전자증권제도의 의의

Ⅰ. 전자증권제도의 개념

1. 의 의

전자증권제도(Electronic Securities System)란 증권 실물을 발행하지 않고 증권의 발행·유통·권리행사 등 증권 관련 모든 사무를 전자적인 방법으로 처리하는 제도를 의미한다.[1] 즉, 증권이 표창하는 권리를 전자적 장부인 전자등록계좌부에 등록하고, 계좌부 기재를 통해 제반 업무를 처리할 수 있도록 지원하는 제도이다. 실물증권을 발행하는 경우에는 발행·보관·운송에 상당한 비용이 소요되고, 위조·분실 등 부수적인 거래비용을 야기한다. 이에 최근 정보기술의 발달에 힘입어 유가증권을 전자화하여 무권화(無券化)하는 방법이 주요 유럽국가와 미국에서 개발되었고, 현재 세계 각국에서 주식과 사채, 기타 각종 파생증권에 관해 널리 활용되고 있다.[2] 2011년 상법 개정을 통하여 주식과 사채 등에 전자등록제를 도입하고 기타 유가증권에도 이용할 수 있도록 규정하였다(제65조 제2항). 전자등록제는 많은 법 기술적 문제가 선결되어야 하므로 이 제도를 시행하기 위하여 특별법으로 보다 구체적인 사항을 규정하도록 하였다(제356조의2 제4항).

2. 용어의 적절성

제도 도입 논의를 시작한 이래로 그 명칭을 누고 '전자증권제도' 또는 '전자등록제도'라는 명칭이 혼용되어 왔다. 학계에서는 주로 전자등록제도라는 용어를 사용하는 것이 다수의 견해로 보이며,[3] 실무를 담당하는 금융당국 및 한국

1) 법무부·금융위 보도자료, "전자증권제도 및 법령 주요내용"(2019.9.16), 1면.
2) 이철송, 「회사법강의」(박영사, 2021), 342면.
3) 김순석, "주식 등의 전자등록제도 도입에 따른 주주 보호방안", 「상사법연구」 제22권 제3호(2003); 손진화, "주식 등의 전자등록제도 도입방안", 「상사법연구」 제22권 제3호(2003); 정경영, "전자증권의 법적 성질과 전자등록제도에 관한 고찰", 「상사법연구」 제22권 제3호(2003); 김동근, "전자등록제도의 유가증권성에 관한 연구", 「기업법연구」 제17집(2004) 등.

예탁결제원 자료에서는 전자증권제도라는 용어를 사용하는 경향이 강하였다.[4] 2016년 「주식·사채 등의 전자등록에 관한 법률」이 통과되었으며, 법제처는 이 법률에 대한 공식적인 약칭을 전자증권법이라고 부르기로 결정하여 논란의 종지부를 찍는가 했지만, 명칭이 적절하지 않다는 지적이 여전히 유력하다. 전자증권제도라는 용어가 사용된 취지는 기존의 실물발행되는 증권과 구별되는 의미에서 전자적 기록으로 존재하는 증권이라는 점, '증권'이라는 용어가 강조된다는 점에서 다른 분야 법률과의 차별성을 둘 수 있어 일반인의 혼동을 줄 여지가 적다는 점 등으로 추측해 볼 수 있다. 하지만 증권의 실물 발행 없이 권리가 전자등록계좌부에 의해 등록되고 공시된다는 점에서, 또한 전자등록방식을 채택하였다는 점에서 전자문서방식을 채택한 「전자어음의 발행 및 유통에 관한 법률」(이하 전자어음법) 등과의 구별을 위해서는 전자등록제도라는 용어가 제도의 취지에 부합한다고 판단된다.[5] 증권의 무권화를 실행한 세계 여러 나라에서도 전자증권이라는 용어를 쓰는 경우는 찾아보기 어렵다. 미국은 통일상법전에서, 영국은 「2001년 무증서증권규정」(Uncertificated Securities Regulations 2001)에서 무증서증권이라는 용어를 사용하며, 일본은 대체증권이라는 용어를 사용한다.[6] 또한 등록계좌부의 등록대상은 증권이 아니라 증권상 표시되어야 할 권리이므로 증권이라는 용어를 가급적 사용하지 않는 것이 바람직하다.[7] 공식명칭이 「주식·사채 등의 전자등록에 관한 법률」으로 증권이란 용어는 등장하지 않는다. 다만 본서에서는 편의상 법제처의 공식약칭인 전자증권법으로 부르기로 한다.

---

4) 한국증권법학회, 「전자증권제도 법제화방안」, 증권예탁결제원 연구용역보고서, 2006; 금융위원회 보도자료, "전자증권제도 도입방안"(2015.5); 법무부·금융위 보도자료, "전자증권제도 및 법령 주요내용"(2019.9.16) 등.

5) 정경영, 앞의 논문, 174면; 김병연, "주식·사채 등의 전자등록제도의 도입에 관하여", 「증권법연구」 제19권 제3호(2018), 38면; 장영수, "전자증권법의 주요 쟁점에 관한 소고", 「기업법연구」 제35권 제3호(2021), 218면.

6) 장영수, 위의 논문, 217면.

7) 전자증권의 '전자'라는 용어가 굳이 필요한지에 대해서도 의문이다. 증권예탁제도 등 증권의 부동화를 위한 제도에서도 증권상의 권리는 예탁자계좌부의 전자적인 기록에 의해서 관리되었고, 이것이 형태가 변경되어 전자등록기관의 전자등록계좌부의 전자적 기록에 의해 관리되는 것으로 되었으므로 전자증권법 도입 전후로 전자적 형태라는 점은 동일하다. 장영수, 앞의 논문, 218면.

Ⅱ. 전자증권의 법적 성질

종래 유가증권의 개념에 비추어 전자증권의 법적 성질을 어떻게 파악할 것인가가 문제된다. 유가증권은 권면에 사법상의 권리가 화체된 것으로 그 권리의 행사, 이전에 소지를 필요로 하는 것으로 정의되는데, 전자증권에는 권리가 화체되는 대상인 권면 자체가 없기 때문이다. 이 문제는 전자증권에 대한 논의가 시작되었을 때부터 끊임없이 논란이 된 쟁점이며 제도 전체를 관통하는 문제라고 볼 수 있다. 이에 대해서는 전자증권은 새로운 형태의 권리이지만 유가증권 제도의 연장선상에서 파악되어야 한다는 견해[8]가 있다. 일본의 견해로서 우리나라 전자등록계좌부에 해당하는 일본「사채, 주식 등의 대체에 관한 법률(이하 '대체법')」상 대체계좌부에 기재됨으로써 유가증권상의 권리에 대한 사실상의 지배권한을 행사할 수 있으며 법적으로는 이를 점유로 보며 유가증권상의 권리는 대체계좌부에 기록된 자가 점유하고 있다고 볼 수 있다는 견해[9]도 동일한 취지이다. 최근 입법된 독일의 전자증권법(Gesetz über elektronische Wertpapiere, eWpG)은 전자증권제도 도입으로 인하여 유가증권 법리구성이 달라지는 것을 방지하기 위해 종래의 유가증권 개념을 그대로 전자증권에도 유지하는 태도를 취하였다.[10] 하지만 전자적 방법에 의하여 전자등록계좌부에 전자등록된 전자등록주식등은 교부의 대상이 되는 증권이라기보다는 데이터의 성격이 강하고, 어음·수표 등 전형적인 유가증권처럼 일정한 요건을 요구하지 않으며, 권리자는 전자등록기관을 통해서 권리를 행사할 뿐 전통적인 유가증권처럼 권리의 행사에 소지가 필요한 것으로 보기도 어렵다. 따라서 전자증권법상 전자등록주식등은 전통적인 유가증권의 범주에 포섭하기 어렵다고 판단된다.[11] 전자등록계좌부의 기재에 따라 권리 양도의 효력이 발생하고, 권리관계가 공시되며 주권과 같은 유체물이 존재하지 않는다는 점에서 유가증권의 법리는 적용될 수 없고, 전자등록계좌부에 따른 특수한 효력이 부여되므로 굳이 유가증권 법리를

8) 정찬형, "전자증권제도의 도입에 따른 법적 과제",「상사법연구」제22권 제3호(2003), 17면.
9) 森田宏樹, "有価証券のペーパーレス化の基礎理論", Discussion Paper No. 2006-J-23(日本銀行金融研究所, 2006.9), 38면.
10) 정대익, "독일 전자증권법의 주요내용에 대한 검토",「금융법연구」제18권 제3호(2021), 11면.
11) 김홍기, "전자증권법의 시행에 따른 법적 쟁점과 과제",「연세법학」제34호(2019), 16면.

차용할 필요는 없다고 할 것이다.

Ⅲ. 도입모델

1. 전자등록방식

투자자가 전자등록기관에 전자등록계좌를 개설할 수 있는지에 따라서 직접등록방식과 간접등록방식으로 구분된다. 직접등록방식은 투자자가 직접 전자등록기관에 자기명의로 계좌를 개설할 수 있는 방식이며, 간접등록방식은 투자자가 증권회사, 은행 등 계좌관리기관에 계좌를 개설하고 전자등록기관에는 직접 계좌를 개설할 수는 없는 형태를 의미한다. 직접등록방식에 의할 경우 전자등록기관은 일일이 투자자의 계좌개설 요청에 응해야 하고, 투자자의 계좌를 관리해야 하므로 업무부담이 가중될 수 있지만 전자등록기관을 신뢰하여 직접 상대방으로 하려는 투자자의 니즈를 충족할 수 있다는 장점이 있다.[12] 간접등록방식은 제도의 운영책임을 전자등록기관과 다수의 계좌관리기관이 분담하여 전자등록기관의 시스템·업무부하를 줄일 수 있다는 장점이 있지만 투자자의 권리를 두터이 보호하기 어려운 점이 있다. 증권예탁결제제도는 간접등록방식을 취하고 있으며 전자증권법 또한 간접등록방식이 원칙이지만 예외적으로 투자자가 직접 전자등록기관에 계좌를 열어둘 수 있는 근거를 마련하고 있다. 즉 전자증권법은 계좌관리기관, 법률에 따라 설립된 기금 등이 전자등록주식등의 권리자가 되려는 경우에는 전자등록기관에 계좌관리기관등 자기계좌를 개설할 수 있다고 규정하고 있다(제23조 제1항). 이에 따라 전자등록기관인 한국예탁결제원의 「주식·사채 등의 전자등록업무규정」에서도 이를 직접등록계좌라고 하여 상세내용을 규정하고 있다.[13]

---

12) 노혁준, "전자증권법의 상법상 쟁점에 관한 연구: 주식관련 법리를 중심으로", 「비교사법」 제24권 제4호(2017), 1650면.

13) 직접등록계좌를 개설할 수 있는 자는 법인, 단체에 한하지 않고 개인도 포함될 수 있다. 계좌관리기관이 아니면서 자기명의의 계좌를 개설하는 것이므로 복층구조의 중대한 예외에 해당하며 따라서 하위법규에서 범위를 무한히 확대하는 것은 지양하여야 한다는 견해로는 박임출, 「전자증권법의 이해」(율곡출판사, 2020), 71면.

2. 제도운영기관의 계층구조

전자등록기관, 계좌관리기관이 몇 단계로 존재하는지에 따라 복층식(two-tier)과 다층식(multi-tier)으로 구분할 수 있다. 복층식은 계좌관리기관이 한 개 층만 존재하는 구조로 순차적으로 전자등록기관, 계좌관리기관, 개별투자자 단계로 권리가 보유되는 형태를 의미한다. 우리나라 예탁결제제도 및 일본의 보관대체제도가 채택하고 있던 방식이다. 복층식은 계좌관리기관을 전자등록기관에 계좌를 개설한 자로 한정해두면 책임분산의 효과를 누릴 수 있어 안정적이고 효율적인 제도운영이 가능해진다는 장점이 있다. 다층식은 계좌관리기관이 두 개 이상의 층으로 존재하는 구조를 의미하며, 일본 대체법이 채택한 방식이다. 다층식은 계좌관리기관이 여러 층으로 이루어지므로 계좌관리기관에 대한 감독업무의 부담이 가중될 수 있지만, 해외투자자가 국내 및 해외중개기관을 이용하여 투자하는 경우 등 유연한 활용이 가능하다는 장점이 있다. 전자증권법은 예탁결제제도와 동일하게 복층식을 채택하고 있다.[14] 다만 앞서 언급한 직접등록계좌는 복층식에 대한 예외이다.

3. 권리자의 권리보유 형태

전자등록된 주식등의 권리자를 어떻게 표시하느냐에 따라 자기명의방식과 대리인명의(nominee)방식으로 구분할 수 있다. 자기명의방식은 투자자가 등록계좌부상 자기명의로 증권을 보유하는 방식을 의미하며, 대리인명의방식은 증권에 대한 법적 권리는 대리인(nominee)에 속하고, 투자자는 대리인을 통해 증권을 간접보유하는 방식을 의미한다. 자기명의방식에 따르면 투자자는 발행인에 대해 직접 권리를 보유하므로 권리자 보호에 충실하다는 장점이 있으며,[15] 대리인명의방식은 다단계로 이루어진 국제적 증권거래에 적합하고 익명성이 보장된다는 장점이 있다. 전자증권법은 전자등록계좌부에 권리자로 기재된 자는 전자등록된 권리를 적법하게 가지는 것으로 추정한다고 규정하고 있는바(제35

14) 전자증권법 제22조 제3항에 따르면 계좌관리기관은 전자등록기관에 고객관리계좌를 개설해야 한다.

15) 전자등록기관 또는 계좌관리기관이 파산한 경우에도 별도의 조치 없이 투자자가 보호받을 수 있는 장점이 있다.

조 제1항), 자기명의방식을 채택하고 있다. 예탁제도에서는 혼장임치 법리가 적용되어 전체 예탁증권에 대한 공유지분을 보유하는 것으로 해석되었으나 전자증권법에서는 권리자는 등록된 권리에 대해서 단독으로 보유하는 것으로 해석된다.

제 2 장 전자증권제도의 도입취지

Ⅰ. 전자증권제도의 도입배경

유가증권은 재산적 가치가 있는 사권(私權, 예컨대 채권, 사원권 등)을 표창하여 그 권리의 발생, 이전, 행사에 증권의 소지를 요하는 것을 의미한다. 유가증권은 재산권을 증서(증권)에 화체시킨 것으로서 재산권을 거래대상이 되도록 하기 위해 도입된 것이다. 즉 무형의 권리를 증서화함으로써 권리의 이전 및 양도, 기타의 처분이 신속하고 확실하게 이루어질 수 있게 되었다. 이러한 유가증권제도는 자본조달과 금융거래를 위해 필수적인 매개기능을 수행하면서 자본주의 경제발전에 커다란 공헌을 하였으나 정보기술의 발달과 인터넷의 확산에 힙입어 전통적 의미의 유가증권은 크게 변모하였다. 특히 1960년대 말 이후에는 증권발행 및 거래규모가 급격히 증가하여 기존의 실물 기반의 후선업무처리시스템은 결제를 원활히 소화하지 못하는 문제가 자주 발생하였고, 급기야 휴장을 하여 밀린 거래를 처리하는 일도 발생하였다. 이를 증권사무위기(paper crisis)[1])라 하는데, 이런 문제를 해결하기 위하여 실물증권의 이동 없이 증권발행 및 거래를 처리하는 증권예탁결제제도와 같은 장치가 마련되기 시작하였나. 이와 같이 증권의 이동 없이 거래 및 결제를 처리하는 것을 증권의 부동화(不動化, immobilization)라 한다.

종래 우리나라 증권 법제는 실물증권이 발행되는 것을 전제로 하여 제도가 설계되어 있어, 실물증권에 수반하는 사회적 비용이 불가피하게 발생하였는데 이러한 비효율을 줄이기 위해서 실물발행을 줄이기 위한 여러 가지 제도를 시행하였다. 주권불소지제도는 정관에 별도의 규정이 없는 경우 주주가 회사에 주권을 소지하지 않겠다는 의사를 신고하면, 주권을 발행하지 않는 제도이다(상

1) 1960년대 후반부터 1970년대 초반에 미국의 증권거래량은 급격히 증가하여 증권거래소와 증권회사들이 매매 이후의 처리 업무(후선업무)를 소화하지 못하게 되는 현상이 발생한다. 이에 따라 증권거래소는 거래시간 축소·휴장 등의 조치를 통하여 사태를 해결하고자 하였다. 이러한 업무량 증가는 12개의 증권회사를 부도로 내몰고, 70여 개의 증권회사가 합병하는 결과를 초래하였다. 한국예탁결제원, 「증권예탁결제제도」(박영사, 2018), 842면.

법 제358조의2). 기명주식에 한해 적용되며, 다만 주주는 언제든지 발행회사에 주권의 발행이나 반환을 청구할 수 있으므로(동조 제4항), 임시적인 불발행제도로 한계를 가진다. 채권등록제도는 실물채권을 발행하지 않고 등록기관이 관리하는 등록부에 그 권리내역을 등록하는 것만으로도 채권자의 지위를 인정받는 제도(국채법, 舊공사채등록법)로서 국채, 공사채, CD에 적용된다. 채권등록제도 또한 실물채권의 존재를 전제로 하고 있으며, 증권결제제도와 결합되지 않고는 채권의 유통에 따르는 결제를 처리할 수 없는 불완전한 제도로 평가된다. 예탁제도는 증권등의 발행인이 예탁자(증권회사) 또는 투자자 신청에 따라 예탁원에 집중예탁하는 제도를 의미하는바(자본시장법 제309조), 주식, 사채, 수익증권 등에 적용된다. 주권불소지, 채권등록제도와 함께 실물발행을 통제하고자 하는 제도이나 여전히 실물발행을 전제로 한다는 점에서 한계를 가진다. 이들은 투자자가 별도로 요청하는 경우 실물을 발행하여 교부하여야 하므로 불완전한 무권화제도로 한계가 있었다.[2] 따라서 완전한 무권화를 위해서는 실물 발행이 원천적으로 배제되는 전자증권제도의 추진이 필요하였다. 한편 이러한 전자증권제도의 목적은 전자증권법 제1조에도 동일하게 구현되어 있다.[3]

Ⅱ. 전자증권제도의 도입과정

우리나라에서 전자증권제도의 도입은 2000년대 초반부터 활발히 논의되기 시작하였다. 이때부터 본격적으로 학계 및 실무계를 중심으로 도입 필요성 및 추진방향을 논의하기 시작하였다. 학계에서는 전통적인 유가증권의 개념으로는 설명하기 어려운 전자증권의 법적 성질 등을 중심으로 한 연구가 활발히 진행되었으며,[4] 실무계에서는 금융위원회 및 증권예탁결제원을 중심으로 도입방안

2) 법무부·금융위 보도자료, "전자증권제도 및 법령 주요내용"(2019.9.16), 1면.
3) 제1조(목적) 이 법은 주식 및 사채(社債) 등의 전자등록 제도를 마련하여 그 권리의 유통을 원활하게 하고 발행인·권리자, 그 밖의 이해관계인의 권익을 보호함으로써 자본시장의 건전성과 효율성을 높이고 국민경제를 발전시키는 데에 이바지함을 목적으로 한다.
4) 김순석, "주식 등의 전자등록제도 도입에 따른 주주 보호방안", 「상사법연구」 제22권 제3호(2003); 손진화, "주식 등의 전자등록제도 도입방안", 「상사법연구」 제22권 제3호(2003); 정경영, "전자증권의 법적 성질과 전자등록제도에 관한 고찰", 「상사법연구」 제22권 제3호(2003); 정찬형, "전자증권제도의 도입에 따른 법적 과제", 「상사법연구」 제22권 제3호(2003); 김동근, "전자등록제도의 유가증권성에 관한 연구", 「기업법연구」 제17집(2004) 등.

및 효과에 대한 설계·분석이 진행되었다.[5] 2006년부터는 정부 차원에서 전자증권제도의 도입이 논의되어 왔다. 금융위원회와 법무부가 제도 도입을 수차례 논의했지만 부처간 이견으로 진행에 어려움이 있었다. 입법방식을 놓고 법무부는 상법 개정으로, 금융위원회는 자본시장법과 시행령에 이를 반영할 것을 주장하였다. 2008년 8월 금융위원회 및 법무부는 전자증권법 제정을 공동 추진키로 합의하였으며 상법에는 주권의 전자화에 대한 근거만 규정하고 세부사항을 특별법에서 정하기로 하였다.[6] 또한 2012년에는 증권업계가 극심한 불황으로 전자증권제도 도입을 위한 IT인프라 도입에 난색을 표해 무산되었다.[7]

2015년 10월 20일 국무회의에서 법률 제정안이 통과되었으며, 2016년 3월에 전자증권법이 제정되었고, 운영기관의 IT인프라 정비 및 발행처인 기업들의 업무 프로세스 정비기간이 필요하였기 때문에 일정기간 유예기간을 부여하였다. 이후 2019년 6월에는 시행령이 제정되었으며, 동년 9월 16일부터 전자증권법이 본격 시행되었다.[8] 한편 전자증권법은 2013년 시행된 「전자단기사채등의 발행 및 유통에 관한 법률」(이하, 전자단기사채법)의 구조를 상당부분 이어받아 설계되었다. 전자단기사채법은 전자증권법의 시범적 모델로서 운영되었고, 전자증권법의 시행으로 전자단기사채법은 폐지되었으며 주식, 사채 등 대부분의 증권에 적용함으로써 무권화의 완성단계에 이르게 되었다.

---

5) 한국증권법학회, 「전자증권제도 법제화방안」, 증권예탁결제원 연구용역보고서, 2006; 증권예탁결제원·한국증권법학회·Booz Allen Hamilton, 한국자본시장 인프라 빅뱅, 증권의 전자화 로드맵 국제세미나(2006.10.15).

6) 제도 입법형태를 두고 상법 개정을 통한 도입과 특별법 형태의 도입 두 가지 방안이 고려되었다. 상법 개정을 통한 방안은 상법상 유가증권은 주식과 채권 등 증권 일부에만 한정되어 자본시장의 유기증권을 포괄하기 어렵고, 증권발행의 일반법인 상법으로는 증권시장의 유통과 결제를 규율하는데 한계가 있다. 외국의 사례들 또한 회사법에는 실물증권의 불발행 근거만 규정하고, 전자등록에 관한 사항은 특별법으로 규정하는 경향이 강하다. 자본시장연구원, 「국내 전자증권제도의 효율적 도입방안에 관한 연구」, 연구보고서 09−01, 2009, 114~115면.

7) 머니투데이, "종이주식 없는 전자증권제 도입 본격추진"(2014.9.24).

8) 법무부·금융위 보도자료, "오늘(9.16일)부터 전자증권제도가 시행됩니다. 전자증권제도, 혁신과 공정을 위한 새로운 시대를 엽니다."(2019.9.16), 2면.

〈표 2-1〉 전자단기사채법의 주요내용

구 분	내 용
시행일	• 2013. 1. 15.
도입취지	• CP는 어음법상 약속어음으로서 실물발행이 강제되고 분할유통이 불가능 • 기업금융시장의 균형적인 발전과 단기자금시장 활성화 및 투명성 제고를 위하여, CP의 단기자금조달이라는 경제적 목적은 유지하면서 현재 CP가 갖고 있는 문제점을 보완
사채요건	• 사채금액이 1억원 이상이고 만기가 1년 이내
특례조항	• 이사회가 정하는 한도 내에서 대표이사에게 발행권한 위임(제30조) • 사채원부 작성 면제(제31조) • 사채권자 집회에 관한 상법 규정의 적용 완화(제32조)

제 3 장 해외의 전자증권제도

Ⅰ. 개 관

전자증권제도는 세계 최초로 덴마크(1983년)가 도입하였으며, 프랑스(1984년), 스웨덴(1989년) 등이 차례로 도입하였다. 1990년대에는 증권시장의 효율성 제고에 대한 요구가 높아짐에 따라 유럽에서는 스페인(1992년), 영국(1996년), 이탈리아(2002년) 등으로 확대되었다. 아시아에서도 중국이 1993년 자본시장개방과 더불어 도입하였으며, 일본은 낙후된 증권결제시스템을 정비하기 위해 2000년대 초반부터 준비작업을 거쳐 2009년에 주식에 대해서 전자증권제도를 적용함으로써 무권화 입법을 완성하였다.[1] 경제개발협력기구(OECD)에 가입된 대부분의 국가에서 도입한 전자증권제도는 전 세계적으로 금융시장 경쟁력을 강화하기 위한 필수적 인프라로서 기능하고 있다.[2] 본서에서는 먼저 대륙법계 국가 중 완전한 무권화를 시행하고 있는 프랑스에 대해서 살펴본다. 대륙법계 국가 중 증권예탁제도에 대해서는 독일의 법리가 중심이지만 전자증권제도에 대해서는 프랑스의 법리가 중심적 지위를 가지고 있다. 일본은 프랑스의 법리를 수용하여 제도를 설계하였으며,[3] 우리나라 전자증권법은 일본 제도의 영향을 많이 받았다. 그리고 동아시아 국가 중 도입이 가장 빨랐던 중국의 제도에 대해서도 알아보고, 영미법계 국가로서 미국, 영국의 제도에 대해서 각각 살펴보도록 한다.

---

1) 한국예탁결제원, 앞의 책, 842면.

2) 독일에서는 전자증권법(eWpG)이 2021년 6월 10일부터 시행되었다. 동법은 종래의 실물증서를 필수적인 것으로 보는 증권 개념에서 벗어나 중앙예탁기관 또는 예탁기관이 관리하는 등록부나 분산형 암호증권등록부의 등록으로 대체하는 것을 허용하였다. 블록체인 같은 분산원장기술을 이용한 암호증권에 대해서 입법적으로 수용한 것이 특징이다. 정대익, 앞의 논문, 7면.

3) 문판수, "주식 전자등록제도의 법적 개선방안", 성균관대학교 박사학위 논문(2021), 10면.

Ⅱ. 프랑스

1. 개 요

프랑스는 증권시장의 선진화를 위해 1980년 모리스 페루즈(C.M. Maurice Perouse) 전문위원회를 설치하여 유가증권의 무권화 추진을 골자로 한 제안서를 제출하였다.[4] 이후 1981년 12월에 금융법(Loi de Finances) 제94조－Ⅱ를 신설하여 전자증권제도의 법적 근거를 마련하였으며, 1983년 회사법 개정을 통하여 교부 및 명의개서를 증권양도의 요건에서 삭제하고 계좌대체의 방법을 따르도록 하였다. 전자증권제도의 내용은 금융법 시행령과 동 시행규칙에서 상세히 규정하는 방식으로 입법화하였다. 1984년 11월에는 대상증권을 의무적으로 전자등록함으로써 제도를 시행하였다. 2018년 5월을 목표로 완전한 무권화제도 도입을 위한 기간을 약 35년으로 설정하여, 정권의 교체에도 정책의 일관성이 유지되도록 하고 증권 및 금융업계에 미칠 파장을 최소화한 점은 시사하는 바가 크다.[5]

2. 적용대상

적용대상증권은 프랑스 국내에서 발행되고 국내법을 적용받는 모든 증권이며, 주식, 회사채, 투자증서, 신주인수권 증권 등을 포함한다. 특히 비상장증권 또한 의무적으로 적용한 점은 전 세계적으로 보기 드문 입법례이다. 즉 프랑스는 모든 증권에 대해서 일정기간의 유예기간을 부여한 후에 일괄 적용하는 방식으로 제도를 시행하였으며, 증권종류별 단계적 시행방식을 취한 대부분의 국가와 구별된다. 다만 해외에서 유통되는 프랑스 증권은 적용대상이 아니다.[6] 회사는 적용대상증권을 발행한 경우 의무적으로 전자증권시스템에 참가하여야 하며 투자자는 실물 형태로는 증권을 보유할 수 없고 전자등록의 형태로만 보유할 수 있다.

---

4) 자본시장연구원, 「비상장회사의 전자증권제도 참여확대방안 연구」, 연구용역 보고서, 2020, 37면.
5) 원용수, “프랑스의 증권예탁결제제도”, 「비교사법」 제3권 제2호(1996), 21면.
6) 자본시장연구원, 「비상장회사의 전자증권제도 참여확대방안 연구」, 연구용역 보고서, 2020, 36면.

3. 계좌구조

전자등록기관 Euroclear France의 전자증권시스템의 참가자는 발행회사와 계좌관리기관에 한하며, 일반투자자는 증권의 종류에 따라 발행회사나 계좌관리기관에 등록하여야 한다.[7] 의무적 적용방식이며, Euroclear France가 예탁자 명의로 장부를 관리하는 간접등록(보유)방식에 해당한다.

4. 운영기관

프랑스의 중앙예탁결제기관이자 전자등록기관인 Euroclear France는 발행회사와 금융중개기관의 계좌를 운영하고, 전자등록된 증권의 예탁 및 결제 서비스를 제공한다. 이전에는 국채의 등록 및 결제업무를 중앙은행(the Banque de France)이 담당하였으나 전자증권제도 도입으로 전면적인 무권화가 이루어지면서 1998년 국채 업무 담당 기관을 Euroclear France로 단일화하였다.[8]

Ⅲ. 일 본

1. 개 요

2000년 6월에 금융심의회 「증권결제시스템의 개혁에 관한 워킹그룹」이 작성한 「21세기를 향한 증권결제시스템 개혁에 대해서」라는 보고서에 주권의 무권화에 대한 내용이 포함되었으며, 이에 따라 상법개정 심의를 담당하는 법제심의회가 2001년 4월에 공표한 「상법 등의 일부를 개정하는 법률안 요강 중간시안」에 무권화제도 도입에 관한 내용을 담게 되었다.[9] 일본은 증권별로 단계적으로 무권화제도를 도입한 점이 특징이다. 2001년 「단기사채 등 대체에 관한 법률」을 시행하여 종래의 기업어음에 해당하는 단기사채에 대하여 대체제도를 도입하였고(2002년 4월 시행), 2002년 「증권결제제도 등의 개혁에 따른 증권시상

7) 한국예탁결제원, 앞의 책, 842면.
8) 자본시장연구원, 「비상장회사의 전자증권제도 참여확대방안 연구」, 연구용역 보고서, 2020, 36면.
9) 허항진, "일본의 주권전자화제도와 주요 실무적 쟁점에 관한 고찰", 「비교사법」 제17권 제1호(2010), 349면.

의 정비를 위한 관계 법률의 정비 등에 관한 법률」에 따라 일반사채 및 국채도 적용대상으로 하였고(2003년 1월 시행), 2004년 「사채·주식 등 대체에 관한 법률」에 따라 주식까지 포함함으로써(2009년 1월 시행) 상장회사의 기발행주권은 모두 무효로 됨에 따라 유가증권 전반에 대한 무권화 입법을 완성하였다.[10]

2. 적용대상

원칙적으로 우리나라의 자본시장법에 해당하는 「금융상품거래법」의 증권에 표창되어야 하는 권리를 대상으로 한다. 하지만 약속어음과 같이 실물증권의 존재가 필수적인 증권, 주식예탁증서(DR)와 같이 발행근거 규정이 없는 증권, 특수법인이 발행하는 출자증권과 같이 선의취득이 인정되지 않는 증권, 권리관계가 불명확하고 법률관계가 복잡한 외국주식 등에 대하여는 전자증권제도가 적용되지 않는다.[11]

상장회사 증권은 의무적 적용대상이다. 비상장회사의 경우 주권불발행제도를 선택하거나 주권발행을 선택할 수 있다. 전자증권제도가 적용되는 증권에 대하여는 실물발행이 원천적으로 금지된다. 비상장회사는 원칙적으로 주권불발행제도를 선택하는 것으로 되어 주권을 발행하지 않으며, 주권을 발행하는 경우에는 정관에 주권을 발행하는 취지를 기재하여야 한다(회사법 제214조).

3. 계좌구조

우리나라의 예탁결제제도에 해당하는 일본의 보관대체제도에서는 복층(two-tier)구조를 가지고 있었으나, 전자증권제도에서는 다층식(multi-tier) 구조를 채택하고 있으므로[12] 계좌관리기관이 다른 계좌관리기관에 계좌를 개설할 수 있다. 다층식 구조를 채택한 이유는 크게 두 가지로 볼 수 있다. 첫째, 기존 보관대체제도 하의 특례참가자를 수용하기 위한 목적이다. 특례참가자란 예탁자 자격을 갖추었음에도 투자자로부터 예탁받은 증권을 다른 예탁자를 통하여 보관대체기구에 예탁하는 자를 의미한다. 일본은 소형 금융회사가 비용 등

10) 정승화, "전자증권제도 시행의 주요 법적과제", 「외법논집」 제43권 제1호(2019), 345~346면.
11) 한국예탁결제원, 앞의 책, 847면.
12) 허항진, 앞의 논문, 352면.

의 문제로 보관대체기구에 직접 참가하지 않고 대형 금융회사의 고객으로 참가하는 관행이 존재하였는데 이와 같은 경우를 수용할 필요성이 있었다.[13] 둘째, 증권회사 등 금융기관의 탄력적 사업수행을 지원하고 국제적인 제휴가 용이하도록 하기 위해서이다.[14]

4. 운영기관

우리나라의 전자등록기관에 해당하는 기관을 대체기관이라고 부르며, 대체기관은 계좌개설, 계좌대체, 발행회사 통지 등 전자증권제도 운영의 중심기관이다. 보관대체기구인 JASDEC(Japan Securities Depository Center Inc.)이 수행하고 있다. 국채에 대해서는 일본은행(Bank of Japan)이 등록기관의 업무를 수행하고 있다. 업무전산망의 연계 및 원활한 대체제도 운영을 위해 대체기관에 계좌를 개설할 수 있는 자는 원칙적으로 계좌관리기관이 되는 금융기관으로 제한하였다. 계좌관리기관이란 우리나라와 동일하게 대체기관에 계좌를 개설한 자로서 고객이 계좌를 개설한 금융기관을 의미하며, 증권사, 은행, 신탁회사, 금고(금고연합회), 일본우정공사 등이 해당한다. 계좌관리기관은 대체기관과의 연결형태에 따라서 직접계좌관리기관과 간접계좌관리기관으로 나눌 수 있다. 직접계좌관리기관은 증권회사나 신탁은행 등 대체기관에 직접 자기의 계좌를 개설한 금융기관을 말하며, 간접계좌관리기관이란 대체기관에 자신의 계좌를 개설하는 것이 아니라 직접계좌관리기관의 고객으로 대체제도에 간접적으로 참가하는 기관을 의미한다.[15]

Ⅳ. 중 국

1. 개 요

상장주식의 경우 자본시장 개방초기부터 실물증권이 증권 중개기관에 위탁되는 과정없이 처리되어 무권화 과정이 매우 신속하고 효율적으로 이루어졌

13) 한국증권법학회, 앞의 보고서, 74면.
14) 한국예탁결제원, 앞의 책, 850면.
15) 허항진, 앞의 논문, 354면.

다.[16] 중국은 프랑스와 동일하게 특별법 없이 기존의 증권법을 개정하여 제도의 도입을 추진한 사례에 해당한다. 중국 증권법은 증권의 형태에 관해서 "증권거래 당사자들이 매매하는 증권은 지면 형식 또는 국무원 증권감독관리기관에서 규정하는 기타형식을 취할 수 있다"고 규정하고 있다.[17] 이에 따라 「주식발행 및 거래관리임시조례」(1993. 4월 시행)에서는 실물증권과 장부기재식 증권(전자증권) 중 선택하여 발행할 수 있다고 규정하고 있다(제53조).[18]

2. 적용대상

상장증권의 경우에는 전자적 형태로 발행하여야 하며, 비상장증권은 발행인에게 적용여부에 대한 선택권이 부여되어 있다.[19] 상장증권은 증권거래소에 상장하였거나 기 발행되고 상장하려는 증권 및 증권파생상품을 의미하며, 주식, 권리증서, 회사채 등이 포함된다.

3. 계좌구조

중국은 단층구조(One－Tier)를 취하고 있다. 따라서 기관투자자, 일반투자자를 불문하고 모든 투자자가 중개기관의 개입 없이 전자등록기관에 자기 명의로 계좌를 개설하여 증권을 등록하는 방식이다. 하지만 해외투자자에 대해서는 보관기관을 통해 전자등록기관에 간접참가하도록 하고 있는데(복층구조), 이는 보관기관이 해외투자자들을 대상으로 특화된 서비스를 제공하고 익명성 보장에 장점이 있기 때문이다.[20]

4. 운영기관

상하이 증권거래소와 심천 증권거래소가 각각 설립한 상하이 중앙증권등

---

16) 한국예탁결제원, 앞의 책, 863면.

17) 中华人民共和国证券法 第三十九条 证券交易当事人买卖的证券可以采用纸面形式或者国务院证券监督管理机构规定的其他形式(중국 국가법률법규DB).

18) 한국예탁결제원, 앞의 책, 864면. 股票发行与交易管理暂行条例 第五十三条 股票发行采取记名式。发行人可以发行簿记券式股票，也可以发行实物券式股票。簿记券式股票名册应当由证监会指定的机构保管。实物券式股票集中保管的，也应当由证监会指定的机构保管.

19) 한국예탁결제원, 앞의 책, 864면.

20) 한국증권법학회, 앞의 보고서, 20면.

록결제회사와 심천 증권결제회사가 2001년 3월에 통합되어 증권등록결제회사(China Securities Depository and Clearing: CSDC)가 설립되었다.[21] 증권등록결제회사는 상하이와 심천 증권거래소 상장증권의 예탁, 청산 및 등록 서비스를 제공하고 있다. 결제참가자는 증권등록결제회사의 심사를 받아 결제업무에 직접적으로 참여하는 증권회사와 증권감독관리위원회의 허가를 받은 기타 기관들이 있다. 참가자들을 자산의 정도, 위법행위 여부 등을 기준으로 위험성을 평가하여 정상군 결제참가자, 요주의군 결제참가자, 고위험군 결제참가자로 나눈 것이 특징이다.[22]

V. 미 국

1. 개 요

미국은 1960년대 말 증권사무위기를 겪으면서 국채를 중심으로 전자증권제도를 도입하기 시작하였다. 증권의 보관 및 이전비용 절감 방안으로서 재무부와 연방준비제도이사회(FRB)는 국채를 계좌등록(book-entry system) 형태로 발행하는 방법을 고안하여 시행하였다.[23] 미국은 일부 증권에 대해서만 전자증권제도를 도입하였는데, 이는 무증서발행과 등록에 관한 법적 근거가 이미 마련되었음에도 투자자들의 실물증권 선호 경향, 전산시스템에 대한 불신 등으로 전면 도입에 관한 사회적 합의가 이루어지지 않았기 때문이다.[24]

2. 적용대상

1971년에는 연방정부채를 1979년에는 재무부 단기채(Treasury Bill: TB)에 대해 계좌등록에 의한 발행을 강제하였다. 1977년에는 통일상법전(Uniform Commercial Code: UCC) Article 8에 무증서증권(uncertificated security)의 개념을

---

21) 한국예탁결제원, 위의 책, 863면.
22) 한국예탁결제원, 앞의 책, 866면.
23) Kenneth D. Garbade, "Origins of the Federal Reserve Book-Entry System", FRBNY Economic Policy Review, 2004, p.33.
24) 자본시장연구원, 「국내 전자증권제도의 효율적 도입방안에 관한 연구」, 연구보고서 09-01, 2009, 69면.

인정하였으며, 1978년 모범사업회사법(Model Business Corporation Act: MBCA)에서는 회사가 발행하는 증권에 대해서 정관 또는 업무규정에 특별한 규정이 없는 한 이사회 결의로 무증서주식을 발행할 수 있도록 하였다. 1985년에는 뮤추얼펀드주식, 이후 1990년에는 단기금융상품인 양도성예금증서·기업어음에 대해 불발행제도를 도입하였다. 그러나 대부분의 주회사법이 실물증권 발행을 의무화하고 있어 주식과 사채, 기타 회사발행증권의 대부분은 실물증권으로 발행되고 있다.[25] 최근에는 투자자가 직접 자기명의로 발행회사의 주주명부에 등록하여 증권을 보유하는 것을 의미하는 DRS(Direct Registration System)[26]의 활발한 이용으로 증권의 무권화가 촉진되고 있다. 하지만 이를 간접보유방식[27]으로 전환하지 아니하는 한 시장거래가 불가능하다. DTCC(Depository Trust & Clearing Corporation)는 이 방식을 확대하여 2020년을 기준으로 3년 내에 98%까지 주식의 무권화를 추진하겠다고 발표하였다.[28]

3. 계좌구조

미국은 투자자의 권리보유 형태와 관련하여 대리인명의(nominee)방식을 채택하였다. 투자자는 증권 중개기관(securities intermediary) 등 대리인을 통해 증권을 보유하고, 법적 권리는 대리인에게 속하게 된다. 미국 통일상법전은 증권중개기관에 대해 "청산회사 또는 은행 및 브로커를 포함하여 영업으로서 타인을 위해 증권계좌를 관리하고 활동하는 기관"이라고 정의한다.[29]

---

25) 한국예탁결제원, 앞의 책, 871면.

26) 투자자가 증권을 금융중개기관을 통해 간접적으로 보유하는 형태가 아니라 직접 주주명부에 명의가 등록되어 무증서형태로 증권을 보유하는 방식을 의미하는바, 무권화를 촉진하는 역할을 하고 있지만, 언제든지 다른 형태로 보유방식을 전환할 수 있어 제한적인 무권화방식이라고 평가된다.

27) 이에 관해서는 Valerie Combs, The Law of Intermediated Securities: U.C.C. versus UNIDROIT Commentary, Alabama Law Review Volume 58, 2006, p.400.

28) DTCC, "From physical to digital advancing the dematerialization of U.S. securities", A White Paper to the Industry, 2020. p.8.

29) Uniform Commercial Code §8－102. DEFINITIONS.(14) "Securities intermediary" means: (i) a clearing corporation; or (ii) a person, including a bank or broker, that in the ordinary course of its business maintains securities accounts for others and is acting in that capacity.

4. 운영기관

뮤추얼펀드주식 및 단기금융상품에 대한 불발행제도는 DTCC에 의해 운영되고 있으며, 정부증권(국채, TB 등)에 대한 등록업무는 연방준비제도이사회(FRB)가 수행하고 있다.[30]

Ⅵ. 영 국

1. 개 요

영국은 1980년대 후반 주식시장 대폭락시에 결제업무가 마비되는 사태까지 경험하여 실물증권 발행에 따른 비효율을 제거하고자 하는 노력이 지속되었다. 이러한 노력의 일환으로 TAURUS(Transfer and Automated Registration of Uncertificated Stock) 시스템의 개발을 추진하였으나, 관련기관 간의 이해충돌과 개발비용의 증가, 사회적 합의 도출 실패 등의 이유로 도입이 이루어지지 않게 되었다.[31] 1989년에는 회사법을 개정하여 실물교부 대신 전자증권에 의한 결제를 허용하였으며(제207조 제1항),[32] 1993년 8월부터 영란은행의 주도로 전자증권제도인 CREST(Certificateless Registry for Electronic Share Transfer) 프로젝트 구축작업이 개시되었고, 1994년 10월에는 선사등록기관인 CRESTCo의 법적 설립이 완료되었다. 1995년 12월에는 「무증서증권규정(Uncertificated Securities Regulations)」이 제정되었다.[33]

2. 적용대상

적용대상은 회사법에 의하여 발행되는 증권으로서 발행회사가 선택하고 전자등록기관이 승인하는 모든 증권으로 주식, 회사채, 뮤추얼펀드, 국채, 단기

30) 한국증권법학회, 앞의 보고서, 41면.
31) 자본시장연구원, 「국내 전자증권제도의 효율적 도입방안에 관한 연구」, 연구보고서 09-01, 2009, 53면.
32) 현행 2006년 회사법(Companies Act 2006)에서도 동일한 취지의 내용을 규정하고 있다(제785조 제1항).
33) 한국예탁결제원, 앞의 책, 869면.

금융상품 등이 포함된다.

3. 계좌구조

계좌구조는 다층형을 채택하며, 전자등록계좌와 실물증권 보유계좌가 구분되는 점이 특징이다. 원칙적으로 투자자는 중개기관을 통하여 간접적으로 참가할 수 있으나 예외적으로 직접 전자등록기관에 참가하는 것도 가능하다.[34] 발행회사에 제도 적용의 선택권을 부여하고 있지만 상장법인의 경우에는 의무적으로 전자증권시스템에 참가하여야 한다. 또한 발행회사가 동 시스템에 참가한 경우에도 투자자는 실물증권의 발행청구와 보유가 가능하다.[35] 즉 무증서증권 규정 2001은 전자증권시스템에 참가하였다 하더라도 전환사유가 발생한 경우 전자등록기관이 발행인에게 그 사실을 통지함으로써 무증서증권에서 증서증권의 형태로 전환될 수 있음을 규정하고 있다(Regulation 32).[36]

4. 운영기관

영국 금융감독청(FSA) 규칙은 계좌관리기관의 자격으로서 은행(approved banks), 예탁기관(approved depositary), 공인 증권거래소 또는 거래소의 회원 등을 열거하고 있다.[37] 1994년에 설립된 전자등록기관인 CRESTCo는 2002년 9월 23일 Euroclear와 합병하여 Euroclear UK & Ireland로 운영되다가,[38] 현재 Euroclear UK & International로 변경되어 운영되고 있다.

---

34) 한국증권법학회, 앞의 보고서, 72면.
35) 한국예탁결제원, 앞의 책, 870면.
36) 이는 2001년 무증서증권규정 제32조(Conversion of securities into certificated form)에 규정되어 있다. 전자등록기관의 이러한 통지를 "Rematerialisation Notice"라고 한다.
37) 한국증권법학회, 앞의 보고서, 69면.
38) 자본시장연구원, 「거래소 인수·합병: 동향과 사례」, 2010, 84면.

제 2 편

전자증권법 조문 해설

Ⅰ. 전자증권법의 개관

전자증권법은 총 10장, 본문 75조, 부칙 및 별표로 구성되어 있다. 제1장 총칙에서는 목적(제1조)과 정의(제2조), 다른 법률과의 관계(제3조)를 규정하고 있다. 제2장 제도운영기관에서는 전자등록기관과 계좌관리기관에 대해서 규정하고 있다. 구체적으로 전자등록기관 설립에 대하여 허가제(제4조)를 규정하고 허가요건(제5조), 허가 신청 및 심사(제6조) 등을 규정하고 있다. 계좌관리기관에 대하여는 그 자격(제19조)과 업무(제20조)를 규정하고 있다. 제3장 계좌의 개설 등에서는 전자증권제도를 이용하기 위한 계좌 개설의 주체, 계좌부의 작성관리 의무자, 계좌부의 기재사항 등을 규정하고 있다. 구체적으로 발행인관리계좌(제21조), 고객계좌 및 고객관리계좌(제22조), 계좌관리기관등 자기계좌(제23조)를 규정하고 있다.

제4장 전자등록에서는 전자등록의 신청 절차, 종류, 효력 등에 대해서 규정하고 있다. 구체적으로 전자등록에 관한 신청주의(제24조), 신규 전자등록의 신청 및 심사절차(제25조), 전자등록의 종류로서 계좌간 대체(제30조), 질권 설정 및 말소(제31조), 신탁재산 표시 및 말소(제32조), 변경·말소(제33조) 등에 대해 규정하고 있다. 제5장 전자등록주식등에 대한 권리행사에서는 집단적 권리자 확인방법으로 소유자명세(제37조), 개별적으로 권리자를 확인하는 방법으로 소유자증명서(제39조)와 소유내용의 통지(제40조)를 규정하고 있다. 제6장 전자등록의 안전성 확보에서는 안정적인 제도 운영을 위한 운영기관의 의무 및 감독기관의 조치사항을 규정하고 있다. 구체적으로 초과분 해소의무(제42조), 초과분에 대한 권리행사의 제한(제43조), 전자등록 정보 등의 보안(제44조) 등을 규정하고 있다.

제7장 검사 및 감독에서는 전자등록기관에 대한 감독기관의 보고요구 및 검사권(제51조), 제재 조치의 종류(제53조)와 절차적 정당성을 확보하기 위한 청문절차(제54조), 이의신청(제56조) 등을 규정하고 있다. 제8장 단기사채등에 대한 특례는 전자단기사채법이 폐지되고 전자단기사채를 전자증권제도에 수용하게 되면서 해당 규정을 이관한 것이다. 발행절차·발행한도 특례(제59조), 사채원부 작성 특례(제60조), 사채권자집회 특례(제61조)를 규정하고 있다. 제9장 보

칙에서는 전자등록업무를 효율적으로 처리하고, 다른 법령과의 정합성을 확보하기 위한 법적 근거를 규정하였다. 구체적으로 발행 내용의 공개(제62조), 전자등록증명서(제63조), 상법에 대한 특례로서 종류주식 전환 특례(제64조), 주식의 병합 특례(제65조), 주주명부 특례(제66조) 등을 규정하고 있다. 제10장 벌칙에서는 전자증권법상 의무 불이행 또는 위반행위에 대한 형사벌(제73조), 양벌규정(제74조), 과태료(제75조)를 규정하고 있다.

Ⅱ. 전자증권법의 하위법규

전자증권법은 제도 운영에 필요한 세부적인 사항을 정하기 위해 시행령 및 하위법규로 위임하고 있다. 하위법규에는 전자증권법 및 시행령에서 금융위원회에 위임한 사항을 정하기 위한 「전자등록업규정」, 전자등록업허가에 관한 사항을 규정하기 위해 공동허가권자인 금융위원회와 법무부 소관으로 각각 「전자등록업허가 등에 관한 규정(이하 허가규정)」이 있다. 또한 전자등록업무를 수행하는 전자등록기관의 업무규정인 「주식·사채 등의 전자등록업무규정(이하 업무규정)」이 있다.

〈표〉 전자증권법 하위법규 체계

구 분	주요 내용	위임근거	소관부서
전자등록업 규정	법 및 시행령에서 금융위원회에 위임한 사항과 그 시행에 필요한 사항	제12조 제1항 등	금융위원회 (공정시장과)
허가규정	전자등록업허가 및 예비허가 등에 관한 사항과 그 시행에 필요한 사항	영 제3조 제3항 등	법무부 금융위원회
업무규정	주식등의 전자등록과 그 관리를 위하여 필요한 사항	제15조	전자등록기관 (한국예탁결제원)
업무규정 시행세칙 (이하 세칙)	주식등의 전자등록과 그 관리를 위하여 필요한 사항	업무규정	전자등록기관 (한국예탁결제원)

제1장 총 칙

제1조(목적) 이 법은 주식 및 사채(社債) 등의 전자등록 제도를 마련하여 그 권리의 유통을 원활하게 하고 발행인·권리자, 그 밖의 이해관계인의 권익을 보호함으로써 자본시장의 건전성과 효율성을 높이고 국민경제를 발전시키는 데에 이바지함을 목적으로 한다.

Ⅰ. 본조의 취지

본조는 전자증권법의 입법 목적을 규정하였다. 주식 및 사채 등의 권리 유통의 원활화, 투자자 보호를 통한 자본시장의 경쟁력을 강화하고자 하는데 그 취지가 있다.

〈표 1-1〉 입법목적 비교

구 분	전자단기사채법	전자어음법	전자증권법
내 용	• 전자단기사채등의 발행·유통·권리행사 지원	• 전자적 방식으로 약속어음을 발행·유통	• 주식 및 사채등의 전자등록제도
목 적	• 자본시장 효율성 제고	• 국민경제의 향상	• 권리 유통 원활화, 투자자 등 보호 • 자본시장 건전성·효율성 제고 및 국민경제 발전

Ⅱ. 전자증권제도 시행의 기대효과

1. 경제적 효과

전자증권제도 도입으로 인한 경제적 효과에 대해서 2009년 자본시장연구원은 제도 도입 이후 5년간 5,626억원의 비용절감효과가 있는 것으로 예상하였다.[1] 2014년 자본시장연구원은 5년간 총 4,352억원[2], 삼일pwc는 5년간 9,045억원[3]의 경제적 효과가 발생할 것으로 추정하였는바, 연구결과를 종합하면 적어도 연간 1,000억원 이상의 효과를 가져오는 것으로 예상하였다. 자본시장연구원은 주요 비용 절감요인으로 발행인이 실물증권 발행을 하지 않음으로써 절감되는 비용인 운용비용, 실물증권과 관련한 사고에 의해 발생하는 비용인 위험비용, 실기주 감소 등으로 인한 금융비용 및 유상증자시 발행기간 단축으로 인한 비용인 기회비용 등으로 구분하여 예측하였다.

〈표 1-2〉 비용절감 효과

구 분	비 용	시장참여자	주요 비용 요소
운용비용	실물발행	발행인	실물증권 제조, 교부 및 폐지 관련 비용 절감
	예탁비용	투자자	실물보관비용
		금융중개회사	실물 입출고 관련 비용
		등록기관	예탁, 반환 등에 따른 인건비 및 예탁금고 유지비용
	매매, 청산, 결제	금융중개회사	사고관리비용
		등록기관	사고증권의 예탁, 반환, 입고의 처리 비용
	권리관계	발행인	주주명부작성 비용
		금융중개회사	실기주 관리 비용
		등록기관	명의개서비용, 실기주 관리비용
위험비용	매매, 청산, 결제	투자자, 발행인	실물증권의 도난, 위변조에 따른 손실
기회비용		투자자	실기주 감소로 인한 금융기회 비용, 신규 발행증권 조기 유통을 통한 금융비용 절감
		발행인	유상증자시 발행기간 단축에 따른 금융기회 비용

출처: 자본시장연구원(2014)

1) 자본시장연구원, 「국내 전자증권제도의 효율적 도입방안에 관한 연구」, 연구보고서 09-01, 2009, 102면.
2) 자본시장연구원, 「전자증권제도 도입 효과 분석」, 연구용역보고서, 2014, 5면.
3) 삼일pwc, 「전자증권제도 도입에 따른 사회경제적 기대효과 연구」, 연구용역보고서, 2017, 7면.

2. 구체적 효과

첫째, 증권이 실물 발행 없이 전자등록방식으로 발행됨에 따라 투자자의 입장에서는 증권의 위·변조, 도난, 분실, 멸실 등의 위험이 원천적으로 제거될 수 있으며 무상증자·주식배당·현금배당시 투자자의 전자등록계좌로 권리내용이 자동 등록되므로 권리상실의 위험[4]이 제거되어 권리관리상 제기되는 문제점을 해결할 수 있다.[5] 또한 실물증권 대체증서(채권등록필증 등)에 의해 관행적으로 이루어지는 이중매매 등 불법행위에 따르는 피해를 예방할 수 있다.

둘째, 발행회사 입장에서 실물증권 발행에 따르는 인건비, 증권용지비, 인쇄비, 발행대행비 및 관리비 등 각종의 직·간접 비용을 절감할 수 있다. 증권 실물이 존재할 경우 필요한 절차가 사라짐에 따라 주주확정 등 Corporate Action[6] 절차가 간소화되고 신속한 자금조달이 가능해진다.[7] 기존에는 주주현황을 통상 연 1회 파악하였으나, 전자증권제도에서는 주기적으로 주주현황 파악이 가능하여 대주주 지분율 변화 및 우호주주 파악 등이 쉬워지고 적대적 M&A 등 경영위험에 대처하기가 용이하다.

셋째, 증권사 등 금융기관 입장에서는 실물증권 취급에 따르는 관리비용을 절감할 수 있다. 실물증권 인도에 따른 결제지연, 결제기간 단축 등으로 인하여 거래비용 또한 절감할 수 있어 증권시장 후선업무의 안정성과 효율성을 제고하고 금융기관 본연의 기능인 투자은행 업무, 자산관리업무 등에 집중할 수 있는 효과가 있다.[8]

---

4) 명의개서는 완료하였으나 실물주권 소지 주주가 주식·배당금 등을 수령하지 않는 경우(미수령 주식 등)와 실물주권 소지 주주가 명의개서를 하지 않아 발행회사가 주식·배당 등을 할 수 없는 경우(실기주) 등에 권리 미수령이 발생할 수 있다.

5) 2013년부터 2018년까지 5년간 총 11회, 156조원 규모의 증권 위·변조시도가 있었으며, 실물주권 소지자의 주주권리(무상증자, 주식배당, 현금배당 등)에 대한 권리 미수령 가치는 연간 880억 이상으로 추산된다. 법무부·금융위 보도자료, "오늘부터 전자증권제도가 시행됩니다. 전자증권제도, 혁신과 공정을 위한 새로운 시대를 엽니다"(2019.9.16).

6) Corporate Action이란 주주 등 이해관계인의 지위에 중대한 영향을 미치는 주식 관련 이벤트를 의미한다. 여기에는 합병, 분할합병, 주식의 포괄적 교환 등이 포함된다.

7) 전자증권제도 도입으로 인해 기업공개절차(IPO) 일정에서 실물주권의 발행 및 교부 절차에 소요되었던 5일가량의 기간을 단축할 수 있게 되었다. 한국예탁결제원 보도자료, "전자증권제도 시행 1년간의 성과"(2020.9.16).

8) 한국증권법학회, 앞의 보고서, 8면.

넷째, 증권발행, 양도, 권리행사 등 모든 증권 관련 업무를 전자등록기관에 의한 중앙집중적 관리에 의하여 처리함으로써 금융시장의 투명성과 건전성을 획기적으로 강화할 수 있다. 조세회피를 위한 양도·상속·증여 등 음성거래 차단이 가능하며,[9] 전자등록기관을 중심으로 증권의 발행·상환, 소유상황, 기업 자금조달 현황 등과 관련한 정보를 즉시 수집·분석 가능하여 금융감독의 효율성을 높이는데 기여할 수 있다. 그리고 증권거래의 백오피스(back-office) 부문의 효율성을 제고하여 자본시장을 선진화하고 국제정합성을 확보하는 데 기여할 수 있다.

〈표 1-3〉 전자증권제도에 관한 국제단체의 권고

단체명	권고형식	권고내용
ISSA[10]	ISSA 권고안 (2000.6)	• 유가증권의 부동화 또는 무권화는 최대한으로 달성될 것
IOSCO[11]	증권결제시스템 권고안 (2001.11)	• 유가증권은 가능한 부동화 또는 무권화되어야 하며, 최대한 중앙예탁기관의 계좌대체 방식으로 이전할 것
G-30[12]	국제증권청산결제시스템 실행방안 (2003.1)	• 유가증권 실물증서 발행을 금지하고, 거래자료의 수집·전달 방식을 자동화할 것 • 시장참가자는 발행, 보유, 이전 등에 사용되는 유가증권을 무권화할 것

출처: 한국증권법학회, 「전자증권제도 법제화방안」(2006)

---

9) 예를 들어 양도인으로부터 주식이 전전 양도되어 최종 양수인이 명의개서를 한 경우에는 과세당국은 양도인으로부터 최종 양수인으로 주식이 양도된 것으로 파악하여 그 사이의 양수인에게는 양도소득세를 부과할 수 없게 되지만, 전자증권제도 하에서는 중간 양수인 또한 전자등록계좌부에 기재되어 이런 결과를 미연에 방지할 수 있게 된다.

10) 국제증권관리업무협회(ISSA, International Securities Services Association)는 세계 각국의 증권결제, 보관 등 증권후선업무 관련 기관들을 중심으로 1979년에 설립된 민간단체이다.

11) 국제증권감독기구(IOSCO, International Organization of Securities Commissions)는 증권규제기준의 설정 및 정보교환 등을 목적으로 1979년에 설립된 증권규제 감독기관들의 협력기구이다.

12) G-30(Group of Thirty)는 글로벌 경제, 금융이슈에 대한 이해를 높이고 해당 부문의 결정 및 정책이 미치는 국제적 영향을 탐구하는 것을 목적으로 1978년에 설립된 해당 분야 전문가들로 구성된 국제기구이다.

제2조(정의) 이 법에서 사용하는 용어의 뜻은 다음과 같다.

1. "주식등"이란 다음 각 목의 어느 하나에 해당하는 것을 말한다.
   가. 주식
   나. 사채(「신탁법」에 따른 신탁사채 및 「자본시장과 금융투자업에 관한 법률」에 따른 조건부자본증권을 포함한다)
   다. 국채
   라. 지방채
   마. 법률에 따라 직접 설립된 법인이 발행하는 채무증권에 표시되어야 할 권리
   바. 신주인수권증서 또는 신주인수권증권에 표시되어야 할 권리
   사. 「신탁법」에 따른 수익자가 취득하는 수익권(受益權)
   아. 「자본시장과 금융투자업에 관한 법률」에 따른 투자신탁의 수익권
   자. 「이중상환청구권부 채권 발행에 관한 법률」에 따른 이중상환청구권부 채권
   차. 「한국주택금융공사법」에 따른 주택저당증권 또는 학자금대출증권에 표시되어야 할 권리
   카. 「자산유동화에 관한 법률」에 따른 유동화증권에 표시될 수 있거나 표시되어야 할 권리
   타. 「자본시장과 금융투자업에 관한 법률」에 따른 파생결합증권에 표시될 수 있거나 표시되어야 할 권리로서 대통령령으로 정하는 권리
   파. 「자본시장과 금융투자업에 관한 법률」에 따른 증권예탁증권에 표시될 수 있거나 표시되어야 할 권리로서 대통령령으로 정하는 권리
   하. 외국법인등(「자본시장과 금융투자업에 관한 법률」 제9조제16항에 따른 외국법인등을 말한다. 이하 같다)이 국내에서 발행하는 증권(證券) 또는 증서(證書)에 표시될 수 있거나 표시되어야 할 권리로서 가목부터 타목까지의 어느 하나에 해당하는 권리
   거. 가목부터 하목까지의 규정에 따른 권리와 비슷한 권리로서 그 권리의 발생·변경·소멸이 전자등록계좌부에 전자등록되는 데에 적합한 것으로서 대통령령으로 정하는 권리

Ⅰ. 본조의 취지

본조는 전자증권제도의 적용대상에 대한 규정이다. 자본시장법 등 기존의 증권 관련 법령에서는 증권 자체를 대상으로 적용대상 여부를 판단하지만, 전자증권제도는 증권 자체가 아니라 증권에 표시되어야 할 권리를 전자등록계좌부에 등록하는 제도라는 점에서 적용대상 논의 또한 이와 같은 관점에서 이해

해야 한다. 본조에서도 증권이라는 용어를 사용하지 않고, "증권에 표시되어야 할 권리"임을 명시하고 있으며, 증권 대신에 "주식등"이라는 용어를 사용한다. 당초 적용대상을 원칙적으로 자본시장법상 증권으로 규정한 바 있으나, 이 경우에 실물 발행된 유가증권으로 볼 수 있다는 우려가 제기되어 현행과 같이 규정하였다. 적용대상이 증권(證券)이나 증서(證書)가 아닌 권리임을 명시하고, 적용대상 권리를 명시함으로써 제도 적용대상을 명확히 하며, 불필요한 논란을 차단하고자 하였다.

Ⅱ. 적용대상에 대한 열거주의

전자증권법은 주식등을 대상으로 적용되며 그 대상을 제한적으로 열거하는 방식(열거주의)을 채택하였으며, 주식, 사채, 국채, 지방채, 채무증권, 신주인수권, 수익권 등의 권리를 규정하고 있다(제2조 제1호). 자본시장법은 금융투자상품의 개념에 대해서 포괄주의를 택하고 있지만, 전자증권법은 이용자의 예측가능성 및 법적 안정성을 위하여 열거주의 방식으로 규정하면서 그 한계를 고려하여 "전자등록되는 데에 적합한 것"을 시행령에서 규정할 수 있도록 위임하고 있다.

적용대상으로서 자본시장법상의 증권 구분을 기준으로 ① 채무증권으로는 국채, 지방채, 특수채, 금융채, 회사채 등이 포함되지만 기업어음(CP)은 설권증권(設權證券)으로 권면의 존재가 필수적이라 전자등록에 적합하지 않다는 점에서 제외된다. ② 지분증권으로는 주식, 신주인수권증서·신주인수권증권, 투자회사 주식이 포함되지만 합자회사 등 출자지분은 그 양도에 무한책임사원 모두의 동의가 필요하고 유통가능성도 떨어지므로 등록에 부적합한 점을 고려하여 제외하였다. ③ 수익증권으로는 신탁법상 신탁의 수익증권, 자본시장법상 투자신탁의 수익증권 등이 포함된다. ④ 투자계약증권은 권리의 내용이 개별적이고 비정형적이라 등록에 부적합하여 제외된다. ⑤ 파생결합증권으로는 자본시장법상 파생결합증권으로서 대통령령으로 정하는 증권 등이다. 그 밖에 자본시장법상 증권이 아니라도 등록에 적합한 유가증권의 경우 등록이 가능한데, 원화표시 양도성예금증서(CD)가 이에 해당한다.

〈표 1-4〉 전자증권법 적용대상[13)]

구 분	법 제2조	영 제2조
지분증권	• 주식 • 신주인수권증서, 신주인수권증권	
채무증권	• 사채(신탁법상 신탁사채 및 자본시장법상 조건부자본증권 포함) • 국채, 지방채, 특수채 • 이중상환청구권부 채권	• 은행법 및 금융지주회사법상 조건부자본증권
수익증권	• 신탁법상 수익권 • (자본시장법상) 투자신탁의 수익권 • 주택저당증권, 학자금대출증권	
증권예탁증권	• (시행령에 위임)	• 국내 발행 증권예탁증권(KDR)
파생결합증권	• (시행령에 위임)	• 주식워런트증권(ELW) 및 이와 유사한 권리
기 타	• 자산유동화법상 유동화증권 • 외국법인등의 국내 발행증권	• 양도성 예금증서(CD)

제2조(정의) 2. "전자등록"이란 주식등의 종류, 종목, 금액, 권리자 및 권리 내용 등 주식등에 관한 권리의 발생·변경·소멸에 관한 정보를 전자등록계좌부에 전자적 방식으로 기재하는 것을 말한다

Ⅰ. 본조의 취지

전자등록의 의미에 대해서 정의한 규정이다. 전자등록의 대상은 증권에 표시되어야 할 '권리'이다. 예컨대 주식이라는 권리를 표시한 주권을 등록하는 것이 아니라, 주식이라는 권리 그 자체를 등록하는 것이다.[14)] 실물 발행을 전제하

13) 법무부·금융위원회, "전자증권제도 및 법령 주요내용"(2019.9.16), 4면.
14) 박철영, "전자증권제도에 의한 주식제도의 변화와 주주명부의 기능 강화", 「기업법연구」 제32권 제2호(2019), 123면.

는 등록(舊 공사채등록법 등)과 달리 실물 발행을 원천적으로 배제하는 전자등록 방식을 채택하였다.

Ⅱ. 전자등록방식의 채택

증권을 전자화하는 방식은 전자문서방식과 전자등록방식으로 구분할 수 있다. 먼저 전자문서방식이란 유가증권의 권면 대신에 전자문서를 이용하여 처리하는 방식을 의미하는데, 서면문서를 전자문서로 대체한 것으로 증권의 발행에는 전자서명이 필요하고 증권의 양도를 위해서는 전자문서의 교부가 있어야 하는 등 증권의 발행이나 이전 등에 있어서 서면문서와 동일한 요건이 필요하다. 이 방식은 전자어음, 전자수표 등 행위자의 동일성을 파악할 필요가 있는 금전채권증권(money securities)을 전자화하는 경우에는 적절한 방식이다. 보통 유가증권 실물과 유사한 외형을 전산 네트워크를 통해 유통시키는 방식으로 구현된다.

이에 반해 전자등록방식이란 증권상의 권리를 전자등록기관이 운영하는 전자등록계좌부에 전자적으로 기록하여 공시하는 방식을 의미하며, 그 기재에 전자등록의 효력을 부여하는 방식이다. 특히 주식이나 사채 등과 같이 대량으로 발행, 유통되는 투자증권의 경우에는 비록 전자적 방법에 의한 것이라고 하더라도 일일이 전자증권을 교부하는 것은 불가능하므로 등록계좌부상의 계좌대체(book－entry)로 유통할 수밖에 없다는 점에서 이 방식이 적절하다.[15] 즉 전자문서방식은 실물증권을 디지털화(image capturing)하는 것이고, 전자등록방식은 실물증권을 전제로 하지 않는다는 점에서 근본적 차이가 있다.[16] 전자어음법, 전자선하증권를 규정한 상법 제862조에는 전자문서방식이 적용된 반면에, 전자증권법에는 전자등록방식이 채택되었다.

15) 한국증권법학회, 앞의 보고서, 1면.
16) 임재연, 「회사법 I」(박영사, 2022), 944면.

제3조(다른 법률과의 관계) 전자등록주식등에 관하여는 다른 법률에 특별한 규정이 있는 경우를 제외하고는 이 법에서 정하는 바에 따른다.

본조에서는 전자증권법이 증권의 무권화(無券化)에 관한 기본법임을 규정하였다. 전자등록계좌부에 전자등록된 주식등(전자등록주식등)에 관해서는 다른 법률에 특별한 규정이 있는 경우 외에는 전자증권법을 적용한다(제3조). 상법과 전자증권법의 관계는 일반법과 특별법의 관계에 있다고 볼 수 있다. 상법에는 유가증권에 대한 전자등록제도의 근거를 두고 있으나(제65조 제2항), 전자증권법에서는 자본시장법상 증권 등 적용대상을 확대하였다(제2조 제1호). 또한 상법에서는 단순히 전자등록부라는 용어만 사용하고 있으나, 전자증권법에서는 이를 세분화하여 발행인관리계좌부, 고객계좌부 및 고객관리계좌부, 계좌관리기관등 자기계좌부 등으로 세분하여 규정하고 있다.[17)]

17) 장기적으로는 상법과 전자증권법의 정합성을 확보하기 위해서 전자등록의 효력 등을 규정한 상법 제356조의2 제2항 및 제3항을 삭제하는 것이 바람직하다고 본다.

제 2 장 제도운영기관

제 1 절 전자등록기관

제4조(무허가 전자등록영업행위 금지) 누구든지 이 법에 따른 전자등록업허가(변경허가를 포함한다)를 받지 아니하고는 전자등록업(제14조제1항에 따른 업무를 영업으로 하는 것을 말한다. 이하 같다)을 하여서는 아니 된다.

Ⅰ. 본조의 취지

본조에서는 전자등록기관 설립에 관한 허가주의와 무허가 전자등록업 영위의 금지를 규정하였다. 무자격자의 영업행위로 인하여 전자증권제도 및 자본시장이 교란되는 것을 방지하기 위한 취지의 규정이다.

Ⅱ. 전자등록업 허가주의

증권예탁제도의 근거를 규정하고 있는 자본시장법에서는 중앙예탁결제기관(CSD)인 한국예탁결제원에 대해서 법정설립주의를 채택하였다.[1] 이는 집중예탁제도의 자연독점적(natural monopoly) 성격을 고려하고, 중앙예탁결제기관(CSD)이 난립하게 되면 자본시장의 효율성을 저해할 것이라는 점을 고려한 것이다. 전자증권법 제정 당시에 전자등록기관의 설립방식을 두고 정부안(금융위원회)과 의원안(이종걸 의원)이 입장을 달리하였다. 정부안은 예탁제도를 운영하고 있는 한국예탁결제원을 유일한 전자등록기관으로 법에 명시하는 특허주의를 규정하였으며, 이에 따르면 전자등록기관은 자본시장법상 예탁제도와 동일하게

1) 제294조(설립) ① 증권등(증권, 그 밖에 대통령령으로 정하는 것을 말한다. 이하 이 장에서 같다)의 집중예탁과 계좌 간 대체, 매매거래에 따른 결제업무 및 유통의 원활을 위하여 한국예탁결제원을 설립한다.

특수법인으로 해석된다. 전자등록업무는 자연독점적 성격을 가지고 있어 복수의 전자등록기관이 등장할 경우 오히려 운영상의 비효율이 발생할 가능성을 배제할 수 없다는 것이다. 이에 대해 의원안은 허가주의를 규정하여 일정요건을 갖춘 회사가 허가를 신청하면 허가권자의 허가에 따라 전자등록기관의 업무를 수행할 수 있도록 하였다. 이에 따르면 다수의 전자등록기관의 설립이 가능하게 되어 상호간 경쟁을 통하여 이용자에게 양질의 서비스를 제공할 수 있다는 것이다. 이러한 입장차이는 조율 끝에 의원안을 수용하는 방향으로 입법되었다.

전자등록업허가 또는 변경허가를 받지 아니하고 전자등록업을 수행하는 경우에는 5년 이하의 징역 또는 1억원 이하의 벌금에 처한다(제73조 제2항 제1호).

제5조(전자등록업의 허가) ① 전자등록업을 하려는 자는 전자등록의 대상이 되는 주식등의 범위를 구성요소로 하여 대통령령으로 정하는 업무 단위(이하 "전자등록업 허가업무 단위"라 한다)의 전부 또는 일부를 선택하여 금융위원회 및 법무부장관으로부터 하나의 전자등록업허가를 받아야 한다.

② 제1항에 따라 전자등록업허가를 받으려는 자는 다음 각 호의 요건을 모두 갖추어야 한다.

1. 「상법」에 따른 주식회사일 것
2. 100억원 이상으로서 전자등록업 허가업무 단위별로 대통령령으로 정하는 금액 이상의 자기자본을 갖출 것
3. 사업계획이 타당하고 건전할 것
4. 권리자의 보호가 가능하고 전자등록업을 수행하기에 충분한 인력과 전산설비, 그 밖의 물적 설비를 갖출 것
5. 정관 및 전자등록업무규정이 법령에 적합하고 전자등록업을 수행하기에 충분할 것
6. 임원(이사 및 감사를 말한다. 이하 같다)이 「금융회사의 지배구조에 관한 법률」 제5조에 적합할 것
7. 대주주(「자본시장과 금융투자업에 관한 법률」 제12조제2항제6호가목의 대주주를 말한다)가 충분한 출자능력, 건전한 재무상태 및 사회적 신용을 갖출 것
8. 대통령령으로 정하는 사회적 신용을 갖출 것
9. 이해상충방지체계를 구축하고 있을 것

③ 제2항의 허가요건에 관한 구체적인 사항은 대통령령으로 정한다.

Ⅰ. 본조의 취지

본조는 전자등록업을 영위하고자 하는 자가 전자등록업 허가를 취득하기 위한 요건을 규정하였다. 자본시장법상 거래소 허가(제373조의2), 금융투자상품 거래청산회사 인가(제323조의3), 금융투자업자 인가(제12조) 등 다른 입법례와의 균형을 고려하여 허가요건이 설계되었다.

Ⅱ. 전자등록업 허가요건

1. 허가업무 단위

신규로 전자등록업을 수행하려는 자는 전자등록의 대상이 되는 주식등의 범위를 구성요소로 하여 전자등록업 허가업무 단위의 전부 또는 일부를 선택하여 금융위원회 및 법무부장관으로부터 허가를 받아야 한다(제5조 제1항).[2] 법률의 위임에 따라 시행령에서는 유사한 속성을 가진 증권들로 허가업무단위를 분류하고 단위별 최저자기자본을 규정하였다.[3] 허가업무의 단위는 6개 종류이며, 최저자기자본은 200억원에서 최대 2,000억원이다. 이는 취급 대상증권의 성질과 투자위험도에 따라 최저자기자본을 달리 정함으로써 안정적인 등록업무를 수행하고자 하기 위함이다.

2. 허가 요건

(1) 회사형태

상법에 따른 주식회사일 것이 요구된다.

---

2) 한국예탁결제원도 업무 단위별 허가조항이 적용되는지 문제 될 수 있으나, 전자등록기관으로 허가받은 것으로 간주하고 있는 법 부칙 제8조의 취지상 전자등록업 업무단위 전부를 허가받은 것으로 보는 것이 타당하다.

3) 이와 같은 규제방식은 거래소 허가제에도 유사하게 적용된다. 2013년 개정 자본시장법은 거래소 독점제를 폐지하고 허가제를 도입하여 복수 거래소 체제로 운영할 수 있는 근거를 마련하였으며. 한국거래소는 시장개설 단위 전부에 대하여 거래소허가를 받은 것으로 본다고 규정하였다(부칙 제15조 제1항). 신규로 거래소 시장을 운영하려는 자는 시장개설 단위의 전부나 일부를 선택하여 하나의 거래소허가를 받아야 한다(법 제354조의3 제1항). 시행령이 정하는 최저자기자본은 허가단위별로 최소 1,000억원에서 3,000억원이다(시행령 별표 17의2).

(2) 자기자본

100억원 이상으로서 전자등록업 허가업무 단위별로 대통령령으로 정하는 금액 이상의 자기자본을 갖출 것이 요구된다.

〈표 2-1〉 허가업무 단위 및 최저자기자본 [시행령 별표 1]

허가업무 단위	취급대상 범위(자본시장법상 분류로 표기)	최저자기자본
1	• 모든 증권	2,000억원
1-1	• 지분증권 및 증권예탁증권	800억원
1-1-1	• 지분증권(상장) 및 증권예탁증권	600억원
1-1-2	• 지분증권(비상장)	200억원
1-2	• 채무증권 및 파생결합증권	1,000억원
1-3	• 수익증권	200억원

상기 기준은 모든 증권에 대하여 전자등록업무를 수행하는 한국예탁결제원의 운영리스크 수준을 고려하여 설계되었다. 2012년 기준으로 예탁자산의 가치 및 거래량을 고려한 한국예탁결제원의 최소 운영리스크는 2,000억원 수준으로 평가되었다.[4)]

(3) 사업계획

사업계획이 타당하고 건전하여야 한다. 구체적으로 사업계획에는 ① 전자등록업을 안정적으로 영위하는 데 필요한 사항, ② 위험관리와 금융사고 예방 등을 위한 내부통제장치, ③ 권리자 보호를 위한 업무방법, ④ 초과분의 해소 등 전자등록의 안전성 확보목적 재원의 적립 및 관리에 관한 사항 등이 모두 포함되어야 한다(영 제3조 제3항).

(4) 인력 및 설비

권리자 보호 및 전자등록업 수행에 충분한 인력과 전산설비, 그 밖의 물적

4) 한국예탁결제원, 「주식·사채 등의 전자등록에 관한 법률 및 동 시행령 조문해설서(이하 조문해설서)」, 14면.

설비를 갖추어야 한다. ① 인력요건으로서 전자등록업 수행가능한 전산요원 등의 인력, ② 설비요건으로서 전산설비와 통신수단, 사무실 등 업무공간과 사무장비, 물적 설비 보호를 위한 보안설비, 사고 발생시에도 업무의 연속성을 유지하기 위한 보완설비를 갖추어야 한다(영 제3조 제4항).

(5) 정관 및 업무규정

정관 및 업무규정이 법령에 적합하고 전자등록업을 수행하기에 충분하여야 한다.

(6) 임 원

이사 및 감사가 「금융회사의 지배구조에 관한 법률」(이하, 금융사지배구조법) 제5조 임원의 자격요건에 적합하여야 한다. 따라서 미성년자·피성년후견인 또는 피한정후견인, 파산선고를 받고 복권(復權)되지 아니한 사람, 금고 이상의 실형을 선고받고 그 집행이 끝나거나 집행이 면제된 날부터 5년이 지나지 아니한 사람 등은 전자등록기관의 임원이 되지 못한다(제13조 제2항).

(7) 대주주

대주주가 충분한 출자능력, 건전한 재무상태 및 사회적 신용을 갖추어야 한다. 이에 대하여는 ① 대주주가 금융기관인 경우, ② 금융기관 이외의 내국법인인 경우, ③ 내국인으로서 개인인 경우, ④ 외국법인인 경우 등으로 나누어 그 요건을 시행령에서 상세하게 규정하고 있다(영 별표 2).

(8) 사회적 신용

사회적 신용 요건을 갖추기 위해서는 아래의 사항에 모두 적합하여야 한다. ① 최근 3년간 "금융관련법령"[5] 등을 위반하여 양벌 규정에 따른 형사처벌을 받은 사실이 없을 것, ② 최근 3년간 채무불이행 등으로 건전한 거래질서를 해친 사실이 없을 것, ③ 최근 5년간 「금융산업의 구조개선에 관한 법률」에 따

5) 「금융회사의 지배구조에 관한 법률 시행령」 제5조에 따른 법령을 의미한다. 여기에는 「공인회계사법」, 「근로자퇴직급여 보장법」, 「금융산업의 구조개선에 관한 법률」, 「금융소비자 보호에 관한 법률」, 「금융실명거래 및 비밀보장에 관한 법률」 등이 있다.

라 부실금융기관으로 지정되었거나 금융관련법령에 따라 영업의 허가·인가 또는 등록이 취소된 자가 아닐 것, ④ 금융관련법령이나 외국 금융관련법령에 따라 금융위원회, 외국 금융감독기관 등으로부터 지점, 그 밖의 영업소의 폐쇄 또는 그 업무의 전부나 일부의 정지 이상의 조치를 받은 후 일정기간[6]이 경과하였을 것이 요구된다(영 제3조 제6항).

(9) 이해상충방지체계

전자등록기관과 계좌관리기관등 사이 또는 전자등록기관 영위 업무 상호 간의 이해상충이 발생할 가능성을 파악·평가하고, 전자등록기관의 내부통제기준으로 정하는 방법 및 절차에 따라 이를 적절히 관리하는 체계여야 한다(영 제3조 제7항).

3. 부정한 방법으로 허가취득 시 제재조치

거짓 등 부정한 방법으로 전자등록업 허가를 받은 경우와 허가조건이 부여된 경우 그 허가조건을 위반한 경우에는 금융위원회는 전자등록업 허가를 취소할 수 있다. 이 경우 미리 법무부장관과 협의하여야 한다(제53조 제1항 제1호 및 제2호). 또한 이를 행한 자의 경우에는 5년 이하의 징역 또는 1억원 이하의 벌금에 처한다(제73조 제2항 제2호).

제6조(허가의 신청 및 심사) ① 제5조제1항에 따른 허가를 받으려는 자는 허가신청서를 금융위원회 및 법무부장관에게 제출하여야 한다.
② 금융위원회 및 법무부장관은 제1항의 허가신청서를 접수한 때에는 그 내용을 심사하여 3개월 이내에 허가 여부를 결정하고, 그 결과와 이유를 지체 없이 신청인에게 문서로 통지하여야 한다. 이 경우 허가신청서에 흠결이 있는 경우에는 보완을 요구할 수 있다.
③ 제2항의 심사기간을 산정할 때 허가신청서 흠결의 보완기간 등 대통령령으로 정하는 기

---

6) ① 업무의 전부정지: 업무정지가 끝난 날부터 3년
② 업무의 일부정지: 업무정지가 끝난 날부터 2년
③ 지점, 그 밖의 영업소의 폐쇄 또는 그 업무의 전부나 일부의 정지: 해당 조치를 받은 날부터 1년

간은 산입하지 아니한다.
④ 금융위원회 및 법무부장관은 제2항에 따라 허가를 하는 경우에는 전자등록기관의 경영의 건전성 확보 및 권리자 보호에 필요한 조건을 붙일 수 있다.
⑤ 제4항에 따라 조건이 붙은 허가를 받은 자는 사정의 변경이나 그 밖에 정당한 사유가 있는 경우에는 금융위원회 및 법무부장관에게 조건의 취소 또는 변경을 요청할 수 있다. 이 경우 금융위원회 및 법무부장관은 2개월 이내에 조건의 취소 또는 변경 여부를 결정하고, 그 결과를 지체 없이 신청인에게 문서로 통지하여야 한다.
⑥ 금융위원회 및 법무부장관은 제2항에 따라 허가를 한 경우에는 다음 각 호의 사항을 관보 및 인터넷 홈페이지 등에 공고하여야 한다.
1. 허가의 내용
2. 허가의 조건(조건을 붙인 경우로 한정한다)
3. 허가의 조건을 취소하거나 변경한 경우 그 내용(조건을 취소하거나 변경한 경우로 한정한다)
⑦ 제1항부터 제6항까지의 규정에 따른 허가신청서의 기재사항·첨부서류 등 허가의 신청에 관한 사항과 허가심사의 방법·절차, 그 밖에 필요한 사항은 대통령령으로 정한다.

Ⅰ. 본조의 취지

전자등록업을 영위하고자 하는 자가 허가를 신청하는 절차와 방법, 허가권자인 금융위원회 및 법무부장관의 심사절차와 조치사항 등을 정한 규정이다.

Ⅱ. 전자등록업 허가의 절차

1. 허가의 신청

전자등록업 허가를 받으려는 자는 허가신청서를 금융위원회 및 법무부장관에게 제출하여야 한다(제6조 제1항). 허가신청서에는 ① 명칭, ② 본지점 등의 소재지, ③ 임원에 관한 사항, ④ 전자등록업 허가업무 단위 등을 기재하여야 한다(영 제4조 제1항).

2. 허가권자의 심사

허가권자인 금융위원회 및 법무부장관은 신청 내용을 심사하여 3개월 이내에 허가 여부를 결정하고, 그 결과와 이유를 지체 없이 신청인에게 문서로 통지하여야 하며, 허가신청서에 흠결이 있는 경우에는 보완을 요구할 수 있다(제6조 제2항). 심사기간 산정시 ① 허가권자가 다른 기관으로부터 허가요건 판단자료를 제공받는데 소요되는 기간, ② 허가신청서의 흠결 보완기간, ③ 허가를 받으려는 자 또는 그 대주주를 상대로 형사소송 등[7]이 진행되는 경우 절차가 종료될 때까지의 기간은 산입하지 않는다(제6조 제3항, 영 제5조).

3. 허가권자의 조치사항

허가권자가 허가를 한 경우에는 ① 허가의 내용, ② 허가의 조건을 붙인 경우 그 조건, ③ 허가의 조건을 취소하거나 변경한 경우 그 내용을 관보 및 인터넷 홈페이지에 공고하여야 한다(제6조 제6항).

제7조(예비허가) ① 제5조에 따른 전자등록업허가(이하 이 조에서 "본허가"라 한다)를 받으려는 자는 미리 금융위원회 및 법무부장관에게 예비허가를 신청할 수 있다.
② 금융위원회 및 법무부장관은 예비허가를 신청받은 경우에는 2개월 이내에 제5조제2항 각 호의 요건을 갖출 수 있는지 여부를 심사하여 예비허가 여부를 결정하고, 그 결과와 이유를 지체 없이 신청인에게 문서로 통지하여야 한다. 이 경우 예비허가신청에 관하여 흠결이 있는 때에는 보완을 요구할 수 있다.
③ 제2항의 심사기간을 산정할 때 예비허가신청과 관련된 흠결의 보완기간 등 대통령령으로 정하는 기간은 심사기간에 산입하지 아니한다.
④ 금융위원회 및 법무부장관은 제2항에 따라 예비허가를 하는 경우에는 전자등록기관의 경영의 건전성 확보 및 권리자 보호에 필요한 조건을 붙일 수 있다.
⑤ 금융위원회 및 법무부장관은 예비허가를 받은 자가 본허가를 신청하는 경우에는 제4항에 따른 예비허가의 조건을 이행하였는지 여부와 제5조제2항 각 호의 요건을 갖추었는지

7) 형사소송뿐만 아니라 법무부, 공정거래위원회, 금융위원회, 국세청, 검찰청 또는 금융감독원 등에 의한 조사·검사 등의 절차를 포함한다. 다만 그 소송이나 조사·검사 등의 내용이 전자등록업허가의 심사에 중대한 영향을 미칠 수 있다고 인정되는 경우에 한한다(영 제5조 제3호).

여부를 확인한 후 본허가 여부를 결정하여야 한다.
⑥ 제1항부터 제5항까지의 규정에 따른 예비허가의 신청서 및 그 기재사항·첨부서류 등 예비허가의 신청에 관한 사항과 예비허가심사의 방법·절차, 그 밖에 예비허가에 관하여 필요한 사항은 대통령령으로 정한다.

Ⅰ. 본조의 취지

본조는 제6조의 본허가와 구별되는 예비허가를 받기 위한 신청과 심사절차 등을 규정한 조항이다. 본허가 기준을 충족하기 위해서는 많은 비용과 시간이 소요되어 막상 허가신청 후 허가를 받지 못하는 경우에는 상당한 손해를 입게 될 수 있으므로 이를 방지하고자 예비허가제도를 마련하였다.

Ⅱ. 전자등록업 예비허가의 절차

1. 예비허가의 신청

전자등록업 허가를 받으려는 자는 허가권자에게 예비허가를 신청할 수 있다(제7조 제1항). 예비허가를 받으려는 자는 예비허가신청서를 허가권자에게 제출하여야 한다(영 제6조 제1항). 예비허가신청서에는 ① 명칭, ② 본지점 등의 소재지, ③ 임원에 관한 사항, ④ 전자등록업 허가업무 단위 등을 기재하여야 한다(영 제6조 제1항, 영 제4조 제1항).

2. 허가권자의 심사

금융위원회 및 법무부장관은 신청 내용을 심사하여 2개월 이내에 허가요건을 갖출 수 있는지 여부를 심사하여 예비허가 여부를 결정하고, 그 결과와 이유를 지체 없이 신청인에게 문서로 통지하여야 하며, 허가신청서에 흠결이 있는 경우에는 보완을 요구할 수 있다(제7조 제2항). 심사기간 산정시 ① 허가권자가 예비허가요건 판단자료를 다른 기관으로부터 제공받는데 소요되는 기간, ② 예비허가신청의 흠결 보완기간, ③ 예비허가를 받으려는 자 또는 그 대주주를 상대로 형사소송 등[8]이 진행되는 경우 그 절차가 종료될 때까지의 기간은 산입하지 않는다(영 제7조).

3. 예비허가 후 조치

금융위원회 및 법무부장관은 예비허가를 받은 자가 본허가를 신청하는 경우에는 예비허가의 조건 이행여부와 허가요건 구비 여부를 확인한 후 본허가 여부를 결정한다(제7조 제5항).

〈표 2-2〉 예비허가와 본허가의 비교

구 분	예비허가	본허가
심사내용	본허가 요건을 구비할 수 있는지 여부	본허가 요건을 갖추었는지 여부
심사기간	2개월	3개월
(예비)허가조건 취소·변경요청	–	가능

제8조(허가요건의 유지) 전자등록기관은 제5조에 따른 전자등록업허가를 받아 그 업무를 함에 있어서 같은 조 제2항 각 호의 허가요건(제8호는 제외한다)을 유지하여야 한다.

Ⅰ. 본조의 취지

본조는 전자증권제도 운영의 핵심기관인 전자등록기관의 허가 취득 이후의 안정적 업무수행을 위해서 허가요건의 유지의무를 규정하였다.

8) 형사소송뿐만 아니라 법무부, 공정거래위원회, 금융위원회, 국세청, 검찰청 또는 금융감독원 등에 의한 조사·검사 등의 절차를 한다. 다만 그 소송이나 조사·검사 등의 내용이 예비허가의 심사에 중대한 영향을 미칠 수 있다고 인정되는 경우에 한한다(영 제7조 제3호).

Ⅱ. 허가요건의 유지

전자등록업 허가요건은 허가취득 이후에도 항시 유지되어야 한다. 유지대상 요건은 ① 회사형태, ② 자기자본, ③ 사업계획, ④ 인력 및 설비, ⑤ 정관 및 업무규정, ⑥ 임원, ⑦ 대주주, ⑧ 이해상충방지체계이다. 이상의 허가요건들은 전자등록기관이 전자등록업을 수행하는데 필수적인 요건이며, 결여되는 경우에는 업무수행에 현저한 장애를 초래하여 제도 참가기관 및 권리자 보호에 충실하지 못할 수 있기 때문이다. 다만 사회적 신용 요건은 유지의무에서 제외된다. 이는 일정기간 동안 신용저해행위를 하지 않은 경우나 위반행위로 인하여 조치를 받고 일정기간이 경과한 경우에는 사회적 신용요건을 갖춘 것으로 처리되므로, 허가요건 심사 당시에 충족하면 되는 것으로 보는 것이 합리적이기 때문이다.

만일, 유지대상 허가요건을 유지하지 못하는 경우에는 전자등록업 허가 취소의 사유가 되며(제53조 제1항 제3호), 임직원은 조치 또는 조치요구의 대상이 된다(동조 제4항 및 제5항).

제9조(업무의 추가 및 허가의 변경) 전자등록기관은 제5조에 따라 허가를 받은 전자등록업 허가업무 단위 외에 다른 전자등록업 허가업무 단위를 추가하여 전자등록업을 하려는 경우에는 제5조 및 제6조에 따라 금융위원회 및 법무부장관의 변경허가를 받아야 한다. 이 경우 제7조를 적용한다.

신규로 전자등록업을 수행하려는 자는 전자등록업 허가업무 단위를 신댁하여 허가권자로부터 허가를 받아야 한다(제5조 제1항). 이에 따라 총 6종의 허가업무 단위 중에서 하나를 선택하여 허가를 받게 되는데, 허가 받은 업무단위 이외에 다른 업무단위를 영위하고자 하는 경우에 허가권자의 변경허가를 받아야 한다. 본조는 허가받은 전자등록업 허가업무 단위 외에 다른 허가업무 단위를 추가하는 경우에 적용되며 이 경우에는 공동허가권자인 금융위원회와 법무부장관의 변경허가를 얻어야 한다(제9조 전단).

한편 업무 일부를 폐지하는 경우에는 금융위원회의 승인을 받으면 충분하다. 다만 금융위원회는 미리 법무부장관과 협의하여야 한다(제12조).

제10조(유사명칭 사용 금지) 전자등록기관이 아닌 자는 "증권등록", "등록결제" 또는 이와 유사한 명칭을 사용하여서는 아니 된다.

전자등록업의 허가는 전자증권법이 정한 요건을 갖춘 자에 한하여 금융위원회 및 법무부장관의 엄격한 심사를 거친 후에 취득할 수 있다. 전자등록기관이 자본시장 및 투자자에 미치는 영향도를 고려할 때 독점적 명칭 사용권을 보장하여 전자등록기관으로서의 원활한 업무 수행을 보장하고, 무자격자의 사칭이나 유사기관의 설립으로부터 발생하는 폐해를 미연에 방지할 필요가 있다. 따라서 전자등록기관이 아닌 자는 "증권등록", "등록결제" 또는 이와 유사한 명칭의 사용이 금지된다(제10조). 이를 위반하여 명칭을 사용하는 경우 5천만원 이하의 과태료를 부과한다(제75조 제1항 제1호).

제11조(영업양도 등의 승인) ① 전자등록기관은 합병, 분할, 분할합병 또는 주식의 포괄적 교환·이전(이하 "합병등"이라 한다)을 하려는 경우에는 금융위원회의 승인을 받아야 한다. 이 경우 금융위원회는 합병등을 승인할 때에는 미리 법무부장관과 협의하여야 한다.
② 전자등록기관은 영업양도를 하려는 경우에는 금융위원회의 승인을 받아야 한다. 다만, 전자등록기관이 양도하려는 영업에 제5조에 따라 허가를 받거나 제9조에 따라 업무의 추가 및 변경허가를 받은 전자등록업 허가업무 단위가 포함된 경우에는 금융위원회는 승인 전에 미리 법무부장관과 협의하여야 한다.

본조에서는 전자증권제도 운영의 핵심기관인 전자등록기관의 합병 등 Corporate Action이 발생하는 경우 계좌관리기관, 투자자 등 이해관계자에게 중대한 영향을 미칠 우려가 있으므로 감독기관의 승인을 얻어야 함을 규정하였다. 승인대상 행위는 전자등록기관이 합병, 분할, 분할합병 또는 주식의 포괄적 교환·이전, 영업양도를 하려는 경우이다. 합병, 분할, 분할합병 또는 주식의 포괄적 교환·이전을 하려는 경우 금융위가 승인할 때에는 미리 법무부장관과 협의하여야 한다(제11조 제1항). 영업양도의 경우에는 일반적인 경우에는 법무부장관 협의절차가 필요한 것은 아니고, 전자등록업 허가업무 단위가 포함된 경우에만 법무부장관과 사전 협의절차를 거쳐야 한다(동조 제2항).

제12조(전자등록업 폐지 등) ① 전자등록기관은 전자등록업의 전부 또는 일부를 폐지하거나 해산하고자 하는 경우에는 금융위원회의 승인을 받아야 한다. 이 경우 금융위원회는 그 승인을 할 때에는 미리 법무부장관과 협의하여야 한다.
② 금융위원회는 제1항 전단에 따른 승인을 한 경우 그 내용을 관보 및 인터넷 홈페이지 등에 공고하여야 한다.
③ 제1항 전단에 따른 승인 방법·절차, 그 밖에 승인업무 처리를 위하여 필요한 사항은 대통령령으로 정한다.

Ⅰ. 본조의 취지

전자등록기관이 이해관계인 보호절차 없이 전자등록업을 폐지하거나 해산하는 경우에는 계좌관리기관뿐만 아니라 전자등록주식등의 소유자 등 권리자는 보유하고 있던 권리를 상실하게 될 우려가 있다. 본조에서는 이와 같은 사유 발생 시에 전자등록기관이 거쳐야 할 절차 및 금융위원회의 처리방법에 대하여 규정하고 있다.

Ⅱ. 전자등록업 폐지·해산의 절차

1. 승인신청서의 제출

전자등록기관이 전자등록업 폐지(일부 폐지 포함)나 해산의 승인을 받으려는 경우 승인신청서를 금융위원회에 제출해야 한다. 승인신청서에는 ① 명칭, ② 본점의 소재지, ③ 임원에 관한 사항, ④ 승인을 신청하는 사유, 내용 및 시기 등을 기재하여야 한다(영 제8조 제1항). 또한 승인신청서에는 정관, 신청사유와 관련한 이사회나 주주총회 의사록·계약서 등을 첨부하여야 한다(동조 제2항).

2. 금융위원회의 심사 및 결정

금융위원회는 ① 신청이 해당 전자등록기관의 경영 및 재무상태 등에 비추어 부득이할 것, ② 권리자 보호와 거래질서 유지에 지장을 주지 않을 것, ③ 상법 및 자본시장법 등 관계 법령에 따른 절차를 이행하는 데 장애 사유가 없을 것, 이상의 3가지 기준을 모두 충족시킬 수 있는지를 심사한다(영 제8조 제3항). 이는 전자등록업 폐지 승인의 심사기준을 규정함으로써 감독기관의 자의적 판단가능성을 배제하고, 신청자의 예측가능성을 높이기 위한 것이다. 금융위원회는 승인신청서와 첨부서류를 접수한 경우에는 접수한 날부터 2개월 이내에 승인 여부를 결정하고, 그 결과와 이유를 지체 없이 신청인에게 문서로 통지해야 한다. 이 경우 신청서 등에 흠결이 있을 때에는 기한을 정하여 보완을 요구할 수 있다(동조 제4항).

3. 금융위원회의 조치

금융위원회는 폐지·해산승인을 하는 경우에 미리 법무부장관과 협의하여야 하며(제12조 제1항), 승인을 한 경우에는 그 내용을 관보 및 인터넷 홈페이지 등에 공고하여야 한다(동조 제2항).

제13조(임원 등) ① 전자등록기관의 상근임원은 계좌관리기관의 임직원이 아닌 사람이어야 한다.

② 전자등록기관의 임원의 자격에 관하여는 「금융회사의 지배구조에 관한 법률」 제5조를 준용한다.

③ 전자등록기관의 대표이사는 주주총회에서 선임한다.

④ 금융위원회는 제3항에 따라 선임된 대표이사가 직무수행에 부적합하다고 인정되는 경우로서 대통령령으로 정하는 경우에는 법무부장관과 협의하여 그 선임된 날부터 1개월 이내에 그 사유를 구체적으로 밝혀 해임을 요구할 수 있다. 이 경우 해임 요구된 대표이사의 직무는 정지되며, 전자등록기관은 2개월 이내에 대표이사를 새로 선임하여야 한다.

⑤ 전자등록기관의 상근 임직원은 계좌관리기관 및 「자본시장과 금융투자업에 관한 법률」 제9조제17항에 따른 금융투자업관계기관(그 상근 임직원이 소속된 같은 항 제2호에 따른

예탁결제원은 제외한다)과 자금의 공여, 손익의 분배, 그 밖에 영업에 관하여 대통령령으로 정하는 특별한 이해관계를 가져서는 아니 된다.
⑥ 「자본시장과 금융투자업에 관한 법률」 제63조는 전자등록기관에 준용한다. 이 경우 "금융투자업자"는 각각 "전자등록기관"으로 본다.

Ⅰ. 본조의 취지

본조는 전자등록기관의 임원의 자격, 대표이사의 선임 및 해임, 임직원의 공정하고 객관적인 업무수행을 위한 제도적 장치[9]에 대해서 규정하였다.

Ⅱ. 전자등록기관의 임원 및 대표이사

1. 임원의 자격

전자등록기관의 상근임원은 계좌관리기관의 임직원이 아니어야 한다(제13조 제1항). 즉 계좌관리기관의 임직원은 전자등록기관의 상근임원이 될 수 없다.

전자등록기관의 상근임원이란 이사 및 감사를 의미한다(제5조 제2항 제6호). 전자등록기관은 특정 계좌관리기관을 우대하거나 불이익을 가해서는 아니되며, 계좌관리기관 간 공정하게 업무를 처리해야 한다. 전자증권법은 이를 명시하고 있지 않으나, 일본 내체법 제46조는 대체기관의 특정가입자 또는 발행회사에 대한 부당한 차별적 취급을 금지하고 있는 제14조를 계좌관리기관에 대하여 준용하여 명시적으로 규정하고 있다.[10] 이와 같이 제한하는 것은 계좌관리기관의 임직원이 전자등록기관의 상근임원이 되면 전자등록업무 수행시 이해상충이 발생할 우려가 있기 때문이다.

본조가 전자등록기관인 한국예탁결제원에 적용될 수 있는지가 문제되나, 제도의 안정적이고 공정한 운영을 위해서는 해석상 적용배제된다고 보기는 어

---

9) 전자등록기관의 임직원은 자본시장법상 금융투자상품 매매제한 규정의 적용을 받는다(제13조 제6항, 자본시장법 제63조)

10) 제46조(준용) 제14조의 규정은 계좌관리기관에 대하여, 제42조의 규정은 계좌관리기관이 제44조 제1항 각 호에서 열거한 자가 아닌 경우에 각각 준용한다.
제14조(차별적 취급의 금지) 대체기관은 특정가입자 또는 발행회사에 대하여 부당하게 차별적 취급을 해서는 아니 된다.

렵다.[11] 또한 금융사지배구조법 제5조가 준용되므로 미성년자·피성년후견인 또는 피한정후견인, 파산선고를 받고 복권(復權)되지 아니한 사람, 금고 이상의 실형을 선고받고 그 집행이 끝나거나 집행이 면제된 날부터 5년이 지나지 아니한 사람 등은 전자등록기관의 임원이 되지 못한다(제13조 제2항).

2. 대표이사의 선임과 해임

(1) 선 임

전자등록기관의 대표이사는 주주총회에서 선임한다(제13조 제3항). 이 규정이 한국예탁결제원이 아닌 전자등록기관에는 적용된다는 점은 이론의 여지가 없지만 한국예탁결제원에도 적용될 수 있을지에 대해서는 검토를 요한다. 한국예탁결제원은 예탁결제제도의 운영기관인 동시에 전자증권제도의 전자등록기관으로서 중첩적 지위를 가지고 있다. 따라서 예탁결제제도의 운영기본법인 자본시장법과 전자증권제도의 운영기본법인 전자증권법이 동시에 적용될 여지가 있어 양 법 간의 모순·충돌이 발생하는 경우 어떻게 해결할지가 문제된다. 구체적으로 자본시장법에서는 한국예탁결제원의 사장은 주주총회에서 선출하되, 금융위원회의 승인을 받아야 한다고 규정하고 있으나(제301조 제2항), 전자증권법에는 해당 자본시장법 규정을 한국예탁결제원에 적용배제한다는 조항이 별도로 마련되지 않았다.[12] 결론적으로는 한국예탁결제원의 사장은 금융위원회의 승인을 효력요건으로 규정하고 있는 자본시장법에 따라 선임된다고 보아야 한다. 전자증권법에 적용배제조항을 두고 있지 않기 때문에 금융위원회의 승인이 필요하지 않다고 해석하는 것은 자본시장법과의 체계적 해석상 무리가 있다. 그 근거로는 한국예탁결제원은 중첩적 지위를 가지고 있으므로 두 법 모두 적용되고 사장선임에 관한 보다 강한 규제인 자본시장법이 적용된다고 보는 견해도 있을 수 있다. 하지만 자본시장법이 한국예탁결제원의 설립 근거법인 점, 전자등록업무가 한국예탁결제원의 겸영업무[13]라고 보는 입장에서 사장선임과 관

---

11) 고동원, “주식등의 전자등록 제도 도입에 따른 관련 법제의 개선 방안”, 「예탁결제」 제109호 (2019), 25면.

12) 고동원, 앞의 논문, 21면.

13) 자본시장법에서는 금융위원회의 승인을 얻은 업무 또는 다른 법령에서 예탁결제원의 업무로 규정한 업무는 겸영업무로서 영위할 수 있다고 규정한다(제296조 제3항). 전자증권법은

련해서는 자본시장법이 우선적용된다고 보는 것이 설득력이 있다고 판단된다.[14] 입법적으로 전자증권법 제13조 제3항 단서에 한국예탁결제원에 대한 적용배제 규정을 신설하는 방안이 합리적이라 할 것이다.

(2) 해 임

금융위원회는 전자등록기관의 대표이사의 직무수행능력·전문성·경력 등을 종합적으로 고려하여 적격성을 검토한 결과 그 직무를 수행하는 데에 부적합하다고 인정되는 경우 법무부장관과 협의하여 그 선임된 날부터 1개월 이내에 그 사유를 구체적으로 밝혀 해임을 요구할 수 있다(제13조 제4항 전단, 영 제9조). 이 경우 해임 요구된 대표이사의 직무는 정지되며, 전자등록기관은 2개월 이내에 대표이사를 새로 선임하여야 한다(제13조 제4항 후단).

Ⅲ. 상근 임직원의 특별이해관계 제한

전자등록기관의 상근 임직원이 특별한 이해관계를 가져서는 안되는 대상기관은 계좌관리기관 및 자본시장법에 따른 금융투자업관계기관이다. 금융투자업관계기관이란 한국금융투자협회, 금융투자상품거래청산회사, 증권금융회사, 신용평가회사, 종합금융회사, 자금중개회사, 단기금융회사, 명의개서대행회사 등이다(자본시장법 제9조 제17항). 다만 상근 임직원이 소속된 예탁결제원은 제외한다(제13조 제5항). 제한되는 행위로는 자금의 공여, 손익의 분배, 채무보증, 담보제공, 정상적인 거래활동[15]을 수행하는 과정에서 필요한 행위에 해당하는 것으로 볼 수 없는 이해관계를 가지는 행위이다(제13조 제5항, 영 제10조). 이에 위반하여 특별한 이해관계를 가진 자는 3년 이하의 징역 또는 5천만원 이하의 벌금에 처한다(제73조 제3항 제1호).

다른 법령에 해당할 수 있으므로 전자등록기관으로서의 업무를 겸영업무로 보는 것도 가능하다.

14) 고동원, 위의 논문, 26면.

15) 거래 상대방의 사업 내용과 관련되거나 사업목적 달성에 수반되는 행위로서 거래조건 등에 비추어 사회 통념상 일반적인 거래활동으로 인정될 수 있는 경우를 말한다.

제14조(전자등록기관의 업무) ① 전자등록기관은 정관으로 정하는 바에 따라 다음 각 호의 업무를 한다.

1. 주식등의 전자등록에 관한 업무
2. 발행인관리계좌, 고객관리계좌 및 계좌관리기관등 자기계좌의 개설, 폐지 및 관리에 관한 업무
3. 발행인관리계좌부, 고객관리계좌부 및 계좌관리기관등 자기계좌부의 작성 및 관리에 관한 업무
4. 외국 전자등록기관(외국 법령에 따라 외국에서 전자등록기관의 업무에 상당하는 업무를 하는 자를 말한다. 이하 같다)과의 약정에 따라 설정한 계좌를 통하여 하는 주식등의 전자등록에 관한 업무
5. 제37조에 따른 소유자명세의 작성에 관한 업무
6. 전자등록주식등에 대한 권리 행사의 대행에 관한 업무
7. 주식등의 전자등록 및 관리를 위한 정보통신망의 운영에 관한 업무
8. 전자등록주식등의 발행 내용의 공개에 관한 업무
9. 그 밖에 금융위원회로부터 승인을 받은 업무

② 전자등록기관은 정관으로 정하는 바에 따라 제1항 각 호의 업무에 부수하는 업무로서 다음 각 호의 어느 하나에 해당하는 업무를 한다.

1. 전자등록주식등의 담보관리에 관한 업무
2. 「자본시장과 금융투자업에 관한 법률」 제80조에 따라 집합투자업자·투자일임업자와 집합투자재산을 보관·관리하는 신탁업자 등 사이에서 이루어지는 집합투자재산의 취득·처분 등에 관한 지시 등을 처리하는 업무
3. 그 밖에 금융위원회로부터 승인을 받은 업무

③ 전자등록기관은 정관으로 정하는 바에 따라 제1항 및 제2항 각 호의 업무 외에 다음 각 호의 업무를 할 수 있다.

1. 다음 각 목의 어느 하나에 해당하는 업무. 이 경우 다른 법률에서 인가·허가·등록·신고 등이 필요한 경우에는 인가·허가 등을 받거나 등록·신고 등을 하여야 한다.
   가. 주식등의 명의개서대행업무
   나. 주식등의 대차의 중개 또는 주선 업무
   다. 그 밖에 금융위원회의 승인을 받은 업무
2. 다른 법령에서 전자등록기관의 업무로 규정한 업무
3. 그 밖에 금융위원회로부터 승인을 받은 업무

Ⅰ. 본조의 취지

본조는 전자등록기관의 업무범위를 명시하여 업무수행의 근거를 명확히 하고, 법적 안정성을 도모하고자 하는 취지의 규정이다.

Ⅱ. 전자등록기관의 업무

1. 고유업무(제14조 제1항)

전자등록기관은 금융위원회의 승인을 받은 정관[16]에 규정한 바에 따라 전자등록기관의 본질적 기능을 이루는 고유업무를 수행한다. 고유업무에는 ① 주식등의 전자등록에 관한 업무, ② 계좌[17] 개설·폐지·관리 업무, ③ 계좌부[18]의 작성 및 관리 업무, ④ 외국 전자등록기관과의 약정에 따라 설정한 계좌를 통하여 하는 주식등의 전자등록 업무, ⑤ 소유자명세 작성 업무, ⑥ 전자등록주식등에 대한 권리행사 대행 업무, ⑦ 주식등의 전자등록 및 관리를 위한 정보통신망[19]의 운영 업무, ⑧ 전자등록주식등의 발행 내용의 공개 업무, ⑨ 그 밖에 금융위원회로부터 승인을 받은 업무가 있다.

2. 부수업무(제14조 제2항)

전자등록기관은 고유업무를 수행함에 있어 사언히 붙어서 따르게 되는 부수업무를 수행한다. 부수업무에는 ① 전자등록주식등의 담보관리 업무, ② 자본시장법상 집합투자재산(펀드)의 운용지시 처리 업무, ③ 그 밖에 금융위원회로부터 승인을 받은 업무가 있다.

3. 겸영업무(제14조 제3항)

겸영업무란 전자등록기관의 고유 또는 부수업무가 아닌 업무로서 다른 금

16) 전자증권법의 시행으로 한국예탁결제원의 기존 정관에 전자등록업무가 추가되었으며, 이에 대한 금융위원회의 승인을 취득하였다.
17) 발행인관리계좌, 고객관리계좌 및 계좌관리기관등 자기계좌를 의미한다.
18) 발행인관리계좌부, 고객관리계좌부 및 계좌관리기관등 자기계좌부를 의미한다.
19) 전자등록기관인 한국예탁결제원이 운영하는 e-SAFE 시스템을 의미한다.

융 관련 업무를 의미한다. 겸영업무에는 ① 주식등의 명의개서대행업무, ② 주식등의 대차중개 또는 주선 업무, ③ 그 밖에 금융위원회의 승인을 받은 업무가 있다. 이 경우 다른 법률에서 인가·허가·등록·신고 등이 필요한 경우에는 인가·허가 등을 받거나 등록·신고 등을 하여야 한다.

제15조(전자등록업무규정) ① 전자등록기관은 주식등의 전자등록과 전자등록주식등의 관리를 위하여 전자등록업무규정을 제정하여 금융위원회의 승인을 받아야 한다. 이 경우 금융위원회는 그 승인을 할 때에 미리 법무부장관과 협의하여야 한다.

② 제1항의 전자등록업무규정에는 다음 각 호의 사항이 포함되어야 한다.

1. 주식등의 신규 전자등록 및 그 변경·말소의 전자등록에 관한 사항
2. 발행인관리계좌, 고객계좌, 고객관리계좌 및 계좌관리기관등 자기계좌의 개설 및 폐지에 관한 사항
3. 발행인관리계좌부, 고객계좌부, 고객관리계좌부 및 계좌관리기관등 자기계좌부의 작성 및 관리에 관한 사항
4. 전자등록주식등의 계좌간 대체, 질권의 설정·말소, 신탁재산이라는 사실의 표시·말소의 전자등록에 관한 사항
5. 제37조에 따른 소유자명세의 작성 및 전자등록주식등의 권리 행사에 관한 사항
6. 전자등록주식등의 금액 또는 수량 확인에 관한 사항
7. 주식등의 전자등록 및 관리를 위한 정보통신망의 운영에 관한 사항
8. 그 밖에 전자등록주식등의 관리를 위하여 필요한 사항

Ⅰ. 본조의 취지

본조는 전자등록기관이 주식등의 전자등록과 관리에 필요한 사항, 기타 전자증권법 등에서 위임된 세부 사항을 정하기 위한 업무규정의 제정절차와 그 세부내용을 정한 규정이다.

Ⅱ. 전자등록업무규정

전자등록업무규정은 전자등록기관이 전자증권법에 따라 주식등의 전자등

록과 그 관리를 위하여 필요한 사항을 정한 업무규정을 의미한다. 전자등록기관은 전자등록업무규정을 제정하여 금융위원회의 승인을 받아야 한다. 금융위원회는 그 승인을 할 때에 미리 법무부장관과 협의하여야 한다(제15조 제1항). 현재 전자등록업무규정은 총 제7장, 82개조 및 부칙으로 구성되어 있다.

〈표 2-3〉 주식·사채등의 전자등록업무규정 체계

구 분	제 목	주요 내용
제1장	총칙	§1(목적), §2(정의), §3(업무취급시간) 등
제2장	계좌의 개설 및 관리	제1절 발행인관리계좌의 개설 및 관리
		제2절 고객계좌 및 고객관리계좌의 개설 및 관리
		제3절 계좌관리기관등 자기계좌의 개설 및 관리 등
제3장	주식등의 신규 전자등록	제1절 주식등의 사전심사 및 신규 전자등록 신청
		제2절 기발행 주식등의 전자등록전환 등
		제3절 투자신탁 수익권 등의 전자등록
		제4절 의무보유를 위한 전자등록
제4장	전자등록주식등의 변경 전자등록	제1절 계좌간 대체 등의 전자등록
		제2절 변경·말소의 전자등록
제5장	전자등록주식등에 대한 권리행사	제1절 소유자명세의 작성 및 통지
		제2절 전자등록기관을 통한 권리행사
제6장	전자등록주식등의 정보관리등	§70(정보관리업무), §71(정보의 공개) 등
제7장	보칙	§74(제신고), §75(금융회사 등의 지정) 등
부칙		§1(시행일), §2(폐지규정), §3(경과조치) 등

제16조(정관 변경의 승인) 전자등록기관은 정관을 변경하려는 경우에는 금융위원회의 승인을 받아야 한다. 이 경우 금융위원회는 그 승인을 할 때에는 미리 법무부장관과 협의하여야 한다.

본조의 취지는 전자등록기관의 정관 변경에 대한 감독 당국의 사전적 규제를 통해 전자등록 업무 수행의 안정성 및 공공성을 확보하고자 함에 있다. 금융위원회는 정관 변경을 승인하는 경우에는 미리 법무부장관과 협의하여야 한다.

第17조(전자등록업무규정 개정 · 폐지의 승인) 전자등록기관은 제15조제1항에 따른 전자등록업무규정(이하 "전자등록업무규정"이라 한다)을 개정하거나 폐지하려는 경우에는 금융위원회의 승인을 받아야 한다. 이 경우 금융위원회는 그 승인을 할 때에는 미리 법무부장관과 협의하여야 한다.

본조의 취지는 전자등록업무규정의 개정, 폐지 등에 대한 감독 당국의 사전적 규제를 통해 제도 운영의 안정성 및 공공성을 확보하고자 함에 있다.

第18조(전자등록업무규정 외의 업무규정의 보고) 전자등록기관은 전자등록업무규정 외의 업무에 관한 규정을 제정 · 변경하거나 폐지한 경우에는 지체 없이 금융위원회에 보고하여야 한다. 다만, 다른 법률에서 금융위원회의 승인을 받도록 한 경우에는 그 법률의 규정에 따른다.

본조에서는 전자등록기관이 전자등록업무규정 외의 업무규정을 제정 · 변경 · 폐지하는 경우 금융위원회 보고의무를 규정하였다. 다만 다른 법률에서 금융위원회의 승인을 받도록 한 경우에는 그에 따라야 한다. 예를 들어 자본시장법 등에서 전자등록기관인 한국예탁결제원의 다른 업무규정(예탁업무규정, 결제업무규정 등)을 제정 · 변경 · 폐지하는 경우에는 금융위원회의 승인을 얻도록 규정되어 있으므로(자본시장법 제305조) 이에 대해서는 여전히 동 법에 따라야 한다.

제 2 절 계좌관리기관

제19조(계좌관리기관) 다음 각 호의 어느 하나에 해당하는 자는 계좌관리기관이 될 수 있다.

1. 「자본시장과 금융투자업에 관한 법률」에 따른 금융투자업자로서 다음 각 목의 어느 하나에 해당하는 자
   가. 증권에 관한 투자매매업자 또는 투자중개업자
   나. 신탁업자(집합투자재산을 보관·관리하는 신탁업자로 한정한다)
2. 다음 각 목의 어느 하나에 해당하는 자
   가. 「은행법」에 따라 인가를 받아 설립된 은행(같은 법 제59조에 따라 은행으로 보는 자를 포함한다)
   나. 「은행법」 제5조에서 은행으로 보는 신용사업 부문
   다. 「농업협동조합법」에 따른 농협은행
   라. 「한국산업은행법」에 따른 한국산업은행
   마. 「중소기업은행법」에 따른 중소기업은행
3. 「한국은행법」에 따른 한국은행(이하 "한국은행"이라 한다)
4. 「보험업법」에 따른 보험회사
5. 외국 전자등록기관
6. 명의개서대행회사(「자본시장과 금융투자업에 관한 법률」에 따른 명의개서대행회사를 말하며, 제29조에 따라 개설된 특별계좌를 관리하는 경우만 해당한다)
7. 법령에 따른 업무를 하기 위하여 고객계좌를 관리할 필요가 있는 자로서 대통령령으로 정하는 자
8. 그 밖에 업무의 성격 등을 고려하여 대통령령으로 정하는 자

Ⅰ. 본조의 취지

자본시장법은 예탁결제원에 증권을 예탁하기 위하여 계좌를 개설한 자를 예탁자로 정의하며(법 제309조 제2항), 예탁자의 범위에 대해서는 법률상 규정하지 않고 「증권등예탁업무규정」에서 그 범위를 규정하고 있다(제10조 제1항). 본조에서는 계좌관리기관의 범위를 법률상 명시하여 당사자의 예측가능성을 제고하고 제도 운영의 안정성을 강화하였다.

Ⅱ. 계좌관리기관의 범위

1. 개 념

계좌관리기관이란 고객(투자자) 소유 주식의 전자등록 및 이와 관련된 업무를 수행하는 기관을 의미한다(제19조). 고객계좌의 개설·폐지·관리 업무, 고객계좌부 작성·관리업무 등을 수행한다(제20조 제1항). 전자등록기관으로서 업무를 영위하기 위해서는 전자등록업 허가를 받아야 하지만, 계좌관리기관 업무 영위를 위해서는 별도의 허가가 필요하지 않다. 전자증권법은 일본의 대체법상 계좌관리기관(口座管理機関)이라는 용어를 모델로 하여 입법한 것으로 추측된다. 이에 대해서 계좌관리기관이라는 용어는 직접등록구조를 취하는 스웨덴, 덴마크 등의 국가에서 유래하였는데 이들 국가에서 계좌관리기관은 투자자의 전자등록을 대행하는 기관에 불과할 뿐, 전자등록업무는 수행하지 않아서 등록업무까지 수행하는 전자증권법상의 계좌관리기관과는 본질적 차이가 있어 우리나라의 계좌관리기관이라는 용어는 등록기관으로, 전자등록기관은 중앙등록기관으로 변경하는 것이 타당하다고 보는 견해가 있다.[20] 제도 도입 전 입법방안을 연구한 자료 중에서는 현행 전자등록기관을 중앙등록기관이라는 명칭으로 입법안을 제시하기도 하였다.[21] 하지만 이와 같은 주장을 수용하기 위해서는 전자증권법의 조문을 상당부분 변경해야 하므로 입법적으로 소모되는 노력이 클 것이며, 시행된 지 수년이 넘어가는 상황에서 전자증권제도에 참가하고 있는 이용자 및 일반국민에게 혼동을 줄 여지가 있다. 또한 현행 전자등록기관 허가제를 채택하여 복수의 전자등록기관의 출현 가능성을 열어두고 있는데, 중앙등록기관이 복수로 존재하게 된다면 용어상 혼란이 있을 수밖에 없음을 고려할 때 현행 체제대로 계좌관리기관－전자등록기관이라는 용어가 타당하다고 생각된다.

---

20) 장영수, 앞의 논문, 220면.

21) 한국증권법학회, 앞의 보고서, 23면, 자본시장연구원, 「국내 전자증권제도의 효율적 도입방안에 관한 연구」, 연구보고서 09－01, 2009, 14면.

2. 계좌관리기관의 종류

(1) 계좌관리기관 법정주의

계좌관리기관은 전자등록기관과 함께 제도 운영의 중심기관으로서 고객계좌관리 업무뿐만 아니라 고객 자금처리 업무도 수행하여야 하므로 기본적으로 국가에 의해 엄격한 규제를 받는 금융기관이어야 하며, 법적 안정성을 위해 법령에 열거된 자에 한해 계좌관리기관의 자격을 인정할 수 있다. 현행 자본시장법상 금융투자업자, 은행법상 은행, 보험업법상 보험회사 등인 경우 계좌관리기관으로서 업무수행이 가능하다. 또한 명의개서대행회사는 '특별계좌'의 관리기관으로서 계좌관리기관의 기능을 수행한다. 전자증권법 입법과정에서 계좌관리기관에 대하여 등록제를 적용해야 한다는 주장도 있었으나 계좌관리기관은 고객

〈표 2-4〉 계좌관리기관의 범위[22]

구 분	제19조	영 제11조
(자본시장법상) 금융투자업자	• 투자매매업자, 투자중개업자 • (집합투자재산 보관·관리) 신탁업자	
법령에 따른 업무관련 기관	• 한국은행 • 외국 전자등록기관 • 명의개서대행회사(특별계좌 관리)	• 한국자산관리공사 • 정리금융회사 • 조세특례제한법 시행령상 사업시행자
업무의 성격을 고려한 기관	• 은행 • 농협은행 • 한국산업은행 • 중소기업은행 • 보험회사	• 한국수출입은행 • 증권금융회사 및 종합금융회사 • 상호저축은행·신협·농협·수협(수협은행 포함)·새마을금고의 각 단위 지부 및 중앙회 • 여신전문금융회사 • (우체국법상) 체신관서 • 전자등록기관

22) 법무부·금융위원회, "전자증권제도 및 법령 주요내용"(2019.9.16), 7면.

계좌의 관리가 기본적인 업무범위라는 점에서 별도의 등록 없이 각 설립근거법에서 취득한 허가, 인가 또는 등록 요건을 충족하면 되는 것으로 처리되었다. 다만 계좌관리기관이 수행하는 업무가 그 설립 근거법에서 허용하는 업무인지에 대해서는 별도의 검토를 요한다.

(2) 개정 필요사항

개정 전 은행법은 수산업협동조합중앙회의 신용사업 부문은 이를 하나의 은행으로 본다고 규정하고 있었다(동법 제5조). 수산업협동조합중앙회의 신용사업 부문은 금융기관으로서의 역할을 수행하고 있으나, 협동조합의 사업 부문체제로는 국제결제은행(BIS)이 정한 금융기관의 자기자본비율규제에 관한 기준(바젤Ⅲ)을 충족하기 어려우므로 수산업협동조합중앙회에서 신용사업을 분리하고 수협은행을 설립하였고 동조는 삭제되었다.[23] 전자증권법은 계좌관리기관에 해당하는 자를 열거하고 있는데(제19조), 은행법상 은행뿐만 아니라 은행법 제5조에서 은행으로 보는 신용사업 부문 또한 계좌관리기관이 될 수 있음을 규정하고 있으나, 은행법 제5조가 삭제됨에 따라 전자증권법 제19조 제2호 나목 또한 삭제하여야 한다.[24]

Ⅲ. 계좌관리기관 전자등록업무의 법적 근거

1. 업무성 판단

은행, 증권회사 및 보험회사 등 계좌관리기관이 전자등록 업무수행에 대한 대가로서 고객에게 영리목적으로 수수료를 부과한다면 업무에 해당하게 되고, 이 경우에는 은행법 등 각각의 설립 근거법에서 허용된 업무에 해당하는지 여부를 검토해보아야 한다.[25] 증권회사 약관에는 명시적으로 등록업무에 대한 수수료는 징수하지 않지만 다른 수수료에 포함하여 징수하는 것으로 해석하는 것

---

23) 국회 농림축산식품해양수산위원회, “수산업협동조합법 일부개정법률안(김우남의원 대표발의, 의안번호 18712)”, 제342회 국회(임시회) 제2차 전체회의(2016.5).

24) 최지웅, “전자증권법제의 도입 및 향후 법적 정비 과제”, 「증권법연구」 제20권 제3호(2019), 280면.

25) 고동원, 앞의 논문, 28면.

이 합리적이다.[26] 왜냐하면 예탁결제원은 계좌관리기관으로부터 등록관리수수료를 징수하고 있기 때문이다.[27] 이와 같은 구조는 은행이나 보험사의 경우에도 마찬가지일 것으로 예상된다. 그렇다면 이들 계좌관리기관이 하는 전자등록은 업무에 해당할 것이고, 전자등록업무를 수행할 수 있는 법적 근거가 필요할 것이다.

2. 은 행

은행은 고유업무(은행업무), 부수업무, 겸영업무를 영위할 수 있다. 고유업무는 은행법 및 그 밖의 관계 법률의 범위에서 운영할 수 있는 은행업[28]에 관한 업무로서 예적금의 수입 또는 유가증권 등의 발행, 자금대출 또는 어음할인, 내국환·외국환 업무를 의미한다(은행법 제27조). 부수업무는 고유업무에 부수하는 업무로서 이를 운영하기 위해서는 금융위원회에 신고하여야 하는데, 법정사항에 대해서는 신고없이 운영할 수 있다(은행법 제27조의2). 겸영업무는 은행업이 아닌 업무로서 직접 운영하는 업무를 의미한다(은행법 제28조 제1항). 은행의 전자증권법에 따른 계좌관리기관으로서의 업무 수행은 은행업과는 관련이 없으므로 고유업무라거나 부수업무에 해당하지 않는다는 것은 명백하므로 겸영업무에 해당하는지가 검토되어야 할 것이다. 겸영업무에 대해서 ① 대통령령으로 정하는 금융 관련 법령에서 인가·허가 및 등록 등을 받아야 하는 업무 중 대통령령으로 정하는 금융업무(은행법 제28조 제1항 제1호), ② 대통령령으로 정하는 법령에서 정하는 금융 관련 업무로서 해당 법령에서 은행이 운영할 수 있도록 한 업무(제2호), ③ 그 밖에 그 업무를 운영하여도 경영건전성 등을 해칠 우려가 없는 업무로서 대통령령으로 정하는 금융업무로 정하고 있다(제3호). 먼저 ①의 경우 전자증권법에는 계좌관리기관에게 인허가를 요구하지 않아 해당사항이 없으며, ②와 ③의 경우에 해당하는지 검토할 필요가 있는데, 은행이 수행하는 계좌관리기관으로서의 업무는 금융 관련 업무에 포섭될 수 있으며 전자증권법에

---

26) 삼성증권 매매거래계좌설정약관.
27) 세칙 별표 2(전자등록업무 수수료) 부분 참조.
28) "은행업"이란 예금을 받거나 유가증권 또는 그 밖의 채무증서를 발행하여 불특정 다수인으로부터 채무를 부담함으로써 조달한 자금을 대출하는 것을 업(業)으로 하는 것을 말한다(은행법 제2조 제1항 제1호).

서 은행이 운영할 수 있도록 허용하였기 때문에 ②의 경우로 포섭하는 것이 자연스럽다고 본다. 따라서 은행법 시행령 제18조의2 제2항에 전자증권법에 따른 계좌관리기관으로서의 업무가 추가적으로 규정된다면 입법적 근거를 해결할 수 있다.[29][30]

3. 금융투자업자 및 보험사

금융투자업자의 부수업무란 금융투자업의 업무는 아니지만 금융투자업자가 시설이나 인력을 활용하여 취급할 수 있는 업무를 의미하며, 겸영업무란 다른 법령에서 진입규제의 대상인 업무로서 영위하는 업무를 의미한다. 구(舊) 증권거래법은 부수업무를 법령에 열거하는 방식(positive 방식)을 채택하였으나 자본시장법은 금융투자업자가 모든 부수업무를 영위할 수 있도록 하되 예외적으로 제한하는 방식(negative 방식)으로 변경하였다.[31] 증권회사의 경우는 고유업무 중의 하나가 증권의 중개 업무(즉 투자중개업)이고 이를 위해서는 고객이 증권회사에 계좌를 개설해야 하므로 계좌관리기관의 업무가 이러한 증권회사의 고유업무인 금융투자업에 부수하는 업무라고 보는 것이 타당하다.[32] 이 경우 업무를 영위한 날로부터 2주 이내에 보고하여야 하며(자본시장법 제41조 제1항), 신고일로부터 7일 이내에 인터넷 홈페이지 등에 공고하여야 한다(동법 동조 제4항).

보험사의 계좌관리기관 업무는 고유업무 또는 부수업무에 해당하지 않으며, 겸영업무에 해당하는지를 검토하여야 한다. 현재 보험회사의 겸영업무로 규정되어 있지 않으므로(보험업법 제11조, 시행령 제16조) 시행령 제16조 제1항에 보험회사의 계좌관리기관으로서의 업무를 겸영업무로 추가하는 것이 필요하다.[33]

---

29) 고동원, 앞의 논문, 28면.

30) 한편 일본 은행법은 은행의 계좌관리기관의 업무수행의 법적 근거를 두고 있다. 은행법 제10조에서 은행은 고유업무뿐만 아니라, 겸영업무 또는 부수업무를 영위할 수 있다고 규정하며, 겸영업무로서 대체업(振替業)을 영위할 수 있다고 규정하고 있는데(동조 제2항 제10의2호), 이 때의 대체업이란 대체법상 계좌관리기관으로 실시하는 대체업을 의미한다(동조 제9항).

31) 임재연, 「자본시장법」(박영사, 2021), 191면.

32) 고동원, 앞의 논문, 28면.

33) 고동원, 위의 논문, 29면.

제20조(계좌관리기관의 업무) ① 계좌관리기관은 다음 각 호의 업무를 한다.
1. 고객계좌부에 따른 주식등의 전자등록에 관한 업무
2. 고객계좌의 개설, 폐지 및 관리에 관한 업무
3. 고객계좌부의 작성 및 관리에 관한 업무
4. 제1호부터 제3호까지의 규정에 따른 업무에 부수하는 업무

② 계좌관리기관이 아닌 자는 전자등록기관에 고객관리계좌, 그 밖에 이와 비슷한 계좌를 개설하여 주식등의 전자등록에 관한 업무를 하여서는 아니 된다.

본조에서는 계좌관리기관으로서 수행하는 업무 범위를 법률에서 명시하여 제도 운영의 안정성을 제고하고자 하였다. 계좌관리기관은 고객계좌부에 전자등록, 고객계좌 개설·폐지·관리, 고객계좌부 작성·관리 및 이에 부수하는 업무를 수행한다. 또한 계좌관리기관만이 동 업무를 수행할 수 있도록 명시하여 제도운영의 혼란을 방지하고자 하였다.

제 3 장　계좌의 개설 등

전자증권제도의 계좌구조는 증권예탁제도와 같이 기본적으로 복층구조(two-tier)로 구성되어 있다. 즉 전자등록기관에 ① 고객관리계좌, ② 계좌관리기관등 자기계좌, ③ 발행인관리계좌가 개설되고, 그 하부의 각 계좌관리기관에 고객계좌가 개설된다. 전자등록계좌인 계좌관리기관등 자기계좌와 고객계좌에만 법적 효력이 부여되며, 총량을 관리하기 위한 발행인관리계좌와 고객관리계좌는 법적 효력이 부여되지 않는다.

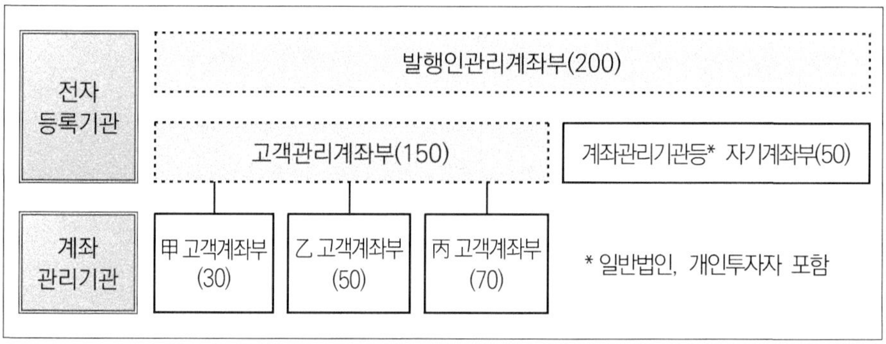

[그림 3-1] 전자증권제도 계좌구조

"전자등록계좌"는 전자등록주식에 대한 권리를 가지려는 자가 개설하는 계좌를 말한다. '고객계좌', '계좌관리기관등 자기계좌', '특별계좌'의 3가지 종류가 있다. 전자등록계좌부에 전자등록된 자는 해당 전자등록주식에 대하여 전자등록된 권리를 적법하게 가지는 것으로 추정한다(제35조 제1항).

제21조(발행인관리계좌의 개설 등) ① 다음 각 호의 어느 하나에 해당하는 자는 전자등록기관에 발행인관리계좌를 개설하여야 한다.
1. 주식등을 전자등록의 방법으로 새로 발행하려는 자

2. 이미 주권(株券), 그 밖에 대통령령으로 정하는 증권 또는 증서(이하 "주권등"이라 한다)가 발행된 주식등의 권리자에게 전자등록의 방법으로 주식등을 보유하게 하거나 취득하게 하려는 자
3. 그 밖에 제1호 및 제2호에 준하는 자로서 대통령령으로 정하는 자

② 제1항에 따라 발행인관리계좌가 개설된 경우 전자등록기관은 다음 각 호의 사항을 기록하여 발행인(제1항 각 호의 어느 하나에 해당하는 자로서 같은 항에 따라 발행인관리계좌를 개설한 자를 말한다. 이하 같다)별로 발행인관리계좌부를 작성하여야 한다.

1. 발행인의 명칭 및 사업자등록번호, 그 밖에 발행인을 식별할 수 있는 정보로서 대통령령으로 정하는 정보
2. 전자등록주식등의 종류, 종목 및 종목별 수량 또는 금액
3. 그 밖에 발행인관리계좌부에 기록할 필요가 있는 사항으로서 대통령령으로 정하는 사항

③ 제2항에 따라 작성된 발행인관리계좌부에 기록된 전자등록주식등의 종목별 수량 또는 금액이 다음 각 호의 어느 하나에 해당하는 장부에 기재된 주식등의 종목별 수량 또는 금액과 다른 경우에는 그 장부에 기재된 수량 또는 금액을 기준으로 한다.

1. 주주명부
2. 수익자명부(「신탁법」 제79조에 따른 수익자명부 또는 「자본시장과 금융투자업에 관한 법률」 제189조에 따른 수익자명부를 말한다)
3. 「국채법」, 「국고금 관리법」 또는 「한국은행 통화안정증권법」에 따른 등록부
4. 그 밖에 주식등의 권리자에 관한 장부로서 대통령령으로 정하는 장부

④ 발행인은 제2항 각 호의 사항이 변경된 경우에는 지체 없이 그 내용을 전자등록기관에 통지하여야 하고, 전자등록기관은 그 통지 내용에 따라 지체 없이 발행인관리계좌부의 기록을 변경하여야 한다.

⑤ 전자등록기관은 제4항에 따라 발행인관리계좌부의 기록이 변경된 경우에는 지체 없이 다음 각 호의 조치를 하여야 한다.

1. 변경 내용의 계좌관리기관에 대한 통지
2. 고객관리계좌부의 기록 및 계좌관리기관등 자기계좌부의 전자등록의 변경

⑥ 계좌관리기관은 제5항제1호의 통지를 받으면 지체 없이 그 통지 내용에 따라 고객계좌부의 전자등록을 변경하여야 한다.

Ⅰ. 본조의 취지

본조에서는 발행인관리계좌의 개설자, 발행인관리계좌부의 기재사항 및 작성방법 등에 대하여 규정하고 있다. 발행인관리계좌는 발행인이 직접 자신의

발행 내역을 관리할 수 있는 수단이며 초과분 여부 판단 등 전자등록 내역의 정합성을 확보하기 위한 1차적인 기준으로 작용하는 장부이다.

Ⅱ. 발행인관리계좌

1. 개 념

발행인관리계좌는 발행인이 자신이 발행한 전자등록주식등의 내역 등을 관리하기 위하여 전자등록기관에 개설하는 계좌이다. 전자증권제도를 이용하기 위해서는 발행인은 전자등록기관에 발행인관리계좌를 개설하여야 한다(제21조 제1항). 증권예탁제도에서는 존재하지 않았던 계좌이며 전자단기사채법에 있던 제도를 본받아 전자증권법에서 도입하였다. 발행인이 직접 발행한 주식등의 총량을 관리할 수 있는 계좌를 개설하도록 허용하였다는 점에 의미가 있다. 즉 각종 계좌부의 기재내용을 비교하여 전자증권 등록수량의 초과나 부족 등을 확인하기 위한 용도이다.

2. 계좌의 개설 및 관리

(1) 계좌 개설자

계좌 개설자는 발행인이다[1]. 구체적으로 ① 전자등록의 방법으로 신규 발행하려는 발행인, ② 주권등이 발행된 주식등을 전자등록주식등으로 전환하려는 발행인, ③ 국내에서 주권을 신규 발행하려는 외국법인등, ④ 국내에서 주권을 발행한 자로서 전자등록주식등으로 전환하려는 외국법인등이다(제21조 제1항, 영 제12조 제2항).

발행인관리계좌를 개설하고자 하는 자는 전자등록기관인 예탁결제원에 개설신청서를 제출하여야 하며(업무규정 제6조 제1항), 예탁결제원은 해당 신청자의 자격요건과 계좌 개설의 필요성 등을 심사하여 승인 여부를 결정하고, 그 결

---

1) 전자등록기관에서는 발행업무의 전문성·효율성을 고려하여 발행대리인제도를 마련하여 운영하고 있다. 주식등의 종류별로 지정할 수 있으며, 발행인으로부터 위탁받은 범위 내에서는 발행인으로 본다(업무규정 제10조). 주식의 경우 발행대리인은 명의개서대행회사이며, 회사채의 경우 증권회사, 은행 등이다(세칙 별표 1).

과를 신청자에게 통지한다(동조 제2항). 전자등록기관이 계좌 개설 신청을 승인한 경우 지체 없이 발행인관리계좌를 개설하고 그 뜻을 참가자에게 통지하여야 한다(동조 제3항).

(2) 계좌부의 작성 및 관리

발행인관리계좌부의 작성·관리주체는 전자등록기관이다. 전자등록기관은 국채등록부, 주주명부, 수익자명부 등 권리자에 관한 법적 장부(이하 기준 장부)를 기준으로 발행인관리계좌부를 작성한다(제21조 제3항). 발행인관리계좌부는 총량 관리를 목적으로 하는 장부일 뿐이므로 기준 장부에 우선하는 효력을 부여하기는 곤란하기 때문이다. 발행인관리계좌부에 변경 사항이 있는 경우 전자등록기관은 발행인으로부터 그 내역을 통지 받아 기록을 변경한다(동조 제4항). 전자등록기관은 발행인관리계좌부에 기재된 수량 및 금액이 기준 장부와 다른 경우에 기준 장부를 기준으로 계좌부를 작성하는 것일 뿐, 전자등록기관이 기준 장부와 비교하여 발행인관리계좌부의 정확성을 유지할 의무까지는 부담하지 않는다고 볼 것이다. 계좌부의 기재사항은 ① 발행인의 명칭 및 사업자등록번호, 그 밖에 발행인 식별 정보, ② 전자등록주식등의 종류·종목·수량 등, 그 밖에 시행령으로 위임한 사항으로 ③ 전자등록의 사유, ④ 전자등록주식등의 발행 일자 및 발행 방법, ⑤ 단기사채등인 경우 그 발행 한도 및 미상환 발행 잔액, ⑥ 그 밖에 업무규정으로 정하는 사항 등이다(제21조 제2항, 영 제12조 제4항).

발행인은 발행인관리계좌부의 기재사항이 변경된 경우에는 지체 없이 이를 전자등록기관에 통지하여야 한다. 전자등록기관은 그 통지 내용에 따라 발행인관리계좌부의 기록을 변경하여야 하며(제21조 제4항), 변경 내용을 계좌관리기관에 통지하고, 고객관리계좌부의 기록 및 계좌관리기관등 자기계좌부의 전자등록을 변경하여야 한다(동조 제5항). 계좌관리기관은 변경내용에 대한 통지를 받으면 그 통지 내용에 따라 고객계좌부의 전자등록을 변경하여야 힌다(동조 제6항).

(3) 계좌의 폐지

전자등록기관은 ① 발행인의 폐지 신청이 있는 경우, ② 전자등록주식등에 대하여 세칙으로 정하는 사유[2]가 발생한 경우, ③ 발행인의 법규위반 등으로 권리자에게 손해를 입히거나 입힐 우려가 있다고 판단되는 경우, ④ 3년 동안 발행인관리계좌 이용실적이 없는 경우에는 발행인관리계좌를 폐지할 수 있다(업무규정 제9조 제1항 본문). 다만 계좌에 잔량이 기재되어 있는 경우에는 폐지할 수 없다(동조 동항 단서). 발행인관리계좌를 폐지하는 경우에는 미리 발행인과 계좌관리기관 등 참가자[3]에게 통지하여야 한다(동조 제2항).

3. 효 력

전자등록계좌부의 기재(등록)와는 달리 발행인관리계좌부의 기재(기록)에는 권리추정력이 인정되지 않는다. 전자증권법상 등록과 기록은 개념 및 법적 장부, 그 내용 등에 있어서 구별된다. 등록은 주식등의 종류, 종목, 금액, 권리자

〈표 3-1〉 등록과 기록의 차이[4]

구 분	등 록	기 록
법적 장부	• 고객계좌부 • 계좌관리기관등 자기계좌부	• 발행인관리계좌부 • 고객관리계좌부
내용	• 주식등의 종류, 종목, 금액, 권리자 및 권리 내용 등	• 발행인관리계좌부 – 발행인의 명칭 및 사업자등록번호, 주식등의 종류, 종목 및 종목별 수량 또는 금액 등 • 고객관리계좌부 – 계좌관리기관의 명칭 및 주소, 주식등의 종류, 종목 및 종목별 수량 또는 금액 등
법적 효력	• 인정(권리추정력, 양도효력, 질권설정효력, 신탁표시효력, 선의취득)	• 없음

2) 발행인이 상법, 그 밖의 법률에 따라 해산 또는 청산된 경우로서 예탁결제원이 해당 전자등록주식등에 대하여 직권으로 전자등록을 말소하는 경우를 의미한다(세칙 제6조 제2항).

3) 업무규정상 참가자는 발행인 또는 계좌관리기관, 단기사채등의 인수인, 단기사채등의 자금중개인 등을 의미한다(업무규정 제2조 제9호, 세칙 제3조).

4) 허항진, 「전자단기사채제도의 이해」(한국학술정보, 2011), 199면.

및 권리 내용 등 권리의 발생·변경·소멸에 관한 정보를 전자등록계좌부에 전자적 방식으로 기재하는 것을 의미한다. 기록은 초과분 확인 등 제도의 안정적 운영을 위하여 법적 효력이 인정되지 않는 장부에 기재하는 것을 의미한다.

제22조(고객계좌 및 고객관리계좌의 개설 등) ① 전자등록주식등의 권리자가 되려는 자는 계좌관리기관에 고객계좌를 개설하여야 한다.

② 제1항에 따라 고객계좌가 개설된 경우 계좌관리기관은 다음 각 호의 사항을 전자등록하여 권리자별로 고객계좌부를 작성하여야 한다.

1. 권리자의 성명 또는 명칭 및 주소
2. 발행인의 명칭
3. 전자등록주식등의 종류, 종목 및 종목별 수량 또는 금액
4. 전자등록주식등에 질권이 설정된 경우에는 그 사실
5. 전자등록주식등이 신탁재산인 경우에는 그 사실
6. 전자등록주식등의 처분이 제한되는 경우에는 그에 관한 사항
7. 그 밖에 고객계좌부에 등록할 필요가 있는 사항으로서 대통령령으로 정하는 사항

③ 계좌관리기관은 제2항의 고객계좌부에 전자등록된 전자등록주식등의 총수량 또는 총금액을 관리하기 위하여 전자등록기관에 고객관리계좌를 개설하여야 한다.

④ 제3항에 따라 고객관리계좌가 개설된 경우 전자등록기관은 다음 각 호의 사항을 기록하여 계좌관리기관별로 고객관리계좌부를 작성하여야 한다.

1. 계좌관리기관의 명칭 및 주소
2. 전자등록주식등의 종류, 종목 및 종목별 수량 또는 금액
3. 그 밖에 고객관리계좌부에 등록할 필요가 있는 사항으로서 대통령령으로 정하는 사항

Ⅰ. 본조의 취지

본조는 고객계좌와 고객관리계좌의 개설, 계좌부의 작성·관리, 기재사항 등을 규정하여 이용자의 편의를 제고하고, 전자등록내역의 이중적 관리를 통해 제도 안정성을 제고하였다는 점에 취지가 있다.

Ⅱ. 고객계좌 및 고객관리계좌

1. 개 념

고객계좌는 전자등록주식등의 권리자가 되려는 자, 즉 고객(투자자)이 계좌관리기관에 개설하는 계좌를 말한다(제2조 제3호 가목). 한편 고객관리계좌는 계좌관리기관이 고객계좌부에 기재된 전자등록주식등을 관리하기 위해 전자등록기관에 개설하는 계좌를 말한다(제22조 제3항). 증권예탁제도에서는 예탁자계좌부 자기소유분과 투자자 예탁분으로 구분될 수 있도록 하여야 한다고 규정하고 있으나(자본시장법 제309조 제3항), 전자증권법에서는 계좌관리기관등 자기계좌와 고객관리계좌로 별도의 계좌 체계로 구성하였다. 예탁자계좌부 투자자 예탁분은 전자증권법에서 고객관리계좌에 해당하는 것으로 볼 수 있다.

2. 계좌의 개설 및 관리

(1) 계좌부 작성 및 관리

전자등록주식등의 권리자가 되려는 자는 계좌관리기관에 고객계좌를 개설하여야 하며, 이 경우 계좌관리기관은 고객계좌부를 작성·관리한다. 고객계좌부에는 ① 권리자의 성명 또는 명칭 및 주소, ② 발행인의 명칭, ③ 전자등록주식등의 종류, 종목 및 종목별 수량 또는 금액, ④ 질권 설정 사실, ⑤ 신탁재산 사실, ⑥ 처분제한 사항, ⑦ 수량 또는 금액의 증감 원인이 기재된다(제22조 제2항, 영 제14조).

계좌관리기관은 고객계좌부에 전자등록된 주식등의 총수량 또는 총금액을 관리하기 위하여 전자등록기관에 고객관리계좌를 개설하여야 한다(제22조 제3항). 고객관리계좌부에는 ① 계좌관리기관의 명칭 및 주소, ② 전자등록주식등의 종류, 종목 및 종목별 수량 또는 금액, ③ 수량 또는 금액의 증감 원인이 기재된다(제22조 제4항, 영 제15조).

(2) 고객관리계좌의 폐지

전자등록기관은 ① 계좌관리기관의 폐지 신청이 있는 경우, ② 제19조의 계좌관리기관의 자격을 상실한 경우, ③ 계좌관리기관의 법규위반 등으로 발행인 또는 권리자에게 손해를 입히거나 입힐 우려가 있다고 판단되는 경우, ④ 3년 동안 고객관리계좌 이용실적이 없는 경우에는 고객관리계좌를 폐지할 수 있다(업무규정 제13조 제1항 본문). 다만 계좌에 잔량이 기재되어 있는 경우에는 폐지할 수 없다(동조 동항 단서). 고객관리계좌를 폐지하는 경우에는 미리 해당 계좌관리기관에게 통지하여야 한다(동조 제2항).

3. 효 력

고객계좌부에는 법적 효력이 인정되지만 고객관리계좌부에는 전자등록되는 것이 아니므로 법적 효력이 인정되지 않는다.

〈표 3-2〉 고객계좌와 고객관리계좌의 비교

구 분	고객계좌	고객관리계좌
개설자	• 고객	• 계좌관리기관
작성·관리의무자	• 계좌관리기관	• 전자등록기관
법적 효력	• 인정(권리추정력, 양도효력, 질권설정효력, 신탁표시효력, 선의취득)	• 없음

제23조(계좌관리기관등 자기계좌의 개설 등) ① 제22조제1항에도 불구하고 계좌관리기관, 법률에 따라 설립된 기금, 그 밖에 전자등록기관에 주식등을 전자등록할 필요가 있는 자로서 대통령령으로 정하는 자(이하 "계좌관리기관등"이라 한다)가 전자등록주식등의 권리자가 되려는 경우에는 전자등록기관에 계좌관리기관등 자기계좌를 개설할 수 있다.
② 제1항에 따라 계좌관리기관등 자기계좌가 개설된 경우 전자등록기관은 다음 각 호의 사항을 전자등록하여 계좌관리기관등 자기계좌부를 작성하여야 한다.
1. 계좌관리기관등의 성명 또는 명칭 및 주소
2. 제22조제2항제2호부터 제6호까지의 규정에 따른 사항
3. 그 밖에 계좌관리기관등 자기계좌부에 등록할 필요가 있는 사항으로서 대통령령으로 정하는 사항

Ⅰ. 본조의 취지

전자등록주식등의 권리자가 되려는 자는 계좌관리기관에 고객계좌를 개설하여야 하나, 계좌관리기관 등 법령에서 인정하는 자는 전자등록기관에 계좌관리기관등 자기계좌를 개설할 수 있음을 규정하였다. 계좌관리기관 등은 고유재산으로도 주식등을 취득하여 보유할 수 있기 때문이다. 본 계좌는 증권예탁제도에서 예탁자의 자기소유분에 해당한다고 볼 수 있다(자본시장법 제309조 제3항).[5] 본조는 계좌관리기관등 자기계좌의 개설자의 범위 및 계좌부의 기재사항을 정하고 있다.

Ⅱ. 계좌관리기관등 자기계좌

1. 개 념

계좌관리기관 등이 전자등록주식의 권리자가 되려는 경우에 전자등록기관에 개설하는 계좌를 의미한다(제2조 제3호 나목).

2. 계좌의 개설 및 관리

(1) 계좌 개설자

계좌관리기관등 자기계좌를 개설할 수 있는 자는 ① 계좌관리기관, ② 법률에 따라 설립된 기금, ③ 법률에 따라 설립된 기금을 관리·운용하는 법인, ④ 개인, 법인 또는 단체로서 주식등의 보유 규모, 보유 목적 및 해당 주식등의 종류 등을 고려하여 금융위원회가 정하여 고시하는 자이다(제23조 제1항, 영 제16조). 전자등록업규정에서는 시행령의 위임에 따라 ① 국가, 지방자치단체, 또는 공공기관, ② 자본시장법에 따른 거래소, ③ 법률에 따라 공제사업을 영위하는 법인, ④ 자본시장법 제9조 제16항에 따른 외국법인등, ⑤ 자본시장법 제9조 제1항의 대주주에 해당하는 개인 또는 법인, ⑥ 전자등록기관을 통한 담보권의 설

5) 증권예탁제도에서는 예탁자계좌부 작성시 자기소유분과 투자자 예탁분을 구분하도록 하고 있다. 이는 투자자 예탁분이 예탁자의 채권자의 압류대상이 되는 것을 막고, 예탁자가 투자자 예탁분을 임의로 처분하는 등 유용하는 것을 방지하기 위함이다.

정 및 담보관리를 하기 위하여 전자등록주식등을 담보로 제공하고자 하는 자 등을 추가적으로 규정하고 있다(제2-5조).

(2) 계좌부의 작성 및 관리

계좌관리기관등 자기계좌부의 작성·관리주체는 전자등록기관이다. 계좌부의 기재사항은 ① 계좌관리기관등의 성명 또는 명칭 및 주소, ② 발행인의 명칭, ③ 전자등록주식등의 종류, 종목 및 종목별 수량 또는 금액, ④ 질권 설정 사실, ⑤ 신탁재산 사실, ⑥ 처분제한 사항, ⑦ 수량 또는 금액의 증감 원인이다(제23조 제2항, 영 제17조).

3. 직접등록계좌

(1) 개 념

직접등록계좌란 계좌관리기관등 자기계좌의 일종으로서 개인 또는 법인이 전자등록기관을 통하여 전자등록주식등을 직접 보유하기 위하여 전자등록기관에 개설하는 계좌를 의미한다(업무규정 제19조 제1항). 직접등록계좌는 투자자가 직접 전자등록기관에 계좌를 개설하므로 계좌관리기관이 한 개층으로 존재하는 복층식구조에 대한 예외에 해당한다. 예외적으로 이러한 방식을 허용한 것은 기존 예탁제도에서 고객담보관리 업무, 보호예수 업무 등을 위해 일반인 또는 발행인 명의의 계좌를 운용하였으므로 전자증권제도하에서도 이에 준하는 서비스를 제공하고, 전자등록기관과 계좌관리기관 사이에 선택의 가능성을 보장해 주기 위한 취지이다. 또한 증권사 등 중개기관을 통하지 않고 공신력 있는 전자등록기관을 통해 투자자산을 보유하고, 담보권 설정 등 자산의 활용가치를 높이고자 하는 개인 또는 법인에 대한 수요에 부응하기 위해 마련된 제도이다.

(2) 계좌 개설자

계좌를 개설할 수 있는 자는 ① 자본시장법 제9조 제1항의 대주주에 해당하는 개인 또는 법인, ② 전자등록기관을 통한 담보권의 설정 및 담보관리를 하기 위하여 전자등록주식등을 담보로 제공하고자 하는 자, ③ 그 밖에 계좌관리기관등(계좌관리기관을 제외한다)에 준하는 자로서 전자등록주식등의 보유가 필요하다고 예탁결제원이 정하는 자이다(업무규정 제19조 제1항). 직접등록계좌 개설을 신청하고자 하는 자는 직접등록계좌 개설신청서를 제출하여야 한다(세칙 제15조 제1항).

(3) 보유가능한 주식등

보유가능한 자산은 원화로 표시된 주식, 사채(조건부자본증권 포함), 국채, 지방채, 법률에 따라 직접 설립된 법인이 발행하는 채무증권에 표시되어야 할 권리, 신주인수권증서 또는 신주인수권증권에 표시되어야 할 권리 등이다(세칙 제15조 제2항). 그러나 단기사채등, 파생결합사채는 보유할 수 없다(동조 제3항).

4. 효 력

계좌관리기관등 자기계좌부에 전자등록되는 경우 권리추정력, 양도효력, 질권설정효력, 신탁표시효력, 선의취득 등 법적 효력이 인정된다.

〈표 3-3〉 계좌의 종류별 계좌 개설자의 범위[6]

<table>
<tr><th colspan="2" rowspan="2">계좌</th><th colspan="2">법 제21조~제23조</th><th>영 제12조~제17조</th></tr>
<tr><th>계좌 개설자</th><th>계좌부
작성·관리주체</th><th>계좌 개설자</th></tr>
<tr><td rowspan="2">전자
등록
계좌</td><td>계좌관리
기관등
자기계좌</td><td>• 계좌관리기관
• 법정 설립 기금</td><td>• 전자등록기관</td><td>• 기금 관리·운용법인
• 개인, 법인 및 그 밖의 단체로서 금융위 고시로 정하는 자</td></tr>
<tr><td>고객계좌</td><td>• 전자등록주식등의 권리자(소유자 또는 질권자)</td><td>• 계좌관리기관</td><td>–</td></tr>
<tr><td rowspan="2">관리
계좌</td><td>발행인
관리계좌</td><td>• 발행인</td><td>• 전자등록기관</td><td>–</td></tr>
<tr><td>고객
관리계좌</td><td>• 계좌관리기관</td><td>• 전자등록기관</td><td>–</td></tr>
</table>

6) 법무부·금융위원회, "전자증권제도 및 법령 주요내용"(2019.9.16), 10면.

〈표 3-4〉 증권예탁제도와 전자증권제도의 비교

구 분	증권예탁제도	전자증권제도
근거법률	• 자본시장법	• 전자증권법
기초 법률관계	• 증권의 혼장임치(混藏任置) • 전체에 대한 공유지분권을 보유(제312조 제1항)	• 증권의 등록 • 등록된 권리를 단독으로 보유(제35조 제1항)
계좌부	–	• 발행인관리계좌부
	• 예탁자계좌부(자기분)	• 계좌관리기관등 자기계좌부
	• 예탁자계좌부(투자자분)	• 고객관리계좌부
	• 투자자계좌부	• 고객계좌부
실물 반환요청	• 언제든지 가능(제312조 제2항)	• 불가능(단, 상장폐지 등 적용 제외되는 경우 가능)
권리이전	• 계좌부 기재되면 증권을 점유하는 것으로 보고, 계좌 간의 대체기재를 교부로 의제(제311조)	• 자본시장법과 같은 의제조항이 없으며, 계좌간 대체등록을 권리이전의 효력발생요건으로 규정(제35조 제2항)

제 4 장　전자등록

제24조(전자등록의 신청 등) ① 주식등의 전자등록은 발행인이나 권리자의 신청 또는 관공서의 촉탁에 따라 한다. 다만, 이 법에 다른 규정이 있는 경우에는 전자등록기관 또는 계좌관리기관이 직권으로 할 수 있다.
② 주식등의 전자등록은 이 법에 다른 규정이 없으면 발행인이나 권리자 단독으로 신청한다.
③ 관공서의 촉탁에 따라 전자등록을 하는 경우에 대해서는 신청에 따른 전자등록에 관한 규정을 준용한다.

Ⅰ. 본조의 취지

본조는 전자증권제도에 참여하기 위해, 즉 전자등록절차가 개시되기 위한 기본 원칙 및 신청권자에 대해서 규정하고 있다.

Ⅱ. 전자등록의 신청

1. 신청주의

전자증권법상 적용대상에 해당한다고 하더라도 발행인이 반드시 전자등록을 신청해야 하는 것은 아니다. 상법은 "정관으로 정하는 바에 따라", 즉 회사의 선택에 따라 전자증권제도 적용여부를 결정할 수 있도록 하고 있다(제356조의2 제1항, Opt-in 방식). 전자증권법 또한 발행인에게 선택권을 부여하고 있다. 즉, 권리자의 신청 또는 관공서의 촉탁에 따라 주식등을 전자등록하고, 예외적으로 전자등록기관 또는 계좌관리기관이 직권으로 전자등록할 수 있다(제24조 제1항). 주식등의 전자등록은 원칙적으로 발행인이나 권리자가 단독으로 신청하고, 예외적으로 상대방의 동의를 받아 신청한다(동조 제2항).

발행인은 전자등록의 방법으로 주식등을 새로 발행하려는 경우 또는 이미 주권등이 발행된 주식등을 권리자에게 보유하게 하거나 취득하게 하려는 경우 전자등록기관에 주식등의 신규 전자등록을 신청할 수 있다(제25조 제1항 본문). 발행인의 선택에 따라 전자등록을 신청할 수 있으므로 전자증권제도가 시행되었다 하더라도 증권예탁제도는 여전히 존속하게 된다.

2. 신청권자

주식등의 발행인이다. 제24조 제1항은 주식등의 권리자 또한 전자등록을 신청할 수 있다고 규정하고 있는데, 실제로 전자등록을 신청할 수 있는지는 검토를 요한다. 제24조 이외에 다른 법조문(제25조, 제27조 등)은 모두 발행인이 신청인임을 전제로 제도를 구성하고 있으며, 권리자가 전자등록신청을 하기 위한 절차를 마련하고 있지 않다. 또한 일부 권리자들의 신청만으로 해당 종목이 전자등록된다는 것은 다른 주주의 권리에 중대한 영향을 미치므로 주주들 간의 의견 충돌 등 주식 사무의 혼란을 초래하고, 전자등록기관 또한 수많은 권리자의 전자등록신청에 일일이 대응해야 하므로 업무가 번잡해질 우려가 있다. 따라서 권리자는 전자등록을 신청할 수 없다고 보는 것이 타당하며 같은 취지로 개정될 필요가 있다.

제25조(주식등의 신규 전자등록) ① 발행인은 전자등록의 방법으로 주식등을 새로 발행하려는 경우 또는 이미 주권등이 발행된 주식등을 권리자에게 보유하게 하거나 취득하게 하려는 경우 전자등록기관에 주식등의 신규 전자등록을 신청할 수 있다. 다만, 다음 각 호의 어느 하나에 해당하는 주식등에 대해서는 전자등록기관에 신규 전자등록을 신청하여야 한다.

1. 「자본시장과 금융투자업에 관한 법률」 제8조의2제4항제1호에 따른 증권시장에 상장하는 주식등
2. 「자본시장과 금융투자업에 관한 법률」에 따른 투자신탁의 수익권 또는 투자회사의 주식
3. 그 밖에 권리자 보호 및 건전한 거래질서의 유지를 위하여 신규 전자등록의 신청을 하도록 할 필요가 있는 주식등으로서 대통령령으로 정하는 주식등

② 제1항에도 불구하고 권리자 보호 및 건전한 거래질서의 유지를 위하여 대통령령으로 정하는 경우에 발행인은 제1항에 따른 신규 전자등록의 신청을 하기 전에 전자등록기관에 제6항제1호 각 목의 사항에 대한 사전심사를 신청하여야 한다.

③ 제1항 또는 제2항에 따라 신규 전자등록이나 사전심사를 신청하는 경우 발행인은 해당

주식등의 종목별로 전자등록신청서 또는 사전심사신청서(이하 이 조에서 "전자등록신청서등"이라 한다)를 작성하여 전자등록기관에 제출하여야 한다. 이 경우 신청하는 주식등의 종목에 관한 구체적 내용 등에 대해서는 전자등록업무규정으로 정한다.
④ 전자등록기관은 제3항에 따른 전자등록신청서등을 접수한 경우에는 그 내용을 검토하여 1개월 이내에 신규 전자등록 여부 또는 사전심사 내용을 결정하고, 그 결과와 이유를 지체 없이 신청인에게 문서로 통지하여야 한다. 이 경우 전자등록신청서등에 흠결이 있을 때에는 보완을 요구할 수 있다.
⑤ 제4항의 검토기간을 산정할 때 전자등록신청서등의 흠결에 대한 보완기간 등 대통령령으로 정하는 기간은 검토기간에 산입하지 아니한다.
⑥ 전자등록기관은 제4항의 전자등록 여부를 결정할 때 다음 각 호의 어느 하나에 해당하는 사유가 없으면 신규 전자등록을 거부할 수 없다.
1. 다음 각 목의 어느 하나에 해당하는 경우
   가. 해당 주식등이 성질상 또는 법령에 따라 양도될 수 없거나 그 양도가 제한되는 경우
   나. 같은 종류의 주식등의 권리자 간에 그 주식등의 권리 내용이 다르거나 그 밖에 해당 주식등의 대체 가능성이 없는 경우
   다. 그 밖에 주식등의 신규 전자등록이 적절하지 아니한 경우로서 대통령령으로 정하는 경우
2. 해당 주식등을 새로 발행하거나 이미 주권등이 발행된 주식등을 권리자에게 보유하게 하거나 취득하게 하는 것이 법령에 위반되는 경우
3. 이미 주권등이 발행된 주식등의 신규 전자등록이 신청된 경우로서 그 주권등에 대하여 「민사소송법」에 따른 공시최고절차가 계속 중인 경우. 이 경우 신규 전자등록의 거부는 공시최고절차가 계속 중인 주권등에 대한 주식등의 수량으로 한정한다.
4. 전자등록신청서등을 거짓으로 작성한 경우
5. 제4항 후단의 보완요구를 이행하지 아니한 경우
6. 그 밖에 권리자 보호 및 건전한 거래질서 유지를 위하여 대통령령으로 정하는 경우

⑦ 제1항부터 제6항까지의 규정에 따른 전자등록신청서등의 기재사항·첨부서류, 그 밖에 전자등록 또는 사전심사의 신청에 관한 사항과 전자등록 또는 사전심사의 검토 방법·절차, 그 밖에 필요한 사항은 대통령령으로 정한다.

Ⅰ. 본조의 취지

본조는 주식등을 신규로 전자등록하는 경우 발행인의 신청방법, 전자등록기관의 심사절차 및 기준 등을 규정하여 신청인의 예측가능성을 보장하는 동시

에 전자등록기관의 자의적인 심사를 방지하여 제도의 안정적 운영을 도모하고자 한 규정이다. 본조의 주식등의 신규 전자등록은 전자등록기관의 실무상으로는 "발행등록"[1]으로 부르고 있다.

Ⅱ. 발행인의 사전 준비사항

1. 정관 등 전자등록의 발행근거

주식을 주권 발행 대신에 전자등록의 방법으로 발행하기 위해서는 정관에 그 취지가 정해져 있어야 한다(상법 제356조의2 제1항). 전자증권법 시행령 또한 전자등록신청서에 첨부하는 서류로서 주식의 경우에는 정관을 제출해야 한다고 규정하고 있다(영 제19조 제2항 제1호).[2] 기존에 발행인이 통일규격유가증권의 형태로 주식을 발행한 경우 권종에 관한 내용이 정관에 규정되어 있으므로 이를 삭제해야 한다. 정관에 주식의 양도제한이나 전자등록기관을 통한 권리행사 제한의 취지가 규정된 경우에는 이 또한 삭제해야 한다.

2. 명의개서대행회사의 선임

주식을 신규로 전자등록하기 위해서는 발행인은 명의개서대행회사를 선임하여야 한다. 명의개서대행회사는 발행인의 주식사무 일체를 대행하는 회사로서 해당 분야의 전문성을 갖추고 전자등록기관 등 관련기관과 이미 전산 네트워크 등을 보유하고 있어 발행인의 전자증권제도 편입을 원활히 지원할 수 있기 때문이다. 명의개서대행회사는 발행인의 주식 관련 사무를 수행하는 발행대리인인 동시에 특별계좌를 관리하는 계좌관리기관으로의 역할을 수행한다. 명의개서대행회사를 선임하지 않은 경우에는 전자등록기관은 신규 전자등록을 거부할 수 있다(제25조 제6항 제6호, 영 제21조 제2항 제1호). 하지만 명의개서대행

---

1) 발행등록 업무는 종목별로 등록수량, 등록일, 등록계좌정보 등을 확정하여 발행인관리계좌부 및 전자등록계좌부에 확정된 수량을 등록하는 것을 의미한다.

2) 전자증권제도 의무적 적용대상인 경우에는 정관개정절차가 마무리되지 않았더라도 정관개정안을 신청서 제출 당시 정관등과 함께 제출하면 해당 서류를 제출한 것으로 보는 특례를 마련하였다(영 부칙 제6조). 이는 정관변경 절차가 발행인에게는 상당한 부담으로 작용하는 점을 감안하여 전자증권제도 시행 초기에 발행인이 제도에 원활하게 적응할 수 있도록 지원하기 취지이다.

회사의 선임은 신규 전자등록 신청 당시에 있으면 충분하며, 전자등록 이후에도 계속 선임되어 있을 필요는 없다.[3] 따라서 주식의 신규 전자등록 이후에 발행인과 명의개서대행회사 간의 대행계약이 해지되더라도 전자등록기관은 직권으로 전자등록을 말소할 수는 없다.

3. 발행인관리계좌의 개설

주식등을 전자등록하려는 발행인은 전자등록기관에 발행인관리계좌를 개설하여야 한다(제21조 제1항). 발행인관리계좌개설 및 업무참가신청서를 제출하는 방식으로 이루어진다.

Ⅲ. 주식등의 신규 전자등록 절차

1. 발행인의 전자등록 신청

(1) 신청주의 원칙

원칙적으로 발행인은 전자등록 신청여부에 대해 선택할 수 있다(제25조 제1항). 다만 제도의 효율적인 운영을 위해 예외적으로 의무 적용대상을 규정하였다. 즉 자본시장법상 증권시장에 상장하는 주식등, 자본시장법상 투자신탁의 수익권 또는 투자회사의 주식, 그 밖에 대통령령으로 정하는 주식등의 발행인은 전자등록기관에 신규 전자등록을 신청하여야 한다(제25조 제1항 단서). 상장주식, 상장채권, 투자회사 주식 등은 장내시장에서 매매거래와 결제가 빈번하여 실물증권의 존재가 유통에 장애가 되고 그 관리에 있어서 효율성을 저해하기 때문에 의무적용 대상이 되었다. 반면에 투자신탁의 수익증권 등은 장내거래가 활발하지 않지만 증권의 발행에 신속을 요하는 등의 이유로 실물증권 발행과 그 관리가 신속한 자금 조달을 위한 시간적·관리적 면에서 효율성을 저해하기 때문에 의무적 이용대상이 되었다고 볼 수 있다.[4]

---

3) 증권예탁제도에서 지분증권이 예탁대상증권등으로 지정되기 위해서는 명의개서대행회사의 선임이 필요하다(증권등예탁업무규정 제7조 제1항 제2호). 예탁지정요건에 부합하지 않는 경우에는 예탁대상증권등의 지정을 취소하므로(동 규정 제8조 제1항 제1호), 발행인과 명의개서대행회사 간의 대행계약이 해지되면 예탁대상증권등에서 지정이 취소된다.

4) 정승화, "전자증권 발행 및 유통상의 주요 이슈", 「BFL」 제96호(2019), 30면.

〈표 4-1〉 의무 전자등록대상 범위〉[5]

법 제25조 제1항 단서	영 제18조
• 상장증권(상장주식, 채권 등) • 투자신탁의 수익권 및 투자회사의 주식	• 조건부자본증권 • 투자매매업자가 발행한 파생결합사채 • 주택저당증권 및 학자금대출증권 • 주식워런트증권(ELW) • 국내 발행 증권예탁증권

(2) 사전심사의 신청

발행인이 해당 주식등의 종목별로 최초로 전자등록을 신청하는 경우에는 전자등록기관에 사전심사를 신청하여야 한다(제25조 제2항, 영 제18조 제2항). 사전심사의 기준은 주식등의 양도 가능성, 대체 가능성 등이다. 구체적인 심사내용으로는 종목코드, 종목명, KRX발행기관코드, 발행 국가 및 통화, 주식 종류 및 이에 따른 권리 등이다. 사전심사가 완료되면 등록적격으로 분류되어 전자등록을 신청할 수 있다. 해당 종목을 최초 발행 후에 같은 종목을 추가로 발행하는 경우에는 사전심사를 거치지 않아도 된다.

회사가 여러 종류의 주식을 발행하고 있는 경우 어느 종류주식은 실물 발행하고 어느 종류주식은 전자등록하는 것은 허용되지 않는다고 본다. 일부 종류에 대해서만 전자등록을 채택하게 되면 실물과 전자등록의 병행 발행으로 주식 사무의 번잡을 초래하기 때문에[6] 주식거래의 안정성을 위해서 전자등록은 단일한 회사에서는 모든 주식에 관해 통일적으로 적용되어야 한다.[7]

(3) 전자등록신청서등의 제출

발행인은 해당 주식등의 종목별로 전자등록신청서 또는 사전심사신청서(이하 "전자등록신청서등"이라 한다)를 작성하여 전자등록기관에 제출하여야 한다(제25조 제3항). 주식·사채·신주인수권증권·신주인수권증서의 경우 정관을, 그 밖

5) 법무부·금융위원회, "전자증권제도 및 법령 주요내용"(2019.9.16), 5면.
6) 김지환, "주식의 전자등록제도에 있어서 주주 보호 방안" 「상사법연구」 제34권 제1호(2015), 86면.
7) 이철송, 앞의 책, 345면.

의 주식등의 경우 해당 주식등의 발행과 관련된 계약·약관 또는 이에 준하는 것으로서 주식등의 발행 근거를 제출하여야 한다(영 제19조 제2항 제1호). 이외에 법인인감증명서 및 법인 등기사항증명서 등을 첨부하여야 한다(동조 동항 제2호).

2. 전자등록기관의 심사

(1) 심사 기간

전자등록기관은 전자등록신청서등을 접수한 경우에는 그 내용을 검토하여 1개월 이내에 신규 전자등록 여부 또는 사전심사 내용을 결정하고, 그 결과와 이유를 지체 없이 신청인에게 문서로 통지하여야 한다. 이 경우 전자등록신청서등에 흠결이 있을 때에는 보완을 요구할 수 있다(제25조 제4항). 검토기간 산정 시 전자등록신청서등의 흠결 보완기간, 전자등록기관이 전자등록신청서등의 기재사항을 확인하기 위해 다른 기관 등으로부터 필요한 자료를 제공받는 데에 걸리는 기간은 검토기간에 산입하지 아니한다(동조 제5항, 영 제20조).

(2) 심사 기준(제25조 제6항)

신규 전자등록여부는 원칙적으로는 거부할 수 없으며 법령이 정한 거부사유가 있는 경우에 한해 거부할 수 있다. 거부사유로는 ① 양도성이 제한되는 경우(제1호 가목), ② 대체 가능성이 제한되는 경우(나목), ③ 법령위반의 경우(제2호), ④ 신규 전자등록 신청된 경우 주권이 민사소송법에 따른 공시최고절차가 계속 중인 경우(제3호), ⑤ 신청서를 거짓으로 작성한 경우(제4호), ⑥ 신청서 보완요구 불이행의 경우(제5호) 등이다.

한편 위의 사유에 해당한다고 하더라도 전자등록기관은 전자등록을 거부할 수 있을 뿐, 전자증권제도의 취지에 비추어 전자등록을 허용하는 것도 가능하다고 판단된다. 예를 들어 ①의 사유와 관련하여 양도성이 제한되는 경우 거부사유로 규정할 뿐 전자등록이 원천적으로 차단된다고 보기는 어렵다. 전자증권제도는 권리 유통의 원활화만 추구하는 것은 아니고, 실물 발행으로 인한 사회적 비용의 절감, 음성적 거래의 차단 등 다른 목표도 추구하기 때문이다.[8] 따라서 사모채권 등 양도성이 제한되는 경우에 전자등록하는 것이 전자증권법에

---

8) 노혁준, 앞의 논문, 1654면.

위배되는 것은 아니라 할 것이다.

〈표 4-2〉 전자등록 업무실적[9)]

2022년 8월말 기준으로 전자등록 관리자산(잔고)은 5,782조원으로 시행일(4,780조원) 대비 1,002조원(21.0%) 증가하였고,[10)] 전자증권제도 이용 발행회사(주식)는 시행일(2,401개사) 대비 698개사(29.1%) 증가한 3,099개사[11)]이다.

전자등록 관리자산 현황 (2022년 8월말 기준)

(단위: 조원)

주 식		채 권		집합투자증권		단기금융증권		파생결합증권	
상 장	2,377	상장	2,188	상장	3	단기 사채	73	ELW	15
								ETN	10
비상장	18	비상장	141	비상장	837	CD	22	ELS	68
								DLS	30
소 계	2,395	소계	2,329	소계	840	소계	95	소계	123
전자등록 관리자산(잔고) 총 합계액									5,782

주1) 상장주식·채권 및 ELW·ETN은 시가총액, 그 외 증권은 액면가 기준
주2) 집합투자증권은 순자산가치(NAV)를 반영한 순자산총액(ETF는 상장주식으로 분류)

Ⅳ. 신규 전자등록의 효력

1. 효력 발생시기

신규 전자등록의 효력발생시기는 주식등에 대하여 전자등록계좌부인 계좌관리기관등 자기계좌부 또는 고객계좌부의 기재사항이 전자등록된 때이다(업무규정 제23조 제1항). 원칙적으로 발행인이 제출한 전자등록신청서에 기재된 "전자등록일"을 기준으로 하지만, 예외적으로 발행인이 사전에 전자등록일을 정하지 못한 경우 또는 발행인이 기재한 전자등록일과 다른 일자에 전자등록된 경

9) 한국예탁결제원 보도자료, "전자증권제도 시행 2주년의 성과"(2021.9.16).
10) 2019년 9월 16일 기준 4,780조원, 2020년 8월 31일 기준 5,101조원, 2021년 8월 31일 기준 6,156조원이다.
11) 상장회사 2,524개사(유가증권 822, 코스닥 1,577, 코넥스 125), 비상장회사 575개사이다.

우에는 “전자등록기관이 실제로 전자등록한 날”을 기준으로 한다(동 규정 제2항). 한편 주식의 효력 발생과 전자등록의 효력은 구분되어야 한다. 전자등록은 주권발행에 갈음하는 것에 불과하므로 주식이 회사설립 또는 신주납입기일의 경과로 발행되었다면 신규 전자등록이 되지 않은 상태라 하더라도 회사설립시 또는 신주납입기일 다음날 효력이 발생한다.

2. 주식등의 처분제한(유통제한 등록)

(1) 취 지

주식등의 신규 전자등록일부터 유통일(상장주식등의 경우에는 상장일, 비상장주식등의 경우에는 발행인이 지정한 날을 말한다) 전날까지는 그 전자등록주식등의 처분을 제한할 수 있다(업무규정 제23조 제3항). 이와 같이 처분을 제한하는 이유는 전자등록 이후에 즉시 유통을 허용하게 되면 업무 착오 등으로 인하여 오기재된 발행내역이 그 상태로 유통될 가능성이 있으며, 이를 선의취득한 자가 발생하는 등 유통시장의 혼란을 초래할 수 있기 때문이다. 이를 실무적으로는 “유통제한 등록”이라고 한다.

(2) 적법성

처분제한이 전자증권법 또는 시행령이 아니라 전자등록기관이 제정한 전자등록업무규정에 근거하여 이루어지고 있다는 점에서 적법한 것인지 문제가 된다. 법률이 아닌 전자등록기관 규정에 의하여 주식등의 양도자유를 제한받고 있기 때문이다. 이와 관련하여 법률의 위임의 한계를 벗어난 위법의 소지가 있다는 견해도 있다. 반면에 전자증권법에 명시적 근거가 없더라도 전자등록기관은 주식등의 전자등록과 전자등록주식등의 관리를 위하여 등록업무규정을 제정할 수 있으므로(제15조 제1항), 위임의 한계를 벗어난 것으로 보기 어렵다는 견해가 있다. 전자증권법에서는 소유자증명서 발급, 소유 내용의 통지, 전자등록증명서의 발급 시에는 주식등의 처분을 제한하여야 한다고 규정하고 있다(제39조 제4항, 제40조 제3항, 제63조 제2항). 전자증권법의 태도는 처분제한이 주식양도 자유에 대한 중대한 제한이 되므로 이를 특별히 법률에 근거를 둔 것으로 볼 수 있다. 이와 같은 태도로 유통제한 등록은 헌법 제37조 제2항의 법률유보의 원칙상 법률에 그 근거를 두는 것이 타당하다고 본다.

第26條(새로 발행되는 주식등의 신규 전자등록에 따른 조치) ① 전자등록기관은 제25조에 따라 새로 발행되는 주식등의 신규 전자등록을 할 때 같은 조 제1항에 따른 신청 내용을 발행인관리계좌부에 기록하고 다음 각 호의 구분에 따른 조치를 하여야 한다.
1. 신청 내용 중 전자등록기관에 전자등록될 사항: 계좌관리기관등 자기계좌부에 전자등록
2. 신청 내용 중 계좌관리기관에 전자등록될 사항: 고객관리계좌부에 기록하고 지체 없이 그 신청 내용과 관련된 각각의 권리자가 고객계좌를 개설한 계좌관리기관에 통지

② 계좌관리기관이 제1항제2호에 따른 통지를 받은 경우 지체 없이 그 통지 내용에 따라 전자등록될 사항을 고객계좌부에 전자등록하여야 한다.

본조는 전자등록기관의 심사결과 전자등록 결정이 있는 경우 새로 발행되는 주식등의 신규 전자등록시 전자등록기관의 조치사항을 규정한 조항이다. 전자등록기관은 발행인의 신청내용에 따라 발행인관리계좌부에 기록을 한 후 전자등록기관이 작성·관리하는 계좌부에 전자등록 또는 기록을 하게 된다. 신청내용에 따라 전자등록기관에 전자등록될 사항은 계좌관리기관등 자기계좌부에 전자등록하고, 계좌관리기관에 전자등록될 사항은 고객관리계좌부에 기록 후 해당 계좌관리기관에 통지한다(제26조 제1항). 계좌관리기관은 전자등록기관으로부터 통지받은 내용에 따른 전자등록사항을 고객계좌부에 지체 없이 전자등록한다(동조 제2항).

第27條(이미 주권등이 발행된 주식등의 신규 전자등록에 따른 조치 등) ① 발행인이 제25조제1항에 따라 이미 주권등이 발행된 주식등의 신규 전자등록을 신청하는 경우에는 신규 전자등록을 하려는 날(이하 "기준일"이라 한다)의 직전 영업일을 말일로 1개월 이상의 기간을 정하여 다음 각 호의 사항을 공고하고, 주주명부, 그 밖에 대통령령으로 정하는 장부(이하 "주주명부등"이라 한다)에 권리자로 기재되어 있는 자에게 그 사항을 통지하여야 한다.
1. 기준일부터 주권등이 그 효력을 잃는다는 뜻
2. 권리자는 기준일의 직전 영업일까지 발행인에게 주식등이 전자등록되는 고객계좌 또는

계좌관리기관등 자기계좌(이하 "전자등록계좌"라 한다)를 통지하고 주권등을 제출하여야 한다는 뜻

3. 발행인은 기준일의 직전 영업일에 주주명부등에 기재된 권리자를 기준으로 제25조제1항에 따라 전자등록기관에 신규 전자등록의 신청을 한다는 뜻

② 발행인은 제25조제6항제3호에 따라 신규 전자등록이 거부된 주식등과 관련하여 주권등에 대한 제권판결(除權判決)의 확정, 그 밖에 이와 비슷한 사유에 따라 해당 주식등에 관한 권리를 주장할 수 있는 자가 있는 경우에는 그 권리를 주장할 수 있는 자를 위하여 전자등록기관에 신규 전자등록의 추가 신청을 하여야 한다.

③ 전자등록기관이 제25조제1항에 따라 이미 주권등이 발행된 주식등의 신규 전자등록의 신청을 받은 경우 또는 제2항에 따라 신규 전자등록의 추가 신청을 받은 경우에 대해서는 제26조를 준용한다.

④ 제1항에 따른 공고와 통지의 방법 및 구체적 절차, 제2항에 따른 신규 전자등록의 추가 신청에 관한 서류의 기재사항 및 첨부서류, 그 밖에 신규 전자등록의 추가 신청에 관한 사항 등에 대해서는 대통령령으로 정한다.

Ⅰ. 본조의 취지

본조에서는 이미 주권등의 실물이 발행된 주식등의 전자등록을 신청하는 경우 거쳐야 할 절차를 규정하였다. 이미 주권등을 소지하고 있는 권리자가 존재하는 경우이므로 "전자등록의 방법으로 새로 발행하려는 경우"와는 구별되며, 기존 권리자를 전자증권제도로 포섭하려는 절차가 필요하다.

Ⅱ. 전자등록 전환의 절차

1. 발행인의 공고 및 통지

(1) 내 용

발행인은 신규 전자등록을 하려는 날(기준일)의 직전 영업일을 말일로 1개월 이상의 기간을 정하여 법정 사항을 공고하고, 주주명부 등[12]에 권리자로 기

12) 주주명부등의 범위는 ① 국채등록부, ②「상법」 제488조에 따른 사채원부, ③「신탁법」 제87조 제4항에 따른 신탁사채원부, ④「지방재정법」 제12조에 따른 지방채증권원부, ⑤「신탁법」

재되어 있는 자에게 그 사항을 통지하여야 한다(제27조 제1항). 공고할 사항은 ① 실물 주권의 효력 상실(제1호), ② 권리자의 전자등록계좌 통지 및 주권등 제출의무(제2호), ③ 주주명부상 권리자 기준으로 전자등록을 신청한다는 취지(제3호)이다.

(2) 방 법

발행인은 공고를 할 때에는 주식등의 종류별로 발행 근거에서 정한 방법으로 해야 한다. 또한 발행인은 전자등록기관의 인터넷 홈페이지에 그 내용을 함께 공고해야 한다. 주식(상법 제356조의2)과 신주인수권(제420조의4) 등의 경우 해당 주식등 발행인의 정관에 정한 방법으로, 그 밖의 주식등의 경우에는 해당 주식등의 발행과 관련된 계약·약관 또는 이에 준하는 것으로서 주식등의 발행 근거가 되는 것에 정한 방법으로 공고해야 한다(영 제22조 제2항). 한편 발행인은 통지를 하는 경우에는 서면으로 1회 이상 통지해야 한다(영 제22조 제3항).

2. 신규 전자등록의 추가 신청

이미 주권등이 발행되어 있는 주식등에 대하여 신규 전자 등록이 신청되어 있고 그 주권등에 대하여 민사소송법에 따른 공시최고절차가 계속 중인 경우 전자등록기관은 신규 전자등록을 거부할 수 있다(제25조 제6항 제3호). 이에 따라 전자등록이 거부된 경우 제권판결의 확정 등 사유에 따라 해당 주식등에 관한 권리를 주장할 수 있는 자가 있는 경우에는 그를 위하여 전자등록기관에 신규 전자등록의 추가 신청을 하여야 한다(제27조 제2항). 이 경우 발행인은 ① 발행인의 명칭, ② 추가 전자등록하는 주식등의 종류, 종목 및 종목별 수량 또는 금액, ③ 추가 전자등록하는 고객계좌 또는 계좌관리기관등 자기계좌의 개설자의 성명 또는 명칭 등이 기재된 추가 전자등록신청서를 제출하여야 한다(영 제23조 제1항).

3. 전자등록기관의 조치

전자등록기관은 발행인의 공고 및 통지절차 등 사전 절차가 마무리되면 전

제79조 제1항에 따른 수익자명부가 있다(영 제22조 제1항).

자등록을 처리하게 된다. 전자등록기관은 먼저 신청내용을 발행인관리계좌부에 기록한다. 이후 신청 내용에 따라 전자등록기관에 전자등록될 사항은 계좌관리기관등 자기계좌부에 전자등록하고, 계좌관리기관에 전자등록될 사항은 고객관리계좌부에 기록 후 해당 계좌관리기관에 통지한다. 계좌관리기관은 전자등록기관으로부터 통지받은 내용에 따른 전자등록사항을 고객계좌부에 지체 없이 전자등록한다(제27조 제3항, 제26조).

제28조[이미 주권이 발행된 주식의 입질(入質) 등에 관한 특례] ① 발행인이 제25조부터 제27조까지의 규정에 따라 이미 주권이 발행된 주식을 전자등록하는 경우 해당 주식의 질권자로서 발행인의 주주명부에 기재되지 아니한 자는 질권설정자가 청구하지 아니하더라도 단독으로 기준일의 1개월 전부터 기준일의 직전 영업일까지 발행인에게 주주명부에 질권 내용을 기재하여 줄 것을 요청할 수 있다.
② 제1항에 따른 질권 내용의 기재를 위하여 필요한 경우 제1항의 질권자는 발행인에게 질권설정자의 성명과 주소를 주주명부에 기재할 것을 요청할 수 있다.
③ 발행인은 특별한 사정이 없으면 제1항 또는 제2항의 요청에 따라야 한다.
④ 명의개서대행회사가 발행인을 대행하여 제1항에 따른 질권 내용의 기재 또는 제2항에 따른 질권설정자의 성명과 주소의 기재에 관한 업무를 하는 경우에는 「금융실명거래 및 비밀보장에 관한 법률」 제3조에도 불구하고 질권설정자의 실지명의를 확인하지 아니할 수 있다.
⑤ 제1항의 질권자가 제1항 또는 제2항에 따른 요청을 하는 경우에는 지체 없이 그 사실을 질권설정자에게 통지하여야 한다.

Ⅰ. 본조의 취지

본조는 이미 주권이 발행된 주식을 전자등록 하는 경우 해당 주식의 약식질권자가 단독으로 등록질권자로 전환할 수 있는 방법 및 절차를 규정한 조항이다. 약식질은 주주명부에 질권설정 사실이 기재되지도 않으며, 발행인이 약식질권자를 위하여 특별계좌를 개설할 수도 없으며, 약식질권자가 점유한 실물 주권은 효력이 상실되므로 약식질권자의 권리구제수단을 마련하기 위한 취지이다.

Ⅱ. 약식질권자의 등록질 청구

1. 청구권자 및 상대방

발행인이 이미 주권이 발행된 주식을 전자등록하는 경우 해당 주식의 질권자로서 발행인의 주주명부에 기재되지 아니한 자이다. 즉 약식질권자가 청구할 수 있다. 청구의 상대방은 발행인이다.

2. 청구의 내용

기준일의 1개월 전부터 기준일의 직전 영업일까지 직접 발행인에게 주주명부에 질권 내용을 기재하여 줄 것을 요청할 수 있다. 즉 등록질 설정을 청구할 수 있다. 이 때 질권설정자의 청구는 필요하지 않다(제28조 제1항). 상법상 등록질을 설정하기 위해서는 질권설정자의 청구[13]에 의하지만 전자증권법에서는 이와 달리 질권자의 단독청구로 처리할 수 있도록 하였다. 이를 위하여 약식질권자는 발행인에게 질권설정자의 성명과 주소를 주주명부에 기재할 것(즉 명의개서)을 요청할 수 있다(동조 제2항). 질권자가 질권 내용의 기재 및 질권설정자로 명의개서를 청구하는 경우에는 지체 없이 그 사실을 질권설정자에게 통지하여야 한다(동조 제5항).

하지만 당초 약식질이었던 경우에 전자등록 후에 일방적으로 등록질로 처리되는 것은 당사자의 의사에 부합한다고 보기 어려우므로 질권설정자의 동의를 필요로 한다고 해석하여야 하며, 질권설정자의 승낙서를 첨부하도록 하는 것이 합리적이다.[14]

3. 발행인의 조치

발행인은 약식질권자의 주주명부의 기재청구 또는 질권설정자의 인적사항이 주주명부 기재청구가 있는 경우 특별한 사정이 없는 한 이에 따라야 한다(동

13) 상법 제340조(주식의 등록질) ① 주식을 질권(質權)의 목적으로 한 경우에 회사가 질권설정자의 청구에 따라 그 성명과 주소를 주주명부에 덧붙여 쓰고 그 성명을 주권(株券)에 적은 경우에는 질권자는 회사로부터 이익배당, 잔여재산의 분배 또는 제339조에 따른 금전의 지급을 받아 다른 채권자에 우선하여 자기채권의 변제에 충당할 수 있다.

14) 노혁준, 앞의 논문, 1701~1702면.

조 제3항). 명의개서대행회사가 발행인을 대행하여 질권 내용 기재 또는 질권설정자 인적사항 기재 업무를 하는 경우에는 금융실명법상의 실명확인의무가 면제된다(동조 제4항).

제29조(특별계좌의 개설 및 관리) ① 발행인이 제25조부터 제27조까지의 규정에 따라 이미 주권등이 발행된 주식등을 전자등록하는 경우 제25조제1항에 따른 신규 전자등록의 신청을 하기 전에 제27조제1항제2호에 따른 통지를 하지 아니하거나 주권등을 제출하지 아니한 주식등의 소유자 또는 질권자를 위하여 명의개서대행회사, 그 밖에 대통령령으로 정하는 기관(이하 이 조에서 "명의개서대행회사등"이라 한다)에 기준일의 직전 영업일을 기준으로 주주명부등에 기재된 주식등의 소유자 또는 질권자를 명의자로 하는 전자등록계좌(이하 "특별계좌"라 한다)를 개설하여야 한다.

② 제1항에 따라 특별계좌가 개설되는 때에 제22조제2항 또는 제23조제2항에 따라 작성되는 전자등록계좌부(이하 이 조에서 "특별계좌부"라 한다)에 전자등록된 주식등에 대해서는 제30조부터 제32조까지의 규정에 따른 전자등록을 할 수 없다. 다만, 다음 각 호의 어느 하나에 해당하는 경우에는 그러하지 아니하다.

1. 해당 특별계좌의 명의자가 아닌 자가 주식등이 특별계좌부에 전자등록되기 전에 이미 주식등의 소유자 또는 질권자가 된 경우에 그 자가 발행인에게 그 주식등에 관한 권리가 표시된 주권등을 제출(주권등을 제출할 수 없는 경우에는 해당 주권등에 대한 제권판결의 정본·등본을 제출하는 것을 말한다. 이하 제2호 및 제3호에서 같다)하고 그 주식등을 제30조에 따라 자기 명의의 전자등록계좌로 계좌간 대체의 전자등록을 하려는 경우(해당 주식등에 질권이 설정된 경우에는 다음 각 목의 어느 하나에 해당하는 경우로 한정한다)
   가. 해당 주식등에 설정된 질권이 말소된 경우
   나. 해당 주식등의 질권자가 그 주식등을 특별계좌 외의 소유자 명의의 다른 전자등록계좌로 이전하는 것에 동의한 경우
2. 해당 특별계좌의 명의자인 소유자가 발행인에게 전자등록된 주식등에 관한 권리가 표시된 주권등을 제출하고 그 주식등을 제30조에 따라 특별계좌 외의 자기 명의의 다른 전자등록계좌로 이전하려는 경우(해당 주식등에 질권이 설정된 경우에는 제1호 각 목의 어느 하나에 해당하는 경우로 한정한다)
3. 해당 특별계좌의 명의자인 질권자가 발행인에게 주권등을 제출하고 그 주식등을 제30조에 따라 특별계좌 외의 자기 명의의 전자등록계좌로 이전하려는 경우
4. 그 밖에 특별계좌에 전자등록된 주식등의 권리자의 이익을 해칠 우려가 없는 경우로서

대통령령으로 정하는 경우
③ 누구든지 주식등을 특별계좌로 이전하기 위하여 제30조에 따른 계좌간 대체의 전자등록을 신청할 수 없다. 다만, 제1항에 따라 특별계좌를 개설한 발행인이 대통령령으로 정하는 사유에 따라 신청을 한 경우에는 그러하지 아니하다.
④ 명의개서대행회사등이 발행인을 대행하여 제1항에 따라 특별계좌를 개설하는 경우에는 「금융실명거래 및 비밀보장에 관한 법률」 제3조에도 불구하고 특별계좌부에 소유자 또는 질권자로 전자등록될 자의 실지명의를 확인하지 아니할 수 있다.

Ⅰ. 본조의 취지

이미 주권등이 발행되어 있는 주식등의 신규 전자등록을 신청하는 경우 주주명부등에 권리자로 기재되어 있는 자는 발행인의 공고 및 통지에 따라 발행인에게 전자등록계좌를 통지하고 주권등을 제출하여야 원활히 전자등록 절차가 진행될 수 있다(제27조 제1항 제2호). 발행인이 주주명부상 권리자의 전자등록계좌를 인식하여야 전자등록계좌로 이전할 수 있으며, 보유하고 있던 주권등을 제출받아 실물증권의 유통을 억제하여야 전자등록절차의 실효성을 확보할 수 있다. 하지만 이러한 절차에 협조하지 않았다고 하여 곧바로 권리를 상실하게 하는 것은 권리자에게 가혹한 결과를 초래한다. 또한 절차에 참여하지 않은 명부상 권리자가 참여할 때까지 전환절차를 유보할 수는 없고 정해진 일자에 일률적, 강제적으로 전환시킬 필요가 있다. 즉 전자증권법에서는 권리자 보호 및 전자등록 절차의 효율성을 담보하기 위하여 특별계좌제도를 도입하였다. 본조에서는 특별계좌의 개설자, 효력 등을 상세하게 규정하고 있다.

Ⅱ. 전자증권법상 특별계좌

1. 개 념

이미 주권등이 발행되어 있는 주식등의 신규 전자등록을 신청하는 경우 전자등록계좌를 통지하지 아니하거나 주권등을 제출하지 아니한 권리자를 위하여 명의개서대행회사가 기준일 직전 영업일을 기준으로 주주명부등에 기재된 주식등의 권리자 명의로 개설하는 계좌를 의미한다(제29조 제1항). 즉, 특별계좌는 전자등록 전환 절차에 참여하지 않아 권리를 상실할 우려가 있는 주주 또는 질권자를 위한 권리보전용 계좌를 의미한다.

2. 계좌의 개설 및 관리

고객계좌의 일종이나 개설자는 발행인이라는 점에 특징이 있다. 즉, 발행인이 명의개서대행회사에 개설하는 계좌이다(제29조 제1항). 한편 시행령에서는 전자등록기관을 특별계좌 관리자로서 규정하고 있다(영 제24조 제1항). 이는 실기주 과실[15]에 대하여 전자등록기관이 수령하여 관리하는 현실을 고려한 것이다.

3. 효 력

(1) 계좌대체 등의 제한

특별계좌에 전자등록된 주식등은 전자등록 전환절차에 참여하지 않은 소유자 또는 질권자의 권리를 보전하기 위한 취지이므로, 임의로 처분하는 것은 엄격히 제한된다. 따라서 계좌간 대체(제30조), 질권설정 및 말소(제31조), 신탁재산 사실의 표시 및 말소(제32조)의 전자등록을 할 수 없다(제29조 제2항).

특별계좌에서 다른 전자등록계좌로 이전이 가능한 경우는 크게 두 가지로 나눌 수 있다. 첫째는 법률에서 정하는 일정 요건을 구비하여 정당한 권리자로 확인된 경우이다. 허용되는 경우로는 ① 특별계좌 명의인이 아닌 자가 주식등이 특별계좌부에 전자등록되기 전에 이미 권리자가 된 경우 주권을 제출하고, 자기 명의의 전자등록계좌로 계좌간 대체의 전자등록을 하려는 경우, ② 해당 특별계좌의 명의자인 소유자가 주권을 제출하고 그 주식등을 특별계좌 외의 자기 명의의 다른 전자등록계좌로 이전하려는 경우, ③ 해당 특별계좌의 명의자인 질권자가 발행인에게 주권등을 제출하고 그 주식등을 제30조에 따라 특별계좌 외의 자기 명의의 전자등록계좌로 이전하려는 경우 등이다. 특별계좌의 관

15) 실기주(失期株)란 예탁결제원 명의로 되어 있는 주식을 증권사로부터 실물 출고 받은 이후에 본인명의로 명의개서를 하지 않은 주식을 의미하며, 실기주 과실(失期株 果實)이란 실기주에서 발생한 배당금이나 무상주식, 배당주식 등을 말한다. 전자등록기관인 한국예탁결제원은 실기주 과실을 일괄 수령하여 관리하고 있다. 한국예탁결제원, 조문해설서, 59면.

리자인 명의개서대행회사는 특별계좌의 명의인이 아닌 자가 계좌간 대체 등을 요청하는 경우 그 요건을 확인할 의무를 부담한다고 보아야 한다. 전자증권법에서는 주권등(또는 제권판결의 정본 및 등본) 제출의무만 규정하고 있으나, 실무에서 명의개서대행회사는 매매계약서, 증여계약서 등 권리자가 된 사실을 증명하는 서면을 요청하여 확인하는 절차를 거치고 있다(증권명의개서대행업무규정 제84조의6 제3항 제1호, 세칙 제28조 제4항, 세칙 별표 3).

둘째는 발행인의 통상적인 권리행사에 따라 이전이 이루어지는 경우이다. 이 경우에는 처분행위가 아닌 관리행위이므로 이전하더라도 특별계좌의 취지에 반하지 않는다.[16] 허용되는 경우로는 ① 특별계좌에 전자등록된 주식등을 상법에 따른 주식의 포괄적 교환 또는 포괄적 이전에 따라 이전하는 경우, ② 특별계좌에 전자등록된 주식등을 상법상 지배주주의 매도청구에 따라 이전하는 경우, ③ 전자등록기관이 실기주 매각대금을 현금으로 관리하기 위해서 상대방의 계좌로 이전하는 경우 등이다(제29조 제2항 제4호, 영 제24조 제2항).

(2) 특별계좌로의 이전 제한

주식등을 특별계좌로 이전하기 위하여 계좌간 대체 등록을 신청할 수 없다(제29조 제3항). 다만 특별계좌를 개설한 발행인이 시행령이 정하는 사유에 따라 신청하는 경우, 즉 ① 발행인의 합병·분할 또는 분할합병에 따라 전자등록된 자기주식 및 그 밖의 주식등을 특별계좌로 이전하는 경우, ② 회사가 상환주식을 취득한 대가로 전자등록된 주식등을 특별계좌로 이전하는 경우, ③ 주식의 포괄적 교환에 따라 완전모회사가 되는 회사의 전자등록된 자기주식 등을 특별계좌로 이전하는 경우, ④ 현물배당을 하기 위해 자기주식 및 그 밖의 주식등을 특별계좌로 이전하는 경우, ⑤ 그 밖에 전자등록된 주식등의 특별계좌로의 이전이 필요하다고 금융위원회가 정하여 고시하는 경우에는 예외적으로 가능하다(영 제24조 제3항).

(3) 실명확인의무의 면제

명의개서대행회사등이 발행인을 대행하여 특별계좌를 개설하는 경우 금융

---

16) 한국예탁결제원, 조문해설서, 59면.

실명법상 실지명의 확인의무가 면제된다(제29조 제4항). 등록계좌는 본인 명의로 개설하는 것이 원칙이지만, 원활한 계좌개설 업무처리를 위해 특별계좌에 대하여 실지명의 확인의무를 면제하였다. 예컨대, 형식주주(명의대여자)와 실질주주(실 소유자)가 나누어져 있는 경우에 발행인의 통지대로 주주명부에 기재된 형식주주 명의로 특별계좌를 개설할 수밖에 없으며, 개별적으로 실소유자에 대하여 실지명의를 확인하는 것은 현실적으로 곤란하기 때문이다.

제30조(계좌간 대체의 전자등록) ① 전자등록주식등의 양도(다음 각 호의 어느 하나에 해당하는 경우를 포함한다)를 위하여 계좌간 대체를 하려는 자는 해당 전자등록주식등이 전자등록된 전자등록기관 또는 계좌관리기관에 계좌간 대체의 전자등록을 신청하여야 한다.
1. 제29조제2항제1호부터 제3호까지의 어느 하나에 해당하는 경우
2. 상속·합병 등을 원인으로 전자등록주식등의 포괄승계를 받은 자가 자기의 전자등록계좌로 그 전자등록주식등을 이전하는 경우
3. 그 밖에 계좌간 대체가 필요하다고 인정되는 경우로서 대통령령으로 정하는 경우

② 제1항에 따라 전자등록 신청을 받은 전자등록기관 또는 계좌관리기관은 지체 없이 전자등록계좌부에 해당 전자등록주식등의 계좌간 대체의 전자등록을 하여야 한다.

③ 제1항과 제2항에 따른 계좌간 대체의 전자등록의 신청 및 전자등록의 방법과 절차에 관하여 필요한 사항은 대통령령으로 정한다.

Ⅰ. 본조의 취지

본조는 계좌간 대체의 전자등록의 사유와 그 방법을 법률에 명시하여 전자등록주식등의 양도 등에 따른 등록업무의 법적 안정성을 확보하기 위한 규정이다.

Ⅱ. 계좌간 대체의 전자등록

1. 양도의 효력발생요건

전자등록주식등을 양도하려는 자는 해당 주식등이 전자등록된 전자등록기관 또는 계좌관리기관에 계좌간 대체의 전자등록을 신청하여야 한다(제30조 제1

항). 전자등록주식등의 양도를 위해서는 양도인과 양수인 간의 양도 합의 이외에 계좌간 대체의 전자등록이 필요하다(제35조 제2항). 상법상 주식의 양도는 당사자 간의 주식양도에 관한 의사표시의 합치와 주권의 교부에 의하여 양도의 효력이 발생한다(상법 제336조 제1항). 상법상 명의개서는 주식양도의 효력발생요건이 아니다. 계좌간 대체의 전자등록은 전자등록주식등의 양도를 위한 효력발생요건이므로, 양도인이 계좌간 대체등록을 신청한 것만으로는 부족하고 대체 등록 절차가 마무리 되어야 비로소 양도의 효력이 발생한다. 즉, 계좌간 대체의 전자등록은 주식양도를 위해서 종이주권을 교부하는 것과 같은 의미를 가진다.[17)]

2. 주식 발행 후 전자등록 전의 양도

주식인수, 주금납입 등 절차를 거쳐 주식이 발행되었으나 전자등록이 되지 않은 경우에 회사성립후 또는 신주의 납입기일후 6월이 경과한 때에는 지명채권양도의 방법에 의해서 양도할 수 있다고 본다(상법 제335조 제3항).

전자증권제도 의무적 적용대상인 상장주식이라면 이와 같은 경우에 주식을 양도할 수 있을지에 대해서 논란이 발생할 수 있다. 전자등록하지 않은 이상 상법규정에 의해 지명채권 양도방식으로 양도할 수 있다는 견해도 있을 수 있다. 하지만 상장주식은 장내시장에서 매매거래와 결제가 빈번하여 실물증권의 존재가 유통에 장애가 되고 그 관리의 효율성 도모하기 위해 의무적 적용대상으로 한 전자증권제도의 취지상 지명채권 양도방식으로는 양도할 수 없다고 보아야 한다. 즉 상장주식인 경우에는 지명채권 양도방식이 아닌 전자등록의 방식으로만 양도할 수 있고, 따라서 전자등록이 되지 않은 경우에는 양도할 수 없다고 보아야 한다.[18)]

3. 계좌간 대체 전자등록의 사유

(1) 법정 사유

전자증권법은 사유에 대하여 “양도”라는 용어를 사용하여, 그 예시를 규정하고 있다. 양도의 개념에 대해서는 명확히 정의하고 있지 않으나, 계약상 또는

17) 김홍기, 앞의 논문, 9면.
18) 김홍기, 위의 논문, 14면.

법률상 원인에 의하여 유상으로 소유권을 이전하는 행위로 볼 수 있다. 본조의 취지상 법령에 규정된 사유에 한하여 계좌간 대체의 전자등록을 신청할 수 있다. 전자증권법은 ① 정당한 권리자로 확인된 경우 특별계좌에서 전자등록계좌로 이전하는 경우, ② 포괄승계 받은 자가 자기의 전자등록계좌로 이전하는 경우를 규정하고 있다(제30조 제1호 및 제2호). 시행령에서는 ③ 소유자가 전자등록증명서를 발행받아 전자등록주식등을 공탁법에 따라 공탁한 경우 그 공탁물을 수령할 자가 자신의 전자등록계좌로 이전하는 경우, ④ 소유자가 전자등록증명서를 발행받아 자본시장법 제171조에 따라 납부할 보증금 또는 공탁금을 전자등록주식등으로 대신 납부한 경우 그 전자등록주식등을 납부받은 자가 자신의 전자등록계좌로 이전하는 경우, ⑤ 법원의 판결·결정·명령에 따라 전자등록주식등에 대한 권리를 취득하려는 자가 자기의 전자등록계좌로 그 전자등록주식등을 이전하는 경우, ⑥ 상법 제59조에 따른 유질계약을 실행하기 위하여 전자등록주식등의 이전을 신청하는 경우를 사유로 규정하고 있다(영 제25조 제1항, 전자등록업규정 제3-4조).

(2) 법률상 소유권 이전의 경우

전자증권법은 계좌간 대체의 전자등록를 할 수 있는 사유를 규정하고 있다. 즉, 양도, 상속·합병 등 포괄승계, 법원의 판결 등의 사유가 있는 경우에 한하여 계좌간 대체의 전자등록이 가능하다. 하지만 상법 등 법률상 소유권이 이전되는 경우에는 예컨대, 지배주주의 매도청구권 행사(상법 제360조의26), 소수주주의 매수청구권(상법 제360조의25) 행사 시에 지배주주가 매매가액을 소수주주에게 지급한 때에 주식이 이전되는데, 현재 계좌간 대체의 전자등록으로 처리할 수 있는 법적 근거가 마련되어 있지 않아 업무처리가 곤란하다. 향후 이와 같이 법률상 소유권이 이전되는 경우를 계좌간 대체의 사유로 추가할 필요가 있다고 판단된다.

4. 계좌간 대체 전자등록의 절차

(1) 신청권자

전자등록주식등의 양도인은 ① 전자등록주식등의 종류, 종목 및 종목별 수량 또는 금액, ② 양도인 및 양수인의 성명 또는 명칭 등을 구체적으로 밝혀 해당 전자등록기관 또는 계좌관리기관에 계좌간 대체의 전자등록을 신청해야 한다. 다만, 양도인이 동의한 경우에는 양수인이 양도인의 동의서를 첨부하여 계좌간 대체의 전자등록을 신청할 수 있다(영 제25조 제2항).

법원의 판결 또는 포괄승계에 의하여 권리를 취득하는 자는 그 권리취득을 증명하는 서류를 첨부하여 계좌간 대체의 전자등록을 신청할 수 있다(동조 제3항).

(2) 전자등록기관 및 계좌관리기관의 처리

계좌간 대체의 전자등록은 제도운영기관이 각각 관리하고 있는 계좌부의 연쇄적인 이동이 불가피하여, 세부적인 처리방법에 대해서 규정하고 있지 않으면 실무상 혼란이 발생할 우려가 있다. 따라서 전자증권법은 그 처리방법을 법령에서 직접 규정하였다.

계좌간 대체의 전자등록을 처리하는 전자등록기관 및 계좌관리기관은 아래의 순서와 방법에 따라 처리한다(영 제25조 제4항).

① 계좌관리기관등 자기계좌 사이의 계좌간 대체의 전자등록 신청인 경우에는 전자등록기관은 양도인의 계좌관리기관등 자기계좌부에 감소의 전자등록, 양수인의 계좌관리기관등 자기계좌부에 증가의 전자등록으로 처리한다.

② 같은 계좌관리기관에 개설된 고객계좌 사이의 계좌간 대체의 전자등록 신청인 경우에는 계좌관리기관은 양도인의 고객계좌부에 감소의 전자등록, 양수인의 고객계좌부에 증가의 전자등록으로 처리한다.

③ 계좌관리기관등 자기계좌에서 고객계좌로의 계좌간 대체의 전자등록 신청인 경우에는 ⅰ) 전자등록기관은 양도인의 계좌관리기관등 자기계좌부에 감소의 전자등록, ⅱ) 양수인이 고객계좌를 개설한 계좌관리기관("양수계좌관리기관"이라 한다)의 고객관리계좌부에 증가의 기록을 한 후 그 사실을 양수계좌관리기관에 지체 없이 통지하고, ⅲ) 양수계좌관리기관은 지체 없이 통지 내용에 따라 양수인의 고객계좌부에 증가의 전자등록으로 처리한다.

④ 고객계좌에서 계좌관리기관등 자기계좌로의 계좌간 대체의 전자등록 신청인 경우에는 ⅰ) 양도인이 고객계좌를 개설한 계좌관리기관("양도계좌관리기관"이라 한다)은 양도인의 고객계좌부에 감소의 전자등록을 한 후 그 사실을

전자등록기관에 지체 없이 통지하고, ii) 전자등록기관은 지체 없이 통지 내용에 따라 양도계좌관리기관의 고객관리계좌부에 감소의 기록을 하고, iii) 전자등록기관은 양수인의 계좌관리기관등 자기계좌부에 증가의 전자등록으로 처리한다.

⑤ 서로 다른 계좌관리기관에 개설된 고객계좌 간의 계좌간 대체의 전자등록 신청인 경우에는 i) 양도계좌관리기관은 양도인의 고객계좌부에 감소의 전자등록을 한 후 그 사실을 전자등록기관에 지체 없이 통지하고, ii) 전자등록기관은 지체 없이 통지 내용에 따라 양도계좌관리기관의 고객관리계좌부에 감소의 기록을 한다. iii) 전자등록기관은 양수계좌관리기관의 고객관리계좌부에 증가의 기록을 한 후 그 사실을 양수계좌관리기관에 지체 없이 통지하며, iv) 양수계좌관리기관은 지체 없이 통지 내용에 따라 양수인의 고객계좌부에 증가의 전자등록을 처리한다.

제31조(질권 설정 및 말소의 전자등록) ① 전자등록주식등에 질권을 설정하거나 말소하려는 자는 해당 전자등록주식등이 전자등록된 전자등록기관 또는 계좌관리기관에 질권 설정 또는 말소의 전자등록을 신청하여야 한다.
② 제1항에 따라 전자등록 신청을 받은 전자등록기관 또는 계좌관리기관은 지체 없이 해당 전자등록주식등이 질물(質物)이라는 사실과 질권자를 질권설정자의 전자등록계좌부에 전자등록하는 방법으로 해당 전자등록주식등에 질권 설정 또는 말소의 전자등록을 하여야 한다.
③ 제1항과 제2항에 따른 질권 설정 또는 말소의 전자등록의 신청 및 전자등록의 방법과 절차에 관하여 필요한 사항은 대통령령으로 정한다.

Ⅰ. 본조의 취지

본조는 전자등록주식등에 대한 질권 설정 및 말소의 전자등록의 방법과 절차를 명시하여 이해관계자의 예측가능성을 확보하고 제도 안정성을 확보하기 위한 규정이다.

Ⅱ. 질권 설정·말소의 전자등록 절차

1. 신청권자

전자등록주식등에 질권을 설정하거나 말소하려는 자가 전자등록을 신청할 수 있다(제31조 제1항). 전자증권법상으로는 신청주체가 분명하지 않으나 시행령은 이를 명확히 규정하고 있다. 질권 설정의 전자등록 신청은 질권설정자가 하되, 질권설정자가 동의한 경우에는 질권자가 질권설정자의 동의서를 첨부하여 신청할 수 있다(영 제26조 제1항). 질권 말소의 전자등록 신청은 질권자가 하되 질권자가 동의한 경우에는 질권설정자가 질권자의 동의서를 첨부하여 신청할 수 있다(동조 제2항). 계좌관리기관등은 전자등록기관에 직접 신청을 하며,[19] 고객은 계좌관리기관에 전자등록을 신청하여야 한다.

〈표 4-4〉 질권설정 및 말소 신청권자

구 분	원 칙	예 외
질권설정	• 질권설정자	• 질권설정자 동의시 질권자도 가능
질권말소	• 질권자	• 질권자 동의시 질권설정자도 가능

2. 질권설정·말소 신청서의 제출

전자등록주식등에 질권을 설정하거나 말소하려는 자는 ① 전자등록주식등의 종류, 종목 및 종목별 수량 또는 금액, ② 질권설정자 및 질권자의 성명 또는 명칭, ③ 상법 제340조 제1항에 따른 주식의 등록질(登錄質)의 설정 또는 말소의 뜻, ④ 공동질권의 경우에는 공동질권설정자(계좌관리기관등에 한한다), 공동질권자 및 대표질권자의 성명 또는 명칭 등을 기재하여 전자등록기관 또는 계좌관리기관에 질권 설정 또는 말소의 전자등록을 신청해야 한다(영 제26조 제3항, 업무규정 제37조 제1항).

19) 계좌관리기관등이 질권 설정의 전자등록을 전자등록기관에 신청하는 경우에는 해당 질물의 과실 수취권자는 질권설정자로 한다(업무규정 제37조 제6항).

3. 전자등록의 처리

신청을 받은 전자등록기관 또는 계좌관리기관은 지체 없이 해당 전자등록주식등이 질물(質物)이라는 사실과 질권자를 질권설정자의 전자등록계좌부, 즉 계좌관리기관등 자기계좌부 또는 고객계좌부에 전자등록한다(제31조 제2항, 업무규정 제37조 제2항). 전자증권법은 자본시장법과 같이 부기방식[20]으로 질권을 설정하는 구조를 채택하였다. 질권 설정의 전자등록을 한 전자등록기관 또는 계좌관리기관은 질권자의 청구가 있는 경우에는 질권 설정의 전자등록 사실을 확인하는 확인서를 발행하여야 한다(업무규정 제37조 제4항).

제32조(신탁재산이라는 사실의 표시 및 말소의 전자등록) ① 전자등록주식등에 대하여 신탁재산이라는 사실을 표시하거나 그 표시를 말소하려는 자는 해당 전자등록주식등이 전자등록된 전자등록기관 또는 계좌관리기관에 신탁재산이라는 사실의 표시 또는 말소의 전자등록을 신청하여야 한다.
② 제1항에 따라 전자등록 신청을 받은 전자등록기관 또는 계좌관리기관은 지체 없이 해당 전자등록주식등이 신탁재산이라는 사실을 전자등록계좌부에 표시하거나 말소하는 전자등록을 하여야 한다.
③ 제1항과 제2항에 따른 신탁재산이라는 사실의 표시 또는 말소 전자등록의 신청 및 전자등록의 방법과 절차에 관하여 필요한 사항은 대통령령으로 정한다.

Ⅰ. 본조의 취지

본조는 전자등록주식등에 대한 신탁재산 표시 및 그 표시 말소의 전자등록의 방법과 절차를 명시하여 이해관계자의 예측가능성을 확보하고 제도 안정성을 확보하기 위한 규정이다.

---

20) 해당 주식등을 질권자의 계좌로 대체 기재하지 않고, 질권설정자의 계좌에 두고 질권설정 사항을 기재하는 것을 의미한다. 구체적인 내용은 제3편>제4장>Ⅰ.질권제도 참고.

Ⅱ. 신탁재산 표시·말소의 전자등록

1. 신청권자

전자증권법은 "전자등록주식등에 대하여 신탁재산이라는 사실을 표시하거나 그 표시를 말소하려는 자"라고만 규정하고 있어 불분명하나 법 시행령에서 구체적으로 규정하고 있다. 우선 ① 신탁재산이라는 사실의 표시에 대해서는 위탁자의 전자등록계좌에서 수탁자의 전자등록계좌로의 ⅰ) 계좌간 대체의 전자등록의 신청에 따라 전자등록주식등이 신탁재산에 속하게 되는 경우에는 위탁자가 신청하며, ⅱ) 계좌간 대체 이외의 방법으로 전자등록주식등이 신탁재산에 속하게 되는 경우에는 수탁자가 신청한다(영 제27조 제1항). ② 신탁재산이라는 사실의 표시를 말소하는 전자등록은 수탁자가 신청해야 한다(동조 제2항).

2. 신탁재산 표시·말소 신청서의 제출

신탁재산이라는 사실의 표시 또는 표시 말소의 전자등록을 신청하는 자는 ① 해당 전자등록주식등의 종류, 종목 및 종목별 수량 또는 금액, ② 수탁자의 성명 또는 명칭, ③ 수탁자의 전자등록계좌번호 등을 기재하여 전자등록기관 또는 계좌관리기관에 전자등록을 신청해야 한다(영 제27조 제3항, 업무규정 제39조 제1항).

3. 전자등록의 처리

전자등록 신청을 받은 전자등록기관 또는 계좌관리기관은 지체 없이 해당 전자등록주식등이 신탁재산이라는 사실을 수탁자의 전자등록계좌부, 즉 계좌관리기관등 자기계좌부 또는 고객계좌부에 표시하거나 말소하는 전자등록을 하여야 한다(제32조 제2항, 영 제27조 제4항).

제33조(권리의 소멸 등에 따른 변경·말소의 전자등록) ① 다음 각 호의 어느 하나에 해당하는 사유로 제25조부터 제27조까지의 규정에 따른 신규 전자등록을 변경하거나 말소하려는 자는 해당 전자등록주식등이 전자등록된 전자등록기관 또는 계좌관리기관에 신규 전자등

록의 변경·말소의 전자등록을 신청하여야 한다.
1. 원리금·상환금 지급 등으로 인한 전자등록주식등에 관한 권리의 전부 또는 일부의 소멸
2. 발행인인 회사의 정관 변경 등으로 인한 전자등록주식등의 주권등으로의 전환
3. 발행인인 회사의 합병 및 분할(분할합병을 포함한다)
4. 발행인인 회사의 전자등록된 주식의 병합·분할·소각 또는 액면주식과 무액면주식 간의 전환
5. 그 밖에 주식등에 대한 권리가 변경되거나 소멸되는 경우로서 대통령령으로 정하는 사유

② 제1항에 따른 전자등록 신청을 받은 전자등록기관 또는 계좌관리기관은 지체 없이 전자등록주식등에 관한 권리 내용을 변경하거나 말소하는 전자등록을 하여야 한다.

③ 제1항 및 제2항에도 불구하고 전자등록기관 또는 계좌관리기관은 다음 각 호의 어느 하나에 해당하는 경우에는 직권으로 전자등록주식등에 관한 권리 내용을 변경하거나 말소할 수 있다.
1. 제38조에 따른 전자등록기관을 통한 권리 행사로 제1항제1호의 사유가 발생한 경우
2. 발행인이 「상법」, 그 밖의 법률에 따라 해산·청산된 경우
3. 그 밖에 주식등에 대한 권리가 변경되거나 소멸되는 경우로서 대통령령으로 정하는 경우

④ 제1항부터 제3항까지의 규정에 따른 변경·말소의 전자등록의 신청 및 전자등록의 방법과 절차, 그 밖에 변경·말소의 전자등록에 필요한 사항은 대통령령으로 정한다.

Ⅰ. 본조의 취지

본조는 전자등록주식등에 대한 권리가 변경되거나 소멸된 경우 전자등록의 변경 또는 말소의 사유 및 절차를 규정하여 실체관계에 부합하는 전자등록 상태를 유지하도록 한 취지의 규정이다. 동조는 신청에 의한 변경·말소의 전자등록과 전자등록기관 또는 계좌관리기관 직권에 의한 변경·말소의 전자등록으로 구분하여 그 사유와 절차를 규정하고 있다.

Ⅱ. 신청에 의한 변경·말소의 전자등록

1. 변경·말소의 전자등록 신청

전자등록의 변경·말소를 하고자 하는 자는 ① 해당 전자등록주식등의 종류, 종목 및 종목별 수량 또는 금액, ② 소유자의 성명 또는 명칭, ③ 변경하거

나 말소하려는 전자등록의 신청 사유 등을 기재하여 전자등록기관 또는 계좌관리기관에 변경·말소의 전자등록을 신청해야 한다(영 제28조 제2항, 업무규정 제40조 제1항). 변경·말소의 사유는 아래 표와 같이 정리할 수 있다.

〈표 4-5〉 신청에 의한 변경·말소의 사유

법 제33조 제1항	영 제28조 제1항	전자등록업규정 제3-5조
1. 원리금·상환금 지급 등 2. 발행회사의 정관 변경으로 인한 주권등으로의 전환 3. 발행회사의 합병 및 분할 4. 발행회사의 전자등록된 주식의 병합·분할·소각 또는 액면주식과 무액면주식 간의 전환	1. 발행인의 해산·청산 2. 법원의 판결·결정·명령 3. 채권자가 채무면제의 의사표시를 한 경우 4. 자본시장법 제193조에 따른 투자신탁의 합병 또는 제204조에 따른 투자회사의 합병이 있는 경우	• 전환권 또는 상환권 등의 행사로 인한 권리의 소멸

2. 전자등록의 처리

전자등록 신청을 받은 전자등록기관 또는 계좌관리기관은 지체 없이 전자등록주식등에 관한 권리 내용을 변경하거나 말소하는 전자등록을 하여야 한다(제33조 제2항). 변경·말소의 대상이 되는 계좌부는 전자등록의 효력이 인정되는 고객계좌부 또는 계좌관리기관등 자기계좌부에 한정된다. 해당 계좌부의 작성·관리주체가 변경·말소의 전자등록을 처리하고, 이에 따라 고객관리계좌부, 발행인관리계좌부에 기록하는 프로세스로 처리된다.

① 고객계좌부에 전자등록된 경우에는 ⅰ) 계좌관리기관은 고객계좌부에 해당 전자등록주식등의 전자등록을 변경 또는 말소의 전자등록을 한 후 그 사실을 전자등록기관에 지체 없이 통지한다. ⅱ) 전자등록기관은 지체 없이 통지 내용에 따라 해당 계좌관리기관의 고객관리계좌부에 변경 또는 말소의 기록을 하며, ⅲ) 전자등록기관은 발행인관리계좌부에 변경 또는 말소의 기록을 한다(영 제28조 제3항 제1호).

② 계좌관리기관등 자기계좌부에 전자등록된 경우에는 ⅰ) 전자등록기관은

계좌관리기관등 자기계좌부에서 해당 전자등록주식등의 전자등록을 변경하거나 말소하고, ii) 발행인관리계좌부에 변경 또는 말소의 기록을 한다(동조 제2호).

Ⅲ. 직권에 의한 변경·말소의 전자등록

일정한 사유가 있는 경우에는 신청 없이 전자등록기관 또는 계좌관리기관이 직권으로 권리 내용을 변경 또는 말소할 수 있다(제33조 제3항). 직권에 의한 변경·말소의 사유는 아래의 표와 같이 정리할 수 있다.

〈표 4-6〉 직권에 의한 변경·말소의 사유

법 제33조 제3항	영 제28조 제1항	전자등록업규정 제3-6조
1. 전자등록기관을 통한 권리 행사로 원리금·상환금의 지급 2. 발행인의 해산·청산	1. 법원의 판결·결정·명령 2. 초과분의 해소(제42조)	1. 전자등록기관을 통한 권리 행사로 인하여 전환권 또는 상환권 등의 행사 2. 신주인수권증서 또는 신주인수권증권상 권리에 대한 행사기간의 도과

전자등록기관 또는 계좌관리기관이 직권으로 권리 내용을 변경하거나 말소의 전자등록을 하는 경우에는 전자등록주식등이 등록된 계좌의 형태에 따라 달리 처리한다. 변경·말소의 대상이 되는 계좌부는 전자등록의 효력이 인정되는 고객계좌부 또는 계좌관리기관등 자기계좌부에 한정된다. 직권에 의한 변경·말소는 고객계좌부에 전자등록된 경우라 할지라도 전자등록기관이 작성·관리하는 계좌부부터 프로세스가 진행된다.

① 고객계좌부에 전자등록된 경우에는 i) 전자등록기관은 해당 고객계좌가 개설된 계좌관리기관의 고객관리계좌부에 변경 또는 말소의 기록을 하고, ii) 발행인관리계좌부에 변경 또는 말소의 기록을 한 후 그 사실을 해당 계좌관리기관에 지체 없이 통지한다. iii) 계좌관리기관은 지체 없이 해당 고객계좌부에서 전자등록주식등의 전자등록을 변경하거나 말소한 후 그 결과를 전자등록기관에 통지한다(영 제29조 제2항 제1호).

② 계좌관리기관등 자기계좌부에 전자등록된 경우에는 i) 전자등록기관은 계좌관리기관등 자기계좌부에서 해당 전자등록주식등의 전자등록을 변경하거나 말소하고, ii) 발행인관리계좌부에 변경 또는 말소의 기록을 처리한다(동조 제2호).

제34조(합병등에 관한 특례) 전자등록주식등이 아닌 주식등의 소유자가 다음 각 호의 어느 하나에 해당하는 사유로 다른 회사의 전자등록주식등을 취득하는 경우에 대해서는 제25조제6항제3호, 제26조, 제27조제1항·제2항, 제28조부터 제30조까지 및 제36조제3항을 준용한다. 이 경우 "기준일"은 각각 "합병등의 효력이 발생하는 날"로 본다.
1. 회사의 합병 및 분할(분할합병을 포함한다)
2. 주식의 포괄적 교환
3. 주식의 포괄적 이전

본조는 전자등록되지 않은 주식등의 소유자가 합병 등의 사유로 다른 회사의 전자등록주식등을 취득하는 경우에 처리 방법 등 전환 절차를 마련한 규정이다. 주식등을 전자등록의 방법으로 새로이 발행하는 경우와 이미 주권등이 발행된 주식등의 전자등록은 제도화되어 있으므로 합병 등의 경우 기존 절차를 준용하는 방식으로 처리하였다. 회사 합병 등에 따라 실물주권 등을 보유하고 있는 소유자가 전자등록주식등을 취득하게 되는 경우 신규 전자등록에 따른 절차를 준용한다. 즉, 합병을 위해 신주를 발행하는 경우에는 새로 발행되는 주식등의 신규 전자등록 절차(제26조)가 준용되며, 합병을 위해 구주를 제출하는 경우에는 이미 주권등이 발행된 주식등의 신규 전자등록 절차(제27조), 약식질권자의 등록질 청구절차(제28조), 특별계좌(제29조) 등이 준용된다.

제35조(전자등록의 효력) ① 전자등록계좌부에 전자등록된 자는 해당 전자등록주식등에 대하여 전자등록된 권리를 적법하게 가지는 것으로 추정한다.
② 전자등록주식등을 양도하는 경우에는 제30조에 따른 계좌간 대체의 전자등록을 하여야 그 효력이 발생한다.

③ 전자등록주식등을 질권의 목적으로 하는 경우에는 제31조에 따른 질권 설정의 전자등록을 하여야 입질의 효력이 발생한다. 이 경우 「상법」 제340조제1항에 따른 주식의 등록질(登錄質)의 경우 질권자의 성명을 주권에 기재하는 것에 대해서는 그 성명을 전자등록계좌부에 전자등록하는 것으로 갈음한다.
④ 전자등록주식등의 신탁은 제32조에 따라 해당 전자등록주식등이 신탁재산이라는 사실을 전자등록함으로써 제3자에게 대항할 수 있다.
⑤ 선의(善意)로 중대한 과실 없이 전자등록계좌부의 권리 내용을 신뢰하고 소유자 또는 질권자로 전자등록된 자는 해당 전자등록주식등에 대한 권리를 적법하게 취득한다.

Ⅰ. 본조의 취지

본조는 전자등록에 따른 법률상 효력을 규정하여 양도, 질권설정 등에 따른 법률관계를 명확히 하고자 하였다. 또한 전자등록주식등에 대하여도 선의취득을 인정함으로써 거래 안전을 최대한 보호하고자 하였다.

Ⅱ. 전자등록의 효력

1. 권리추정력

전자등록계좌부에 전자등록된 자는 해당 전자등록주식에 대하여 전자등록된 권리를 적법하게 가지는 것으로 추정한다(제35조 제1항). 전자증권제도는 전자등록주식등에 대한 권리관계를 전자등록계좌부에 따라 획일적으로 처리하고자 하는 것으로, 계좌부의 기재와 실체관계가 일치할 개연성이 높도록 제도가 설계되었으므로 법률상의 권리추정규정을 두는 것이 가능하다.[21] 전자증권법은 전자등록의 추정력을 인정할 뿐이고 창설적 효력까지 인정하는 것은 아니다. 전자등록주식등은 어디까지나 실물증권을 갈음하는 것에 불과하므로 존재하지 않는 주식이 등록되었거나 무권리자로부터 전자등록주식등을 양수하였다면, 전자등록계좌부에 전자등록되었어도 반증에 의하여 권리가 부인될 수 있다.

21) 한국증권법학회, 앞의 보고서, 139면.

2. 양도·질권설정의 효력발생요건 등

전자등록주식등을 양도하는 경우에는 계좌간 대체의 전자등록을 하여야 그 효력이 발생하고(제35조 제2항), 전자등록주식등을 질권의 목적으로 하는 경우에는 질권 설정의 전자등록을 하여야 입질의 효력이 발생한다(동조 제3항). 상법상 주식의 양도는 양도의 합의 이외에 주권의 교부를 요하며(상법 제336조 제1항), 기명주식의 약식질은 질권설정의 합의 이외에 주권의 교부가 필요하다(동법 제338조 제1항). 전자증권제도에서 계좌간 대체의 전자등록과 질권설정의 전자등록은 효력발생요건으로서 상법상 주권 교부에 갈음하는 기능을 수행한다고 볼 수 있다.[22]

전자등록주식등의 신탁은 신탁재산이라는 사실을 전자등록함으로써 제3자에 대항할 수 있다(제35조 제4항).

3. 선의취득

전자등록계좌부를 통한 전자등록주식등의 등록, 양도, 행사에는 강력한 신뢰가 요구되고, 어떠한 형태로든 전자등록시스템을 신뢰한 거래에 대한 법적 보장이 필요하여, 상법과 전자증권법은 선의취득을 인정하고 있다.[23] 즉, 선의(善意)로 중대한 과실 없이 전자등록계좌부의 권리 내용을 신뢰하고 소유자 또는 질권자로 전자등록된 자는 해당 전자등록주식등에 대한 권리를 적법하게 취득한다(제35조 제5항). 선의란 양도인이 무권리자임을 알지 못했으며, 알지 못한 데 대해 중대한 과실이 없음을 의미한다. 전자증권의 선의취득에 있어서 양수인의 선의는 공신력 있는 기관에 의해 관리되는 전자등록계좌부의 기재에 대한 신뢰라고 할 것이다. 전자등록주식등은 수량으로 관리되고 집중차감의 다자간 결제시스템에 의하여 양도되므로 실물증권처럼 특정한 주권을 상정하기 어려울

---

22) 자본시장법은 실물 증권의 존재를 전제로 하므로 상법과 유사한 취지의 규정을 두고 있지만, 전자증권제도 하에서는 실물 증권이 발행되지 않으므로 전자증권법에서는 동일한 규정을 둘 필요가 없다.
자본시장법 제311조(계좌부 기재의 효력) ② 투자자계좌부 또는 예탁자계좌부에 증권등의 양도를 목적으로 계좌 간 대체의 기재를 하거나 질권설정을 목적으로 질물(質物)인 뜻과 질권자를 기재한 경우에는 증권등의 교부가 있었던 것으로 본다.

23) 김홍기, 앞의 논문, 16면.

뿐 아니라 양도인의 무권리성에 대한 우려가 어느 정도 있었다고 하더라도 전자등록계좌부의 기재에 대한 신뢰가 강력하다면 선의를 인정하는 것이 타당하기 때문이다.[24]

실제 발행되지 않은 주식에 대해서 전자등록계좌부 기재를 신뢰한 양수인에게 선의취득을 인정할 수 있을지 문제된다. 선의취득은 유효한 주권을 취득하는 경우에만 인정되어 위조된 주권, 실효된 주권, 아직 발행되지 않은 예비주권 등은 선의취득의 대상이 될 수 없으나,[25] 전자등록주식등은 그 제도의 취지 및 특성을 반영하여 달리 해석할 필요가 있다. 일단 전자등록되면 해당 주식등은 특정성을 상실하고 전자등록계좌부에 수량적으로 기재되어 이를 바탕으로 순차적으로 양도된다. 만일 해당 주식등이 존재하지 않거나 무효라는 이유로 전전양도된 거래들의 효력을 모두 부인한다면 제도의 신뢰성이 훼손되고 시스템을 유지하기 어렵다. 따라서 전자증권법 제35조 제5항의 선의취득 조항은 없는 권리의 양도에 대해서도 선의취득을 인정하는 것으로 보아야 한다.[26]

〈표 4-6〉 증권 예탁 및 전자등록의 효력 비교

구 분	자본시장법	상법 제356조의2 (주식의 전자등록)	전자증권법 제35조 (전자등록의 효력)
권리추정력	○*	○	○
양도·질권설정 효력발생요건	△**	○	○
신탁 대항요건	○	×	○
선의취득	×	○	○

* 공유지분의 추정(제312조 제1항), 점유의제 효과 부여(제311조 제1항)
** 계좌간 대체 기재 등에 증권의 교부의제 효과 부여(제311조 제2항)

24) 김홍기, 위의 논문, 17면.
25) 이철송, 앞의 책, 383면.
26) 김홍기, 위의 논문, 17면.

제36조(전자등록주식등에 대한 증권·증서의 효력 등) ① 발행인은 전자등록주식등에 대해서는 증권 또는 증서를 발행해서는 아니 된다.
② 제1항을 위반하여 발행된 증권 또는 증서는 효력이 없다.
③ 이미 주권등이 발행된 주식등이 제25조부터 제27조까지의 규정에 따라 신규 전자등록된 경우 그 전자등록주식등에 대한 주권등은 기준일부터 그 효력을 잃는다. 다만, 기준일 당시 「민사소송법」에 따른 공시최고절차가 계속 중이었던 주권등은 그 주권등에 대한 제권판결의 확정, 그 밖에 이와 비슷한 사유가 발생한 날부터 효력을 잃는다.

Ⅰ. 본조의 취지

본조는 전자등록주식등에 대하여는 실물증권 또는 증서의 발행을 원천적으로 금지하여 전자증권제도가 무권화(無券化)의 완성단계에 있음을 보여준 규정이라고 할 수 있다. 실물증권 발행에 따르는 사회적 비용을 줄이기 위해 전자증권제도가 도입되었으므로 그 정책목표를 달성하기 위하여 실물증권 발행을 금지하였다. 증권의 부동화(不動化, immobilization)를 위한 주권의 불소지제도, 채권등록제도, 증권예탁제도 등은 실물증권의 존재를 전제로 하여 제도가 설계되어 있어 권리자의 청구에 따라 증권을 발행하여야 했으나, 전자증권제도에는 본조에 따라 발행이 금지된다는 점에 의의가 있다.

Ⅱ. 전자등록주식등에 대한 증권·증서의 효력

1. 증권·증서의 발행금지

발행인이 전자등록주식등에 대해 증권 또는 증서를 발행하는 것은 금지되며(제36조 제1항), 이를 위반하여 발행된 증권 또는 증서는 무효이다(동조 제2항). 이를 금지한 취지는 전자증권제도의 도입목표를 달성하고, 전자등록주식등에 대해 실물 증권의 발행과 유통을 허용하게 되면 같은 종목에 대해서 실물증권과 전자증권이 병존하게 되어 업무처리에 비효율을 초래할 수밖에 없기 때문이다. 본조에 따라서 주주의 주권발행청구권이 배제되며, 따라서 주권의 존재를 전제로 한 주권의 불소지제도(상법 358조의2), 공시최고 및 제권판결(제360조)에 관한 규정은 적용의 여지가 없다. 또한 합병, 분할 등의 경우 주권의 교체발행을 위한 주권제출 기간의 설정도 불필요하다.

2. 효력 상실의 시기

주식등을 전자등록의 방법으로 새로 발행하려는 경우(제25조)에는 기존 발행된 주권등이 존재하지 않으므로 발행인의 증권·증서 발행금지 의무만 문제된다. 하지만 이미 주권등이 발행된 경우에는 그 주권등의 효력을 어떻게 처리할 것인지가 문제된다. 전자증권법은 기준일, 즉 전자등록을 하려는 날에 일괄적으로 실효된다고 규정하고 있다(제36조 제3항 전단). 유통되는 주권등을 회수하는 때에 전자등록의 효력이 발생한다고 보는 경우에는 회수업무의 부담이 지나치게 가중되고, 처리비용이 급격히 증가하기 때문에 기준일부터 실효되는 것으로 보는 법적 장치를 둔 것이다. 다만, 기준일 당시 권리자가 확정되지 않은 경우에는 예외를 인정한다. 즉, 기준일 당시 민사소송법에 따른 공시최고절차가 계속 중이었던 주권등은 제권판결의 확정 등 사유가 발생한 날부터 실효된다(동조 동항 후단).

제5장 전자등록주식등에 대한 권리행사

제37조(소유자명세) ① 전자등록주식등으로서 기명식(記名式) 주식등의 발행인은 「상법」 제354조제1항(다른 법률에서 준용하는 경우를 포함한다)에 따라 일정한 날을 정한 경우에는 전자등록기관에 그 일정한 날을 기준으로 해당 주식등의 소유자의 성명 및 주소, 소유자가 가진 주식등의 종류·종목·수량 등을 기록한 명세(이하 "소유자명세"라 한다)의 작성을 요청하여야 한다. 다만, 「자본시장과 금융투자업에 관한 법률」에 따라 투자신탁재산을 운용하는 집합투자업자가 집합투자기구의 결산에 따라 발생하는 분배금을 배분하기 위한 경우, 그 밖에 권리자의 이익을 해칠 우려가 적은 경우로서 대통령령으로 정하는 경우에는 그러하지 아니하다.

② 전자등록주식등으로서 기명식 주식등의 발행인은 다음 각 호의 어느 하나에 해당하는 경우에는 전자등록기관에 소유자명세의 작성을 요청할 수 있다.

1. 발행인이 법령 또는 법원의 결정 등에 따라 해당 전자등록주식등의 소유자를 파악하여야 하는 경우
2. 발행인이 대통령령으로 정하는 주기별로 해당 전자등록주식등의 소유자를 파악하려는 경우
3. 「자본시장과 금융투자업에 관한 법률」 제134조에 따라 공개매수신고서가 제출된 전자등록주식등의 발행인(그 전자등록주식등과 관련된 증권예탁증권에 표시된 권리, 그 밖에 대통령령으로 정하는 주식등의 경우에는 대통령령으로 정하는 자를 말한다. 이하 이 항에서 같다)이 그 주식등의 소유상황을 파악하기 위하여 일정한 날을 정하여 전자등록기관에 주수에 관한 사항의 통보를 요청하는 경우
4. 그 밖에 발행인이 해당 전자등록주식등의 소유자를 파악할 필요가 있는 경우로서 대통령령으로 정하는 경우

③ 전자등록주식등으로서 무기명식(無記名式) 주식등의 발행인은 「자본시장과 금융투자업에 관한 법률」 제165조의11에 따른 조건부자본증권이 주식으로 전환되는 경우, 그 밖에 해당 주식등이 다른 주식등으로 전환되는 경우로서 대통령령으로 정하는 경우에 소유자명세의 작성이 필요하면 전자등록기관에 소유자명세의 작성을 요청할 수 있다.

④ 전자등록기관은 제1항부터 제3항까지의 규정에 따른 요청을 받은 경우에는 소유자명세를 작성하여 그 주식등의 발행인에게 지체 없이 통지하여야 한다. 이 경우 전자등록기관은 계좌관리기관에 소유자명세의 작성에 필요한 사항의 통보를 요청할 수 있으며, 그 요청을 받은 계좌관리기관은 그 사항을 지체 없이 전자등록기관에 통보하여야 한다.

⑤ 전자등록기관은 전자등록주식등으로서 기명식 주식등의 질권자의 신청에 따라 발행인에

게 질권 내용을 통보하는 경우에는 제4항에 따른 소유자명세에 해당 내용을 포함하여야 한다. 이 경우 계좌관리기관에 전자등록된 기명식 주식등의 질권자는 해당 계좌관리기관을 통하여 신청하여야 한다.
⑥ 발행인은 제4항 전단에 따른 통지를 받은 경우 통지받은 사항과 통지 연월일을 기재하여 주주명부등을 작성·비치하여야 한다. 다만, 해당 주식등이 무기명식인 경우에는 그러하지 아니하다.
⑦ 전자등록기관은 다음 각 호의 어느 하나에 해당하는 사유로 제33조제2항 또는 제3항에 따른 말소의 전자등록이 된 주식등에 대하여 그 말소의 전자등록이 된 날을 기준으로 전자등록계좌부에 전자등록되었던 권리자의 성명, 주소 및 권리 내용 등을 기록한 명세를 작성하여 해당 주식등의 발행인에게 지체 없이 통지하여야 한다.
1. 제33조제1항제2호에 따른 사유
2. 제33조제3항제2호에 따른 사유
3. 그 밖에 전자등록기관이 주식등에 관한 권리를 관리하기 곤란하다고 인정되는 경우로서 대통령령으로 정하는 사유
⑧ 제7항에 따른 명세의 작성 등에 관하여는 제4항 후단 및 제6항을 준용한다.

Ⅰ. 본조의 취지

전자증권제도에서는 증권의 실물발행 없이 권리자 명의로 전자등록되는데, 일정한 시점에서는 권리자 내역, 그 보유수량 등을 파악할 수 있는 제도가 필요하게 된다. 전자등록기관은 직접 투자자(고객)의 보유내역 등은 관리하지 않으므로 여러 계좌관리기관의 협조를 얻어 권리자 내역, 보유수량 등 구체적 내역을 확보하게 되며, 이것을 주주명부에 반영하는 절차를 거쳐 권리자를 확정한다. 전자증권법은 이에 따라 집단적으로 권리자를 확인하는 절차로서 소유자명세 제도를 마련하고 있다. 본조는 소유자명세의 작성사유와 작성절차, 발행인의 주주명부 작성의무 등을 규정하고 있다.

Ⅱ. 소유자명세의 개관

1. 개 념

소유자명세는 발행인의 신청 또는 전자등록기관 직권으로 작성하여 발행

인에게 통보하는 명세로서 일정한 날을 기준으로 주식등의 소유자의 인적사항, 주식등의 종류, 종목, 수량 등의 소유내역 등이 기록된다.[1] 소유자명세는 해당 주식등의 소유상황에 관한 집단적 확인을 위한 전자증권법상 유일한 장치이다.[2] 전자증권법은 발행인의 요청 또는 전자등록기관 직권으로 소유자명세를 작성할 수 있는 사유를 규정하고 있다.

2. 자본시장법상 실질주주명세

전자증권법상의 소유자명세는 자본시장법상의 실질주주명세와 거의 유사하다. 증권예탁제도에서는 주주명부상 주주(형식주주)와 실질주주가 구분되었다. 주주명부상의 주주란 기명주식의 소유자가 발행회사에 명의개서를 청구하여 주주명부에 기재된 자를 의미한다. 이에 반하여 실질주주는 비록 주주명부상에 등재되지 않았지만 해당 주식에 대해 실질적인 소유권이 있는 주주를 말한다. 실질주주는 여러 가지의 경우에 발생하게 되는데, ① 타인명의로 주식을 인수하여 납입한 자(명의차용 주주), ② 본인명의로 명의개서를 하지 않아 주주명부상 양도인 명의로 남아있는 주식의 양수인, ③ 우리사주조합의 조합원이 취득한 주식을 대표자명의로 한국증권금융에 예탁한 경우의 실질소유자인 해당 조합원 등을 넓은 의미의 실질주주라고 할 수 있다. 이와는 별도로 자본시장법에서는 실질주주를 예탁증권등 중 주식의 공유자라고 규정하고 있는데(자본시장법 제315조 제1항), 발행회사가 정한 결산기일 또는 기타 권리기준일 현재 예탁결제원에 예탁된 주식의 공유자로서 실질주주명부에 그 소유 주식수가 기재된 자를 말하는 것으로 이해할 수 있다.[3][4]

---

1) 소유자명세에 포함되는 내용은 소유자 내역뿐만 아니라 질권의 내용도 포함된다. 즉, 등록질권자가 되려는 실권자는 계좌관리기관을 통하여 전자등록기관에 질권내용을 발행인에게 통보할 것을 신청할 수 있으며, 전자등록기관은 소유자명세에 질권 관련 내용을 포함하여 발행인에게 통보하게 된다(제37조 제5항). 소유자명세라는 용어는 법상 그 의미를 포괄하고 있지 못하다고 판단되며, 더 넓은 개념인 권리자명세로 변경하는 것이 타당하다. 박임출, 앞의 책, 138면.

2) 일본도 주주의 집단적 확인을 위하여 총주주통지 제도를 규정하고 있다(대체법 제151조). 총주주통지 제도는 계좌부의 기록을 근거로 일정 시점에 모든 주주의 성명, 보유 주식수 등을 대체기관이 발행회사에 통지하는 것을 의미한다.

3) 한국예탁결제원, 앞의 책, 128면.

4) 실질주주제도 도입(1987년 11월)으로 수많은 실질주주의 개별적 권리를 자기 명의로 개서하지 않고서도 직접 발행회사를 상대로 행사할 수 있게 되어 권리행사의 안정성을 강화하였으

실질주주로 하여금 주주권을 행사하게 하려면 발행회사가 누가 실질주주인지를 인식하여야 한다. 주주명부상으로는 예탁결제원이 주주로 등재되어 있으므로[5] 주주명부를 가지고는 실질주주를 파악할 수는 없으므로 별도의 장치가 필요하다. 발행회사가 주주명부폐쇄기준일[6]을 정하면 이를 예탁결제원에 지체없이 통보하여야 하며(법 제315조 제3항), 예탁결제원은 예탁자에게 실질주주 관련 사항[7]에 관하여 통보를 요청한다(동조 제4항). 예탁자가 실질주주명세를 통보하면 예탁결제원은 최종 실질주주명세를 작성하여 이를 발행회사로 통지한다(동조 제3항). 발행회사는 통지받은 사항과 통지 연월일을 기재하여 실질주주명부를 작성한다. 증권예탁제도에서의 주주명부는 자본시장법상 실질주주명부와 주식을 직접소지하는 명의주주 명부인 상법상 주주명부를 종합하는 과정을 거쳐 온전한 주주명부가 된다.

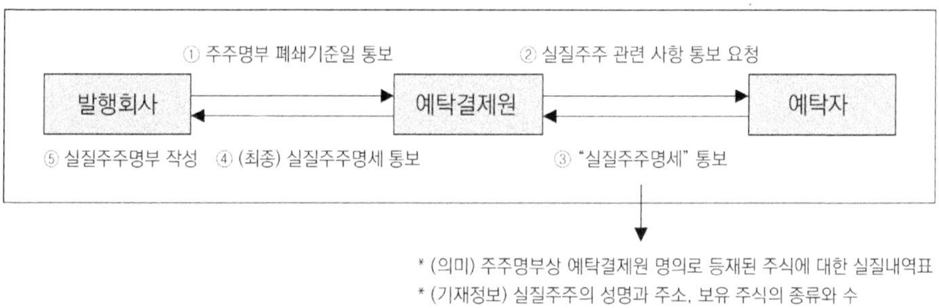

[그림 5-1] 자본시장법상 실질주주명부 작성과정

며, 권리확보를 위해 실물주권을 반환받아 명의개서를 한 후 다시 예탁결제원에 재예탁해야 하는 업무처리의 번잡함, 분실위험 등을 제거할 수 있게 되었다.

5) 예탁결제원은 예탁증권등에 대하여 예탁결제원 명의로 명의개서를 청구할 수 있다(자본시장법 제314조 제2항). 명문 규정과 달리 실질주주의 권리보호를 위해서는 반드시 명의개서를 하여야 하며, 따라서 예탁주권 등에 대해서 주주명부에는 예탁결제원이 주주로 등재된다.

6) 법문상 상법 제354조에 따라 주주명부폐쇄기간 또는 기준일을 정한 경우 폐쇄기간의 첫 날 또는 그 일정한 날을 의미한다.

7) 통지할 사항은 실질주주의 성명과 주소, 실질주주가 갖는 공유지분에 상당하는 주식의 종류와 수이다(자본시장법 제315조 제3항 제1호·2호).

Ⅲ. 소유자명세의 작성 절차

1. 작성 사유

기명식 전자등록주식등의 발행인은 의결권 행사 등을 위해 일정한 날(기준일)을 정한 경우 전자등록기관에 소유자명세를 작성할 것을 요청하여야 한다(제37조 제1항 본문). 다만, 투자신탁재산을 운용하는 집합투자업자가 분배금을 지급하기 위한 경우 등 권리자의 이익을 해할 가능성이 적은 경우에는 작성이 면제된다(동조 동항 단서). 투자신탁 및 투자회사의 경우 약관 및 정관에서 이익분배에 관한 사항을 미리 정하고 있어 소유자명세 작성이 필요하지 않다. 기명식 전자등록주식등의 발행인은 기준일을 설정한 경우 외에도 법령 또는 법원의 결정에 따른 경우 등 일정한 경우에는 전자등록기관에 대해 소유자명세 작성 요청이 가능하다(동조 제2항). 한편 무기명식 전자등록주식등의 발행인도 해당 주식등이 다른 전자등록주식등으로 일괄 전환되는 경우 등 소유자명세를 작성할 필요가 있는 경우 소유자명세 작성을 요청할 수 있다(동조 제3항).[8]

한편 무기명식 사채의 경우에도 소유자명세 작성이 가능한지 문제된다. 상법상 사채원부에는 사채권자의 성명과 주소를 기재하여야 하지만, 무기명식 사채의 경우에는 제외된다(상법 제488조 제1호). 전자증권법 또한 기명식 주식등의 발행인이 사유가 있는 경우에 소유자명세 작성을 요청할 수 있다고 규정하고 있을 뿐(제37조 제1항), 무기명식 사채의 경우에는 허용되지 않으며, 소유자명세를 주주명부에 반영하는 절차가 적용되지 않는다(동조 제6항 단서). 즉 무기명식 사채의 경우에는 법적 근거가 존재하지 않으므로 소유자명세를 작성할 수 없다고 보아야 한다.

---

8) 상법은 2014년 무기명주식제도를 폐지하였다. 다만 개정법 시행 전에 발행된 무기명주권은 종전 규정에 따르도록 하였다.

〈표 5-1〉 소유자명세 작성 사유[9]

<table>
<tr><th colspan="3">구 분</th><th>법 제37조</th><th>영 제30조·제31조</th></tr>
<tr><td rowspan="4">발행인 요청</td><td colspan="2" rowspan="2">당연 요청</td><td>• 상법상 기준일 설정</td><td></td></tr>
<tr><td>• 투자신탁 분배금 배분의 경우 제외</td><td>• 투자회사 분배금 배분의 경우 제외</td></tr>
<tr><td rowspan="2">임의요청</td><td>기명 주식등</td><td>• 법령 또는 법원의 결정
• 일정 주기별로 파악
• 자본시장법상 공개매수청구</td><td>• 분기별
• 채무자회생법상 필요시
• 상장심사 준비 목적 등</td></tr>
<tr><td>무기명 주식등</td><td>• 자본시장법상 조건부자본증권의 주식 전환 시</td><td>• 상환사채 상환
• 은행법 및 금융지주회사법상 조건부자본증권의 주식 전환 시</td></tr>
<tr><td colspan="3">전자등록기관 직권</td><td>• 해산·청산 또는 실물증권으로의 복귀 사유로 인해 말소의 전자등록이 되는 경우</td><td>• 법원판결 등에 따라 말소의 전자등록이 되는 경우
• 초과분 발생시 발행인에게 통지하는 경우</td></tr>
</table>

2. 작성 절차

전자등록기관은 개별 소유자의 보유내역을 관리하지는 않으므로 소유자명세를 작성하기 위해서는 계좌관리기관에 자료 통보를 요청하고, 받은 자료를 취합하는 과정을 거쳐야 한다(제37조 제4항).[10] 이러한 과정을 거쳐 전자등록기관에 의해 소유자명세가 작성되어 발행인에게 통지되면,[11] 발행인은 그 내용을 주주명부에 반영하여야 한다(제37조 제6항).

9) 법무부·금융위원회, "전자증권제도 및 법령 주요내용"(2019.9.16), 14면.

10) 노혁준, 앞의 논문, 1675면.

11) 전자증권법은 통지의 방법에 관하여 명확하게 규정하고 있지 않고, 이에 관한 시행령 위임 근거 조항도 두고 있지 않아 어떻게 통지하여야 하는지에 문제된다. 실무에서는 발행회사의 명의개서대행회사에게 전자적인 방식으로 통지한다. 전자등록기관은 한국예탁결제원이 발행인의 명의개서대행회사인 경우에는 전산시스템(e-SAFE)으로 통지를 하며, 국민은행이나 하나은행이 명의개서대행회사인 경우에는 사전에 합의된 데이터포맷을 이용하는 전문방식으로 통지한다.

3. 개별적 명의개서의 가능여부

소유자명세를 통한 명의개서가 아닌 다른 방식에 의한 명의개서가 가능한지 문제된다. 예를 들어 전자증권시스템을 통한 계좌간 대체 등록에 의해 주식을 취득한 양수인이 소유자증명서 등을 제시하여 회사에 명의개서를 청구하는 경우이다. 전자증권제도에서는 소유자명세를 통한 명의개서가 법이 인정하는 유일한 집단적 확인방식이기 때문에 다른 방식으로 명의개서를 청구하는 것은 허용되지 않는다고 보아야 한다. 전자증권제도 하에서는 주식을 수량으로 관리하고 특정성을 상실시키므로 매도인을 특정하는 것이 곤란하고,[12] 전자증권법이 소유자명세를 통한 일괄적 명의개서만을 인정하고 있는 취지 및 반대해석상 개별적 명의개서는 허용되지 않는다고 보는 것이 타당하다. 입법론으로서 개별적 명의개서를 인정할 필요가 있는지 문제되나, 이를 인정할 경우에 발행회사의 업무부담으로 회사 주식사무에 혼란을 초래할 우려가 있으며, 소유자증명서제도를 통하여 권리를 행사할 방안이 마련되어 있으므로 별도로 인정할 필요는 없다고 판단된다.[13]

〈표 5-2〉 소유자명세 작성 실적(분기별)

구 분	2020.8월말	2021.8월말	2022.8월말	전년비
회사수	733개사	999개사	1,245개사	246개사 증가 (24.6% 증가)
건수	1,140건	2,164건	2,783건	619건 증가 (28.6% 증가)

출처: 한국예탁결제원 보도자료, "전자증권제도 시행 3주년의 성과"(2022.9.16)

제38조(전자등록기관을 통한 권리 행사) ① 전자등록주식등의 권리자는 전자등록기관을 통하여 배당금·원리금·상환금 등의 수령, 그 밖에 주식등에 관한 권리를 행사할 수 있다.
② 제1항에 따라 권리를 행사하려는 전자등록주식등의 권리자는 전자등록기관을 통하여 권

12) 노혁준, 앞의 논문, 1676면.
13) 고동원, 앞의 논문, 33면.

리를 행사한다는 뜻과 권리 행사의 내용을 구체적으로 밝혀 전자등록기관에 신청하여야 한다. 이 경우 고객계좌부에 전자등록된 권리자는 계좌관리기관을 통하여 신청하여야 한다.
③ 전자등록주식등의 발행인은 제1항에 따른 전자등록기관을 통한 권리 행사를 위하여 대통령령으로 정하는 사항을 지체 없이 전자등록기관에 통지하여야 한다.
④ 「자본시장과 금융투자업에 관한 법률」 제165조의11제1항에 따른 조건부자본증권의 권리자가 전자등록기관을 통하여 권리 행사를 하는 데에 필요한 사항은 대통령령으로 정한다.

Ⅰ. 본조의 취지

전자증권제도에서 권리자는 등록된 권리를 단독으로 보유하므로(제35조 제1항), 그 권리를 중개기관을 거칠 필요없이 직접 발행인에게 행사할 수 있는 것이 원칙이다. 하지만 이런 직접적 행사가 오히려 권리행사를 번거롭게 하는 경우가 많으므로 일정한 경우, 즉 개별 권리자의 신청없이 집단적인 권리행사로 일률적으로 처리되는 경우에는 전자등록기관을 통한 행사가 더 효율적일 수 있다. 본조는 이러한 취지에서 전자등록주식등의 전자등록기관을 통한 권리행사를 허용하여 권리행사의 편의성과 효율성을 높이고자 한 규정이다. 증권예탁제도에서 예탁결제원을 통한 권리행사를 규정한 자본시장법 제314조[14]를 계수한 것으로 볼 수 있다.

Ⅱ. 전자등록기관을 통한 권리 행사

1. 권리의 내용

전자증권법은 배당금·원리금·상환금 등의 수령, 그 밖에 주식등에 관한 권리를 전자등록기관이 대신 행사할 수 있다고 규정하고 있다(제38조 제1항). 법이 명시적으로 규정한 배당금·원리금·상환금 등의 수령 이외에 그 밖의 권리의 범위에 대해서 어떻게 볼 것인지 문제된다. 이에 대해서는 동일한 취지의 규정이 있는 증권예탁제도에서의 실무를 살펴볼 필요가 있다. 예탁제도 실무에서

14) 제314조(예탁증권등의 권리 행사 등) ① 예탁결제원은 예탁자 또는 그 투자자의 신청에 의하여 예탁증권등에 관한 권리를 행사할 수 있다. 이 경우 그 투자자의 신청은 예탁자를 거쳐야 한다.

는 유무상증자, 배당금, 원리금 수령 등 대부분의 권리행사는 예탁결제원에 의한 권리행사, 즉 간접방식에 따른다. 다만 의결권 행사, 대표소송 등 소제기, 이사의 위법행위유지청구권 등 발행인과 권리행사 신청인 간의 개별적 이해관계가 밀접한 경우에는 간접방식에 따르지 않고 직접방식에 따른다.[15][16] 전자등록기관이 대신 행사할 수 있는 권리의 내용은 예탁제도의 그것과 동일하게 파악하여도 무방하다고 판단된다.

2. 권리행사의 절차

(1) 권리자의 신청

권리자는 전자등록기관을 통하여 권리를 행사한다는 뜻과 행사하려는 권리의 내용을 구체적으로 밝혀 전자등록기관에 신청하여야 한다. 고객계좌부에 전자등록된 권리자는 계좌관리기관을 통하여 신청하여야 한다(제38조 제2항).

(2) 발행인의 통지

발행인은 전자등록기관을 통한 권리행사를 위하여 ① 전자등록주식등의 종류 및 발행 회차(回次), ② 전자등록주식등의 권리의 종류·발생사유·내용 및 권리 행사 일정, ③ 전자등록주식등의 발행조건이 변경된 경우에는 그 변경 내역 등을 전자등록기관에 통지하여야 한다(제38조 제3항, 영 제32조 제1항).

(3) 조건부자본증권의 경우

조건부자본증권이란 사채의 발행 당시 객관적이고 합리적인 기준에 따라 미리 정하는 사유가 발생하는 경우 주식으로 전환되거나 그 사채의 상환과 이자지급 의무가 감면된다는 조건이 붙은 사채를 의미한다(자본시장법 제165의11). 발행인은 주식 전환사유 또는 채무재조정 사유가 발생했을 때에는 전자등록기관에 그 사실을 지체 없이 통지해야 한다(영 제32조 제2항). 전자등록기관은 통지 받은 사유가 주식 전환사유의 발생인 경우 그 주식 전환사유가 발생한 날부

15) 한국증권법학회, 「자본시장법 주석서 Ⅱ」(박영사, 2015), 610면.

16) 이에 대한 반대견해는 의결권이나 반대주주의 주식매수청구권도 전자등록기관을 통해 행사할 수 있다고 본다. 장영수, "전자증권소유자의 권리행사 개선과제−주주명부제도 및 집단적 권리행사제도를 중심으로−", 「경영법률」 제32집 제2호(2022), 80면.

터 제2영업일이 되는 날을 기준으로 ① 조건부자본증권 소유자의 성명 및 주소, ② 소유자별 조건부자본증권의 금액을 지체 없이 그 발행인 또는 명의개서대행회사에 통지해야 한다(동조 제3항).

제39조(소유자증명서) ① 전자등록기관은 전자등록주식등의 소유자가 자신의 권리를 행사하기 위하여 해당 전자등록주식등의 전자등록을 증명하는 문서(이하 "소유자증명서"라 한다)의 발행을 신청하는 경우에는 대통령령으로 정하는 방법에 따라 발행하여야 한다. 이 경우 계좌관리기관에 고객계좌를 개설한 전자등록주식등의 소유자는 해당 계좌관리기관을 통하여 신청하여야 한다.
② 계좌관리기관은 제1항 후단에 따른 신청을 받으면 전자등록주식등의 소유 내용 및 행사하려는 권리의 내용, 그 밖에 대통령령으로 정하는 사항을 지체 없이 전자등록기관에 통지하여야 한다.
③ 전자등록기관은 제1항에 따라 소유자증명서를 발행하였을 때에는 발행인, 그 밖에 대통령령으로 정하는 자(이하 "발행인등"이라 한다)에게 그 사실을 지체 없이 통지하여야 한다.
④ 전자등록기관이 제1항에 따라 소유자증명서를 발행한 경우 해당 전자등록주식등이 전자등록된 전자등록기관 또는 계좌관리기관은 대통령령으로 정하는 바에 따라 전자등록계좌부에 그 소유자증명서 발행의 기초가 된 전자등록주식등의 처분을 제한하는 전자등록을 하여야 하며, 그 소유자증명서가 반환된 때에는 그 처분을 제한하는 전자등록을 말소하여야 한다.
⑤ 전자등록주식등의 소유자가 제1항에 따라 발행된 소유자증명서를 발행인이나 그 밖에 대통령령으로 정하는 자에게 제출한 경우에는 그 자에 대하여 소유자로서의 권리를 행사할 수 있다.

Ⅰ. 본조의 취지

전자증권제도에서 주주명부는 소유자명세를 이용하여 작성되므로 발행회사는 현재 주주의 성명과 주소 등이 기재된 주주명부를 보유하고 있지 않아 아직 주주명부에 주주로 기재되지 아니한 주주는 주주명부를 통하여 권리를 행사할 수 없다. 또한 전자증권제도에서는 증권의 실물 발행이 금지되므로 소유자가 발행회사 등을 상대로 권리를 행사하기 위해 증권 실물을 제시하는 방법은 차단되어 있다. 따라서 전자증권법은 소유자가 개별적 권리를 행사하는 경우(예컨대 소수주주권의 행사) 전자등록기관에 권리자임을 증명하는 문서의 발급을 요청할 수 있는 소유자증명서제도를 마련하고 있다.

Ⅱ. 전자증권법상 소유자증명서

1. 개 념

소유자증명서는 소유자가 자신의 권리를 행사하기 위하여 전자등록기관으로부터 발급받는 해당 전자등록주식등의 전자등록을 증명하는 문서를 의미한다(제39조 제1항 전단). 통상 소유자는 계좌관리기관을 거쳐서 신청해야 한다(동조 동항 후단). 소유자증명서는 예탁결제제도하의 실질주주증명서를 계수한 것으로 볼 수 있다. 실질주주증명서는 주주가 자신의 권리를 행사하기 위해 예탁결제원으로부터 발급받는 문서를 의미한다.

2. 발급 절차

(1) 소유자의 발행 신청

소유자증명서를 발급받기 위한 특별한 사유를 요하지 않으며 소유자가 자신의 권리를 행사하기 위해 필요한 경우에는 언제든지 신청할 수 있다. 계좌관리기관에 고객계좌를 개설한 전자등록주식등의 소유자는 해당 계좌관리기관을 통하여 신청하여야 한다(제39조 제1항 후단).

(2) 계좌관리기관의 통지

계좌관리기관은 소유자증명서 발급신청을 받으면 ① 전자등록주식등의 소유 내용 및 행사하려는 권리의 내용, ② 전자등록주식등 소유자의 성명 또는 명칭 및 주소, ③ 소유자증명서 제출처 등을 지체 없이 전자등록기관에 통지하여야 한다(제39조 제2항, 영 제33조 제3항).

(3) 전자등록기관의 발급 및 통지

전자등록기관은 소유자로부터 소유자증명서의 발행 신청을 받거나 소유자의 신청에 따라 계좌관리기관으로부터 통지를 받은 경우에는 주식등이 전자등록된 기관별로 전자등록기관에 전자등록된 주식등의 경우 계좌관리기관등 자기계좌부에 따라, 계좌관리기관에 전자등록된 주식등의 경우 고객계좌부에 따라 작성된 소유자증명서를 발행해야 한다(영 제33조 제1항).

전자등록기관은 소유자증명서에 ① 소유자의 성명 또는 명칭 및 주소, ② 전자등록주식등의 종류·종목 및 수량 또는 금액, ③ 행사하려는 권리 내용, ④ 제출처 등을 기재해야 한다(영 제33조 제2항). 전자등록기관은 소유자증명서를 발행하였을 때에는 발행인과 소유자가 전자등록주식등에 대한 권리를 행사하기 위해 법원에 신청 또는 청구를 하거나 소송을 제기하려는 경우 해당 법원에게 그 사실을 지체 없이 통지하여야 한다(제39조 제3항, 영 제33조 제4항). 전자등록기관이 소유자증명서를 발행한 경우 해당 전자등록주식등이 전자등록된 전자등록기관 또는 계좌관리기관은 전자등록계좌부에 그 소유자증명서 발행의 기초가 된 전자등록주식등의 처분을 제한하는 전자등록을 하여야 하며, 그 소유자증명서가 반환된 때에는 그 처분을 제한하는 전자등록을 말소하여야 한다(제39조 제4항).

3. 소유자증명서의 효과

전자등록주식등의 소유자가 소유자증명서를 발행인이나 법원, 사채관리회사 등에 제출한 경우에는 소유자로서의 권리를 행사할 수 있다(제39조 제5항, 영 제33조 제6항). 소유자증명서는 권리가 화체된 것은 아니므로 유가증권으로는 볼 수 없고 전자등록주식의 소유를 증명하는 증거증권일 뿐이다. 다만 명의개서의 대항력에 관한 상법 제337조 제1항 불구하고 명의개서를 완료하지 않은 상태에서도 발행인에게 대항할 수 있다는 특수한 효력이 부여되어 있다고 본다.[17] 소유자증명서와 소유내용 통지 중에서 소유자가 임의로 선택하여 권리를 행사할 수 있다.

제40조(소유 내용의 통지) ① 전자등록기관은 전자등록주식등의 소유자가 자신의 전자등록주식등에 대한 소유 내용을 발행인등에게 통지하여 줄 것을 신청하는 경우에는 대통령령으로 정하는 방법에 따라 그 내용을 통지하여야 한다. 이 경우 계좌관리기관에 고객계좌를 개

17) 노혁준, 위의 논문, 1686면.

설한 전자등록주식등의 소유자는 해당 계좌관리기관을 통하여 신청하여야 한다.
② 계좌관리기관은 제1항 후단에 따른 신청을 받으면 전자등록주식등의 소유 내용 및 통지 내용, 그 밖에 대통령령으로 정하는 사항을 지체 없이 전자등록기관에 통지하여야 한다.
③ 전자등록기관이 제1항에 따라 소유 내용을 통지하였을 때에는 해당 전자등록주식등이 전자등록된 전자등록기관 또는 계좌관리기관은 대통령령으로 정하는 바에 따라 전자등록계좌부에 그 통지의 기초가 된 전자등록주식등의 처분을 제한하는 전자등록을 하여야 한다. 이 경우 그 통지에서 정한 유효기간이 만료된 때에는 그 처분을 제한하는 전자등록을 말소하여야 한다.
④ 전자등록주식등의 소유자는 제1항에 따라 통지된 내용에 대하여 해당 전자등록주식등의 발행인등에게 소유자로서의 권리를 행사할 수 있다.

Ⅰ. 본조의 취지

소유내용의 통지는 소유자증명서와 동일하게 소유자의 개별적 권리행사를 지원하기 위한 제도이다. 전자단기사채법 제17조를 계수하여 전자증권법에서 새롭게 도입하였으며, 서면 이외의 다양한 통지방식으로 이루어지므로 전자적 방식에 의한 증권 사무처리라는 전자증권법의 취지에 보다 부합한다.[18)]

Ⅱ. 소유내용의 통지

1. 개 념

전자증권법상 소유내용의 통지란 전자등록주식등의 소유자의 신청에 따라 전자등록기관이 발행인등에게 소유자의 보유내역을 통지하는 것이다(제40조 제1항 전단). 소유내용통지는 소유자명세제도와 달리 주주의 개별적 확인을 위한 제도이다.

---

18) 소유자증명서 제도는 또 다른 증서를 생산하게 하므로 실물발행이 원천적으로 배제되는 전자증권제도의 취지와는 배치되므로 소유내용 통지제도로 일원화하여야 한다는 견해가 있다. 장영수, “전자증권법의 주요 쟁점에 관한 소고”, 「기업법연구」 제35권 제3호(2021), 229면.

2. 통지 절차

(1) 소유자의 통지 신청

전자등록주식등의 소유자가 자신의 전자등록주식등에 대한 소유 내용을 발행인등에게 통지하여 줄 것을 신청하여야 한다. 계좌관리기관에 고객계좌를 개설한 소유자는 해당 계좌관리기관을 통하여 신청하여야 한다(제40조 제1항).

(2) 계좌관리기관의 통지

계좌관리기관은 소유자의 통지 신청을 받으면 ① 전자등록주식등의 소유 내용 및 통지 내용, ② 전자등록주식등 소유자의 성명 또는 명칭 및 주소, ③ 통지 내용의 유효기간 등을 지체 없이 전자등록기관에 통지하여야 한다(제40조 제2항, 영 제34조 제4항).

(3) 전자등록기관의 통지

전자등록기관은 소유자로부터 소유 내용을 발행인에게 통지하여 주도록 신청을 받거나 계좌관리기관으로부터 통지를 받은 경우에는 주식등이 전자등록된 기관별로 전자등록기관에 전자등록된 주식등의 경우 계좌관리기관등 자기계좌부, 계좌관리기관에 전자등록된 주식등의 경우 고객계좌부에 따라 작성된 소유 내용을 통지해야 한다(제40조 제1항, 영 제34조 제1항).

전자등록기관은 소유 내용을 통지하는 경우에는 ① 소유자의 성명 또는 명칭 및 주소, ② 전자등록주식등의 종류·종목 및 수량 또는 금액, ③ 소유자가 행사하려는 권리 내용, ④ 통지 내용의 유효기간 등을 포함해야 한다(영 제34조 제2항). 전자등록기관은 서면 또는 팩스, 전자우편 또는 그 밖에 이와 비슷한 전자통신 등의 방법으로 소유내용을 통지해야 한다(영 제34조 제3항).

통지의 상대방은 발행회사 및 법원이며, 통지신청 사유에는 제한이 없다. 이 때의 법원은 소유자가 권리행사를 위하여 법원에 신청 또는 청구를 하거나 소송을 제기하려는 경우 해당 법원을 의미한다(영 제33조 제4항).

전자등록기관이 소유 내용을 통지하였을 때에는 해당 전자등록주식등이 전자등록된 전자등록기관 또는 계좌관리기관은 전자등록계좌부에 그 통지의 기초가 된 전자등록주식등의 처분을 제한하는 전자등록을 하여야 하며, 이 경우 그 통지에서 정한 유효기간이 만료된 때에는 그 처분을 제한하는 전자등록을 말소하여야 한다(제40조 제3항). 그 범위는 등록되어 있는 주식등 전부에 대하여 처분을 제한하는 전자등록을 실시하여 소유자의 재산권을 과도하게 제한하는 것이 아닌가 문제된다.

3. 통지의 효과

전자등록주식등의 소유자는 통지된 내용에 대하여 해당 전자등록주식등의 발행인등에게 소유자로서의 권리를 행사할 수 있다(제40조 제4항). 소유자명세와는 달리 소유내용통지를 하였다고 해서 해당 내용이 주주명부에 반영되지는 않으며, 명의개서의 대항력에 관한 상법 제337조 제1항의 예외로서 명의개서 없이도 회사를 상대로 주주권을 주장할 수 있다는 의미로 해석해야 한다. 결국 소유내용통지는 개별적 주주 확인의 측면에서는 주주명부보다 우월한 효과를

〈표 5-3〉 전자증권제도에서 권리행사 수단

구 분	소유자명세(제37조)	소유자증명서(제38조)	소유내용 통지(제40조)
신청주체	• 발행인	• 소유자	• 소유자
상대방	• 전자등록기관	• (계좌관리기관) → 전자등록기관	• (계좌관리기관) → 전자등록기관
요청내용	• 소유자의 성명, 주소 • 주식등의 종류, 종목, 수량 등	• 소유자증명서 발급 신청	• 발행인 또는 법원에 소유내용 통지
신청사유	• 기준일 설정 • 소유자를 파악할 필요가 있는 경우	• 제한없음	• 제한없음
효 과	• 발행회사는 소유자명세 기초로 주주명부를 작성(§37⑥) • 소유자는 주주권 행사 가능	• 소유자는 주주권 행사 가능(명의개서 불요)	• 소유자는 주주권 행사 가능(명의개서 불요)

부여한 것으로 볼 수 있는데, 이는 공신력 있는 전자등록기관에 의해 권리내역이 확인되므로 실제 권리관계에 부합하기 때문이다.[19]

제41조(권리 내용의 열람 등) ① 전자등록기관 또는 계좌관리기관은 해당 기관에 전자등록계좌를 개설한 전자등록주식등의 권리자가 자신의 권리 내용을 주식등의 전자등록 및 관리를 위한 정보통신망 등을 통하여 열람 또는 출력·복사할 수 있도록 하여야 한다.
② 전자등록기관은 발행인관리계좌를 개설한 발행인이 자신의 발행 내용을 정보통신망 등을 통하여 열람 또는 출력·복사할 수 있도록 하여야 한다.

Ⅰ. 본조의 취지

본조는 전자등록주식등의 권리자의 권리 내용 또는 발행인의 발행정보에 대한 접근권을 보장함으로써 제도 이용자의 편의를 도모하고자 한 규정이다. 권리자 및 발행인의 정보에 대한 접근 권한은 권리자와 계좌관리기관, 계좌관리기관과 전자등록기관 등 당사자 사이의 계약에 근거하여 보장될 것이지만 제도운영기관의 정보통신망을 통하여 접근할 수 있도록 하게 한 데 의미가 있다. 권리자 또는 발행인이 정보에 대한 확인이 필요할 때마다 운영기관을 방문해야 하거나, 일일이 청구해야 한다면 정보 접근 권한을 보장한 의미가 퇴색될 수밖에 없다.

Ⅱ. 권리 내용 열람권

1. 권리자의 권리 내용에 대한 열람

(1) 권리자의 범위

전자증권법상 권리자라 함은 전자등록주식등의 소유자 또는 질권자, 그 밖에 전자등록주식등에 이해관계가 있는 자로서 대통령령으로 정하는 자라고 규정하고 있으나(제2조 제5호),[20] 현재 하위법령에서는 구체적으로 규정하고 있지

19) 노혁준, 앞의 논문, 1681면.

않다. 전자등록의 대세적 효력을 고려하여(제35조), 권리자에 포함되는 자는 소유자 또는 질권자 등 이와 유사한 성질을 갖는 자로 한정해야 한다.[21]

(2) 권리 내용

권리자의 권리 내용이라 함은 보유 종목, 보유 수량, 수량 및 금액의 증감 내역, 처분제한 내역 등을 의미한다. 본조에서 주식등의 전자등록 및 관리를 위한 정보통신망이란 전자등록기관인 한국예탁결제원이 운영 중인 업무시스템인 e－SAFE 시스템을 의미하며, 제도운영기관인 전자등록기관 또는 계좌관리기관은 권리자가 권리 내용에 대한 열람·출력·복사할 수 있도록 조치하여야 한다.

2. 발행인의 발행 내용에 대한 접근

전자등록기관은 발행인관리계좌를 개설한 발행인이 자신의 발행 내용을 정보통신망 등을 통하여 열람 또는 출력·복사할 수 있도록 하여야 한다(제41조 제2항). 전자증권제도를 이용하는 발행인은 전자등록기관에 발행인관리계좌를 개설하여야 하며(제21조 제1항), 전자등록기관은 발행인별로 발행인관리계좌부를 작성하여야 한다(동조 제2항). 발행인관리계좌부에는 발행인의 정보 이외에 ① 전자등록주식등의 종류·종목·수량 등, ② 전자등록의 사유, ③ 전자등록주식등의 발행 일자 및 발행 방법 등이 기재되어야 한다. 전자등록기관은 발행인이 발행인관리계좌부에 접근하여 이러한 정보를 확인하고, 열람 또는 출력·복사할 수 있도록 정보통신망(e－SAFE)을 운영하고 있다.

---

20) 전자증권법은 전자등록주식의 '주주'라는 용어를 사용하지 않고, 권리자, 소유자, 질권자 등의 용어를 사용하고 있다. 이는 전자증권법이 전자등록기관의 전자등록계좌부와 발행회사의 주주명부를 분리하는 체계를 채택하면서, 전자등록주식등의 소유자도 발행회사의 주주명부에 별도의 명의개서를 하여야 하는 사정을 감안한 것이다. 김홍기, 앞의 논문, 19면.

21) 한국예탁결제원, 조문해설서, 10면.

제6장 전자등록의 안전성 확보

제42조(초과분에 대한 해소 의무 등) ① 계좌관리기관은 제1호의 총수량 또는 총금액이 제2호의 총수량 또는 총금액을 초과하는 경우에는 대통령령으로 정하는 바에 따라 지체 없이 그 초과분을 해소하여야 한다.

1. 고객계좌부에 전자등록된 주식등의 종목별 총수량 또는 총금액
2. 고객관리계좌부에 기록된 전자등록주식등의 종목별 총수량 또는 총금액

② 전자등록기관은 제1호의 총수량 또는 총금액이 제2호의 총수량 또는 총금액을 초과하는 경우에는 대통령령으로 정하는 바에 따라 지체 없이 그 초과분을 해소하여야 한다.

1. 계좌관리기관등 자기계좌부에 전자등록된 주식등의 종목별 총수량 또는 총금액과 고객관리계좌부에 기록된 전자등록주식등의 종목별 총수량 또는 총금액의 합
2. 발행인관리계좌부에 기록된 전자등록주식등의 종목별 총수량 또는 총금액

③ 제1항 또는 제2항에 따른 초과분에 대한 해소 의무의 전부 또는 일부를 이행하지 아니한 경우에는 계좌관리기관과 전자등록기관은 대통령령으로 정하는 방법 및 절차에 따라 그 초과분을 해소하여야 한다.

④ 제1항부터 제3항까지의 규정에 따른 초과분에 대한 해소 의무의 전부 또는 일부를 이행하지 아니한 경우에는 제1항 또는 제2항에 따라 해소 의무가 있는 계좌관리기관 또는 전자등록기관이 대통령령으로 정하는 바에 따라 해소되지 아니한 초과분에 해당하는 전자등록주식등에 대하여 지급되는 원리금, 배당금, 그 밖에 대통령령으로 정하는 금액을 지급할 의무를 진다.

⑤ 제1항부터 제4항까지의 규정에 따른 의무를 이행한 계좌관리기관 또는 전자등록기관은 각각 해당 초과분 발생에 책임이 있는 자에게 구상권(求償權)을 행사할 수 있다.

⑥ 계좌관리기관은 전자등록기관에 개설한 계좌를 폐쇄한 이후에도 제3항에 따른 해소 의무를 부담한다. 다만, 계좌를 폐쇄한 때부터 5년이 지난 경우에는 해당 의무가 소멸한다.

Ⅰ. 본조의 취지

전자증권법에서는 등록되어야 할 수량 또는 금액을 초과하여 전자등록계좌부에 등록된 경우[1]에 "초과분"이 발생하였다고 규정한다.[2] 한편 증권예탁제

---

1) 발생원인으로는 전자등록기관 또는 계좌관리기관의 업무상 고의·과실 또는 전산상 오류 등을 들 수 있다.

2) 예컨대 투자자 甲, 乙, 丙의 전자등록계좌로 각각 100주씩 등록되어야 하나(총수량 300주),

도에서는 실물증권의 존재를 전제로 도난·멸실 등의 사유가 빈번하여 예탁되어야 할 수량보다 실제 예탁된 수량이 부족한 경우인 "부족분"의 처리가 주로 문제된다(자본시장법 제313조).[3] 전자증권제도에서는 부족분이 생긴 경우에는 해당 부분에 대한 등록으로 처리할 수 있으므로 말소, 선의취득의 문제가 발생하지 않아 초과분의 처리방법에 대해서만 규정하고 있다. 본조는 초과분에 대한 해소의무자 및 해소 절차와 방법을 규정한 조항이다.

Ⅱ. 초과분 발생의 확인

전자등록기관과 계좌관리기관은 관리계좌부와 전자등록계좌부를 상호 대조하여 초과분 발생 여부를 확인한다. 발행인관리계좌부와 고객관리계좌부는 발행총량을 관리하기 위해서, 즉 초과분의 발생여부를 확인하기 위한 용도이다.

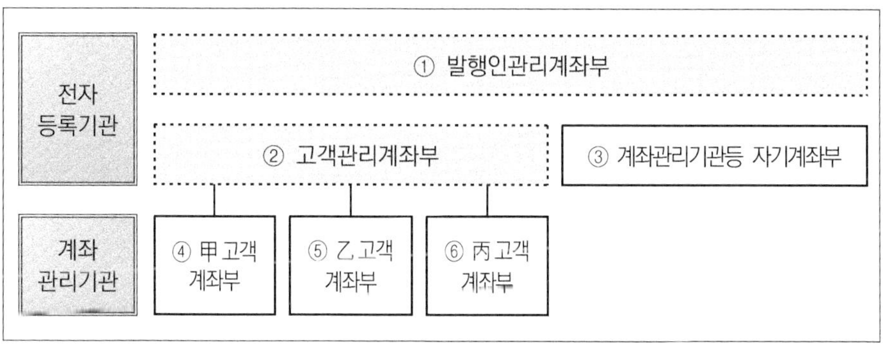

[그림 6-1] 초과분 확인 방법

계좌관리기관의 과실로 인하여 실제로는 甲 200주, 乙 100주, 丙 100주가 전자등록되었다면 甲에 대한 100주는 초과등록된 것으로서 초과분에 해당한다. 만약 사례에서 실제로 甲 150주, 乙 100주, 丙 50주가 등록되었더라도 고객계좌부의 총수량(300주)이 고객관리계좌부의 총수량(300주)을 초과하지 않으므로 초과분이 발생한 경우에 해당하지 않는다.

3) 관념적으로 예탁제도 하에서도 고의, 과실 등의 사유로 실제 예탁되어야 할 수량보다 예탁자계좌부등에 예탁된 수량이 더 많은 초과분이 발생할 여지가 충분하다. 초과분에 대한 선의취득도 인정되므로, 선의취득자가 해당종목에 대한 공유지분을 비례적으로 취득하는 대신에 다른 예탁자 및 투자자의 지분은 비례적으로 감소하는 구조를 취하게 되는바, 후자의 문제에 집중하여 부족분의 문제로 취급하고 있다. 한국증권법학회, 앞의 책, 605면.

계좌관리기관의 경우에는 고객계좌부에 전자등록된 주식등의 종목별 총수량 또는 총금액(그림에서 ④+⑤+⑥)이 고객관리계좌부에 기록된 전자등록주식등의 종목별 총수량 또는 총금액(②)을 초과하는 경우이다(② < ④+⑤+⑥, 제42조 제1항). 전자등록기관의 경우 계좌관리기관등 자기계좌부에 전자등록된 주식등의 종목별 총수량 또는 총금액과 고객관리계좌부에 기록된 전자등록주식등의 종목별 총수량 또는 총금액의 합(②+③)이 발행인관리계좌부에 기록된 전자등록주식등의 종목별 총수량 또는 총금액(①)을 초과하는 경우이다(① < ②+③, 제42조 제2항).

Ⅲ. 초과분 해소의무자 및 해소 절차

1. 초과분 선의취득자가 없는 경우

초과분이 발생하였지만 초과분이 다른 전자등록계좌로 이전되지 않고 초과분이 발생한 계좌에 그대로 남아 있는 경우이다. 이 때는 초과분 발생에 책임이 있는 계좌관리기관 또는 전자등록기관은 초과분이 발생한 계좌를 확인하여 해소하여야 한다. 즉, 계좌관리기관은 초과분이 발생한 경우에는 고객계좌를 확인하여 지체 없이 그 초과분을 말소하는 전자등록을 해야 한다(제42조 제1항, 영 제35조 제1항). 또한 전자등록기관은 초과분이 발생한 경우에는 계좌관리기관등 자기계좌 또는 고객관리계좌를 확인하여 지체 없이 그 초과분을 말소하는 전자등록을 해야 한다(제42조 제2항, 영 제35조 제2항).

2. 초과분 선의취득자가 있는 경우

(1) 해소의무

초과분이 발생하여 초과분이 다른 전자등록계좌로 이전되고 선의취득자가 유효하게 초과분을 취득한 경우이다. 이때 선의취득으로 인하여 발행총량보다 더 많은 수가 유통되고 있으므로 초과분 해소의무자는 말소의 전자등록을 해야 한다. 즉 계좌관리기관 또는 전자등록기관은 초과분에 대한 선의취득자가 있는 경우에는 지체 없이 그 초과분 수량 또는 금액에 상당하는 전자등록주식등(이하 초과 전자등록 종목)을 말소하는 전자등록을 해야 한다. 초과 전자등록 종목을 보유하고 있지 않다면 초과 전자등록 종목을 취득하여 말소하는 전자등록을 해야 한다(영 제35조 제3항).

(2) 해소의무 불이행

계좌관리기관 또는 전자등록기관이 초과분 선의취득자가 있는 경우에 초과분 해소 의무를 이행하지 않은 경우에는 우선 ① 전자등록기관이 초과분 해소를 위한 전자등록적립금[4]을 사용하여 해소하고(영 제35조 제4항 제1호), ② 이 방법으로 초과분이 모두 해소되지 않은 경우에는 금융위원회 및 법무부장관이 공동으로 정하여 고시하는 방법으로 정한 모든 계좌관리기관의 분담금액을 사용하여 해소하며 이 경우 부담능력이 없는 계좌관리기관의 분담금액은 전자등록기관이 부담한다(동조 동항 제2호). 계좌관리기관의 분담금액은 전자등록적립금으로도 해소되지 않은 초과분의 시장가치를 각 계좌관리기관이 보유한 시장가치의 비율대로 산정한다(허가규정 제9조 제1항).

$$\text{전자등록적립금으로 해소되지 아니한 초과분의 시장가치} \times \frac{\text{각 계좌관리기관의 계좌관리기관등 자기계좌부 및 해당 계좌관리기관이 관리하는 고객계좌부에 전자등록된 전자등록주식등의 총 시장가치}}{\text{모든 계좌관리기관이 계좌관리기권등 자기계좌부 및 고객계좌부에 전자등록된 전자등록주식등의 총 시장가치}}$$

초과분을 해소한 계좌관리기관 또는 전자등록기관은 초과분 발생에 책임이 있는 자에게 구상권을 행사할 수 있다(제42조 제5항, 영 제35조 제5항). 구상권의 행사에도 불구하고 전자등록기관이 초과분 해소에 사용한 재원 중 보전하지 못한 금액이 있는 경우에는 분담금액의 비율에 따라 모든 계좌관리기관이 해당 금액을 부담한다(영 제35조 제6항). 계좌관리기관의 분담금액을 산정하는 방법은 아래와 산식과 같다(허가규정 제10조 제1항).

---

4) 전자등록기관은 전자등록업 허가업무 단위에서 요구하는 최저자기자본 이상의 재원을 영업 시작 전까지 적립하여야 한다(허가규정 제8조 제1항)

전자등록기관이 보전하지 못한 금액	×	각 계좌관리기관의 계좌관리기관등 자기계좌부 및 해당 계좌관리기관이 관리하는 고객계좌부에 전자등록된 전자등록주식등의 총 시장가치 / 모든 계좌관리기관의 계좌관리기관등 자기계좌부 및 고객계좌부에 전자등록된 전자등록주식등의 총 시장가치

(3) 초과분 해소의무 불이행의 경우 원리금 등 지급

초과분 해소의무를 이행하지 않은 경우에는 해소의무가 있는 계좌관리기관 또는 전자등록기관이 해소되지 아니한 초과분에 해당하는 전자등록주식등에 대하여 지급되는 원리금, 배당금, 그 밖에 발행인이 초과분이 발생한 전자등록주식등의 권리자로 전자등록된 자에게 지급해야 하는 분배금 등 일체의 금전을 지급할 의무를 진다(제42조 제4항, 영 제35조 제7항).

(4) 계좌관리기관의 해소의무 부담의 소멸시효

계좌관리기관은 전자등록기관에 개설한 계좌를 폐쇄한 이후에도 초과분 해소의무를 부담한다. 다만, 계좌를 폐쇄한 때부터 5년이 지난 경우에는 의무가 소멸한다(제42조 제6항).

제43조(초과분에 대한 권리 행사의 제한) ① 제42조제1항에 따른 초과분이 발생한 경우에는 같은 항에 따른 의무가 이행될 때까지 그 의무가 발생한 계좌관리기관의 고객계좌부에 해당 전자등록주식등의 권리자로 전자등록된 자로서 대통령령으로 정하는 자는 대통령령으로 정하는 바에 따라 산정된 수량 또는 금액에 대한 권리를 발행인에게 주장할 수 없다.
② 제42조제2항에 따른 초과분이 발생한 경우에는 같은 항에 따른 의무가 이행될 때까지 해당 전자등록주식등의 권리자로 전자등록된 자로서 대통령령으로 정하는 자는 대통령령으로 정하는 바에 따라 산정된 수량 또는 금액에 대한 권리를 발행인에게 주장할 수 없다.
③ 제1항 또는 제2항에 따른 권리 행사의 제한으로 해당 전자등록주식등의 권리자에게 손해가 발생한 경우 제42조제1항 또는 제2항에 따른 해소 의무를 부담하는 자는 해당 손해를 배상하여야 한다.
④ 제3항에 따른 손해배상 의무의 전부 또는 일부가 이행되지 아니한 경우에는 계좌관리기

관 및 전자등록기관은 연대하여 배상할 책임이 있다. 이 경우 제42조제5항 및 제6항을 준용한다.

Ⅰ. 본조의 취지

본조의 취지는 초과분이 발생한 경우에 초과분 해소의무가 이행될 때까지는 전자등록주식등의 권리행사를 제한하여 발행인에게 과도한 부담이 되지 않도록 하고, 권리행사 제한으로 인한 해소의무자의 손해배상의무를 규정하여 초과분 발생으로 인하여 귀책사유 없는 이해관계인들의 부당한 피해를 방지하고자 하는데 있다.

Ⅱ. 초과분에 대한 권리행사의 제한

1. 권리행사가 제한되는 자

권리행사자가 제한되는 자는 계좌관리기관이 초과분 해소의무를 부담하는 경우와 전자등록기관이 초과분 해소의무를 부담하는 경우 모두 선의취득자 유무에 따라 다음과 같이 결정된다. 초과분 선의취득자가 없는 경우에는 초과분의 권리자로 전자등록된 자이며, 초과분 선의취득자가 있는 경우에는 초과 전자등록 종목의 권리자로 전자등록된 자이다(제43조 제1항, 영 제36조 제1항; 제43조 제2항, 영 제36조 제3항).

2. 권리행사가 제한되는 수량 또는 금액

계좌관리기관이 초과분 해소의무를 부담하는 경우에 발행인에게 권리를 주장할 수 없는 수량 또는 금액은 초과분 선의취득자 유무에 따라 달라진다. 초과분 선의취득자가 없는 경우에는 초과분 중 각 권리자로 전자등록된 자의 고객계좌부에 전자등록된 수량 또는 금액이며, 초과분 선의취득자가 있는 경우에는 다음 계산식에 따라 산정된 수량 또는 금액이다(제43조 제1항, 영 제36조 제2항).

$$\text{법 제42조 제1항에 따른 초과분 중 법 제35조 제5항에 따라 선의취득된 수량 또는 금액} \times \frac{\text{각 권리자의 고객계좌부에 전자등록된 초과 전자등록 종목의 수량·금액}}{\text{해당 계좌관리기관의 고객관리계좌부 전체에 등록된 초과 전자등록 종목의 총수량·금액}}$$

전자등록기관이 초과분 해소의무를 부담하는 경우 발행인에게 권리를 주장할 수 없는 수량 또는 금액은 다음과 같다. 초과분 선의취득자가 없는 경우에는 제42조 제2항에 따른 초과분 중 각 권리자로 전자등록된 자의 계좌관리기관등 자기계좌부에 전자등록된 수량 또는 금액이며, 초과분 선의취득자가 있는 경우에는 다음 계산식에 따라 산정된 수량 또는 금액이다(제43조 제2항, 영 제36조 제4항).

$$\text{법 제42조 제2항에 따른 초과분 중 법 제35조 제5항에 따라 선의취득된 수량 또는 금액} \times \frac{\text{각 권리자의 계좌관리기관등 자기계좌부 또는 고객계좌부에 전자등록된 초과 전자등록 종목의 수량·금액}}{\text{계좌관리기관등 자기계좌부 또는 고객계좌부에 전체에 등록된 초과 전자등록 종목의 총수량·금액}}$$

3. 손해배상의무

권리 행사의 제한으로 해당 전자등록주식등의 권리자에게 손해가 발생한 경우 초과분 해소 의무를 부담하는 자는 해당 손해를 배상하여야 한다(제43조 제3항). 손해배상 의무의 전부 또는 일부가 이행되지 아니한 경우에는 계좌관리기관 및 전자등록기관은 연대하여 배상할 책임이 있다. 이 경우 초과분 해소의무를 이행한 계좌관리기관 또는 전자등록기관은 각각 해당 초과분 발생에 책임이 있는 자에게 구상권을 행사할 수 있으며(제43조 제4항, 제42조 제5항), 계좌관리기관은 계좌를 폐쇄한 때부터 5년까지는 초과분 해소의무를 부담한다(제43조 제4항, 제42조 제6항).

제44조(전자등록 정보 등의 보안) ① 누구든지 전자등록기관 또는 계좌관리기관의 주식등의 전자등록 및 관리를 위한 정보통신망(정보처리장치를 포함한다. 이하 이 조에서 같다)에 거짓 정보 또는 부정한 명령을 입력하거나 권한 없이 정보를 입력·변경해서는 아니 된다.
② 누구든지 전자등록기관 또는 계좌관리기관에 보관된 전자등록 정보 또는 기록 정보를 멸실하거나 훼손해서는 아니 된다.
③ 누구든지 정당한 접근권한 없이 또는 허용된 접근권한을 초과하여 전자등록기관 또는 계좌관리기관의 주식등의 전자등록 및 관리를 위한 정보통신망에 침입해서는 아니 된다.

Ⅰ. 본조의 취지

전자등록기관 및 계좌관리기관은 전자증권제도 운영기관으로서 주식등의 전자등록, 전자등록계좌부의 작성·관리업무 등을 수행한다. 이를 위하여 주식등의 전자등록 및 관리를 위한 정보통신망(이하 정보통신망)을 운영한다(제14조 제1항 제7호). 이러한 정보통신망은 제도운영기관이 전자등록 업무 등을 수행하기 위한 근간이 되고, 권리자 및 발행인은 통신망을 통해 발행정보 등에 대한 접근이 가능하므로, 이를 정확하고 안전한 상태로 유지할 필요가 있다. 본조는 정보통신망의 보안을 유지하기 위하여 제한되는 행위를 규정하였다.

Ⅱ. 전자등록 정보 등의 보안

1. 금지되는 행위

① 전자등록기관 또는 계좌관리기관의 정보통신망에 거짓 정보 또는 부정한 명령을 입력하거나 권한 없이 정보를 입력·변경하는 행위(제44조 제1항), ② 전자등록 정보 또는 기록 정보를 멸실 또는 훼손하는 행위(동조 제2항), ③ 정당한 접근권한 없이 또는 허용된 접근권한을 초과하여 전자등록기관 또는 계좌관리기관의 정보통신망에 침입하는 행위이다(동조 제3항).

2. 위반 효과

위의 ①, ③의 행위를 위반한 경우에는 7년 이하의 징역 또는 2억원 이하의 벌금에 처한다(제73조 제1항 제1호, 제2호). ②의 행위를 위반한 경우에는 5년 이하의 징역 또는 1억원 이하의 벌금에 처한다(제73조 제2항 제3호).

제45조(직무 관련 정보의 이용 금지) ① 전자등록기관과 계좌관리기관은 이 법에 따른 직무상 알게 된 정보로서 외부에 공개되지 아니한 정보를 정당한 사유 없이 자기 또는 제3자의 이익을 위하여 이용해서는 아니 된다.
② 전자등록기관 또는 계좌관리기관의 임직원 및 임직원이었던 사람에 대해서는 제1항을 준용한다.

본조는 전자등록기관 및 계좌관리기관의 직무 관련 정보의 부정한 이용을 금지하여 제도 운영의 공정성 및 투명성을 보장하고자 한 규정이다. 전자등록기관 및 계좌관리기관뿐만 아니라 그 임직원, 과거에 임직원이었던 사람에 대하여도 적용된다. 금지행위를 위반한 경우에는 5년 이하의 징역 또는 1억원 이하의 벌금에 처한다(제73조 제2항 제4호).

제46조(계좌관리기관의 자료제출 등) ① 전자등록기관은 계좌관리기관에 전자등록업무에 관한 보고, 자료의 제출 또는 관련 장부의 열람 등을 요구할 수 있다. 이 경우 계좌관리기관은 정당한 사유가 없으면 전자등록기관의 요구에 따라야 한다.
② 계좌관리기관은 다음 각 호의 어느 하나에 해당하는 경우에는 전자등록기관에 그 사실을 지체 없이 통지하여야 한다.
1. 제42조제1항에 따른 초과분 발생을 확인한 경우
2. 영업의 정지, 인가·허가의 취소, 파산·해산, 그 밖에 전자등록업무를 정상적으로 수행할 수 없는 사유가 발생한 경우

③ 전자등록기관은 다음 각 호의 어느 하나에 해당하는 경우에는 금융위원회에 그 사실을 지체 없이 보고하여야 한다.
1. 제42조제2항에 따른 초과분 발생을 확인한 경우
2. 제2항에 따른 통지를 받은 경우
3. 그 밖에 주식등에 대한 전자등록을 위한 업무를 정상적으로 수행할 수 없다고 인정되는 경우로서 대통령령으로 정하는 사유가 발생한 경우

Ⅰ. 본조의 취지

본조는 전자증권제도의 운영기관인 전자등록기관과 계좌관리기관의 자율적 규제체계 마련을 통해 권리자 보호 및 제도 안정성을 제고하고자 한 규정이다. 특히 제도의 안정적 운영을 위협할 만한 요소가 발생한 경우 계좌관리기관－전자등록기관－금융위원회 간의 보고체계를 확립하여 신속한 대처가 가능하도록 하였다.

Ⅱ. 전자등록기관 중심의 자율적 규제체계

1. 계좌관리기관에 대한 자료제출 요구

전자등록기관은 계좌관리기관에 전자등록업무에 관한 보고, 자료 제출 또는 관련 장부의 열람 등을 요구할 수 있으며, 계좌관리기관은 정당한 사유가 없으면 전자등록기관의 요구에 따라야 한다(제46조 제1항).

2. 계좌관리기관의 통지

① 계좌관리기관이 초과분 발생을 확인한 경우(제42조 제1항), ② 영업의 정지, 인가·허가의 취소, 파산·해산, 그 밖에 전자등록업무를 정상적으로 수행할 수 없는 사유가 발생한 경우에는 전자등록기관에 지체 없이 통지하여야 한다(제46조 제2항).

3. 전자등록기관의 보고

① 전자등록기관이 초과분 발생을 확인한 경우(제42조 제2항), ② 계좌관리기관으로부터 초과분 발생 또는 영업의 정지, 인가·허가의 취소 등 전자등록업무를 수행할 수 없는 사유에 관한 통지를 받은 경우, ③ 사연재해, 전산시스템 장애, 그 밖에 이에 준하는 사태가 발생하여 전자등록주식등에 대한 전자등록·기록 및 관리를 위한 업무를 정상적으로 수행할 수 없다고 금융위원회가 정하여 고시하는 사유가 발생한 경우에는 금융위원회에 그 사실을 지체 없이 보고

하여야 한다(제46조 제3항, 영 제37조).

제47조(계좌간 대체의 전자등록 제한) 전자등록기관은 계좌관리기관의 파산·해산, 그 밖에 대통령령으로 정하는 사유가 발생한 경우 대통령령으로 정하는 기준 및 방법에 따라 고객계좌부에 전자등록된 전자등록주식등의 계좌간 대체의 전자등록을 제한할 수 있다.

Ⅰ. 본조의 취지

계좌관리기관은 주식등의 전자등록업무, 고객계좌의 개설·폐지·관리 등의 업무를 수행하는 자로서, 계좌관리기관의 파산 또는 해산 등 정상적인 업무 수행이 불가능한 사유가 발생한 경우에는 계좌관리기관의 고객재산 임의처분 등 권리자의 손실이 발생할 우려가 있으므로 이러한 경우에는 계좌간 대체의 전자등록을 제한하여 그 피해를 방지하고자 하였다.

Ⅱ. 계좌간 대체의 전자등록 제한

제한 사유는 ① 인가·허가·등록 등의 취소 또는 업무 정지, ② 파산·해산 또는 ①에 준하는 사유로서 계좌간 대체의 전자등록 업무를 정상적으로 수행할 수 없다고 금융위원회가 정하여 고시하는 사유이다(제47조, 영 제38조 제1항 제1호 및 제2호). 전자등록기관은 고객계좌부에 전자등록된 전자등록주식등의 계좌간 대체의 전자등록을 제한하는 경우에는 종류별 또는 종목별로 제한할 수 있다(영 제38조 제2항). 전자등록기관은 전자등록주식등의 계좌간 대체의 전자등록을 제한하는 경우에는 그 내용을 인터넷 홈페이지에 공고해야 한다(동조 제3항).

제48조(전자등록 정보 등의 보존) ① 전자등록기관과 계좌관리기관은 전자등록 정보 또는 기록 정보를 보존하여야 한다.
② 제1항에 따라 전자등록기관과 계좌관리기관이 보존하여야 하는 전자등록 정보 또는 기

록 정보의 종류, 보존 방법 및 보존 기간은 대통령령으로 정한다.

Ⅰ. 본조의 취지

본조는 전자등록기관과 계좌관리기관의 전자등록 정보 등의 보존의무를 규정하여 제도운영의 안정성을 확보하고, 권리자 보호를 강화하고자 한 취지의 규정이다.

Ⅱ. 전자등록 정보의 보존

1. 보존대상 정보

전자등록기관과 계좌관리기관은 각각 작성·관리하고 있는 계좌부의 전자등록 또는 기록된 정보를 보존해야 한다. 따라서 전자등록기관은 계좌관리기관 등 자기계좌부에 전자등록된 정보, 발행인관리계좌부·고객관리계좌부에 기록된 정보를 보존해야 한다. 계좌관리기관은 고객계좌부에 전자등록된 정보를 보존해야 한다(제48조 제1항, 영 제39조 제1항).

2. 보존방법 및 기간

전자등록 정보 등은 위조 또는 변조가 불가능한 장치로 보존해야 하며, 동일한 정보를 둘 이상의 장소에 보존하여야 한다. 이 중 하나의 장소는 정보보호에 필요한 충분한 인력과 전산 설비, 보안 설비, 그 밖의 물적 설비를 갖춘 자가 관리하는 장소에 보존을 위탁할 수 있다(영 제39조 제2항).

전자등록기관의 보존대상 정보인 계좌관리기관등 자기계좌부에 전자등록된 정보, 발행인관리계좌부·고객관리계좌부에 기록된 정보는 영구적으로 보존해야 하며, 계좌관리기관의 보존대상 정보인 고객계좌부에 전자등록된 정보는 고객계좌부가 폐쇄된 날부터 10년 동안 보존해야 한다(영 제39조 제3항).

제49조(긴급사태 시의 처분) ① 금융위원회는 천재지변, 전시, 사변, 경제사정의 급격한 변동, 주식등의 전자등록 및 관리를 위한 정보통신망의 중대한 장애, 그 밖에 이에 준하는 사태가 발생하여 주식등의 전자등록업무가 정상적으로 이루어질 수 없다고 인정되는 경우에는 전자등록기관 및 계좌관리기관에 전자등록업무의 중단 등을 명하거나 그 밖에 필요한 조치를 할 수 있다.
② 금융위원회는 제1항에 따른 긴급조치를 한 경우에는 법무부장관에게 지체 없이 통지하여야 한다.

Ⅰ. 본조의 취지

본조는 천재지변, 전시, 사변, 경제사정의 급격한 변동 등 국가위기사태 및 주식등의 전자등록 및 관리를 위한 정보통신망(이하 정보통신망)의 중대한 장애 등의 사유가 발생한 경우에 금융위원회로 하여금 긴급조치권을 부여하여 전자등록업무의 혼란으로부터 권리자를 보호하고자 한 취지의 규정이다.

Ⅱ. 비상상황시 긴급조치권

1. 사 유

천재지변, 전시, 사변, 경제사정의 급격한 변동, 정보통신망의 중대한 장애, 그 밖에 이에 준하는 사태가 발생하여 정상적 제도운영이 불가능하다고 인정되는 경우일 것을 요한다. 본조와 유사한 취지의 규정으로는 거래소에 대한 긴급조치권을 규정한 자본시장법 제413조[5]가 있는데, 비상조치의 사유로 1993년 금융실명제의 실시, 2001년 미국 9.11 사태 등을 들 수 있다.

2. 금융위원회의 조치

금융위원회는 전자등록업무의 중단명령 및 필요 조치를 할 수 있다(제49조

---

5) 제413조(긴급사태시의 처분) 금융위원회는 천재지변, 전시, 사변, 경제사정의 급격한 변동, 그 밖에 이에 준하는 사태의 발생으로 인하여 매매거래가 정상적으로 이루어질 수 없다고 인정되는 경우에는 거래소에 대하여 개장시간의 변경, 거래의 중단 또는 시장의 휴장을 명하거나, 그 밖에 필요한 조치를 할 수 있다.

제1항). 본조에 대한 직접적 적용사례는 없으나, 자본시장법 제413조의 적용으로 거래소 개장시간이 변경된 사례가 있다. 1993년 금융실명제 실시에 따라 다음날 개장시간을 14시로 한 것과 2001년 미국 9.11사태에 따라 개장시간을 12시로 한 것이 그 예이다.[6)]

제50조(준용규정) 전자등록기관 및 계좌관리기관의 전자등록 및 관리업무에 관하여는 「금융실명거래 및 비밀보장에 관한 법률」 제4조를 준용한다.

Ⅰ. 본조의 취지

본조에서는 전자등록기관 및 계좌관리기관의 전자등록 및 관리 업무에 대해서는 금융실명법 제4조(금융거래의 비밀보장)를 준용하여 법령의 근거 없는 정보요구, 제공, 누설을 금지하여 권리자의 정보를 보호하고 제도안정성을 제고하고자 하였다.

Ⅱ. 전자등록 및 관리업무에 대한 비밀보장

전자등록기관 및 계좌관리기관에 종사하는 자는 명의인의 서면상의 요구나 동의 없이 전자등록 정보에 대한 타인 제공·누설이 금지되며, 전자등록기관 및 계좌관리기관에 종사하는 자에게 제공을 요구하는 것 또한 금지된다(금융실명법 제4조 제1항 본문). 다만 법원의 제출명령 또는 영장에 따른 정보의 제공 등의 경우로 사용목적에 필요한 최소한의 범위에서 정보를 제공하거나 제공을 요구하는 경우에는 예외적으로 허용된다(동조 동항 단서). 전자등록기관 및 계좌관리기관에 종사하는 자는 법률상 제한을 위반하여 전자등록 정보의 제공을 요구받은 경우에는 그 요구를 거부하여야 한다(동조 제3항).

6) 한국증권법학회, 앞의 책, 972면.

제 7 장 검사 및 감독

제51조(보고 및 검사) ① 금융위원회는 이 법의 목적을 달성하기 위하여 필요한 경우 전자등록기관에 보고 또는 자료의 제출을 요구하거나 소속 공무원으로 하여금 그 전자등록기관의 업무 상황이나 장부·서류 또는 그 밖에 필요한 물건을 검사하게 할 수 있다.
② 금융위원회는 제1항에 따른 검사를 「금융위원회의 설치 등에 관한 법률」에 따라 설립된 금융감독원의 원장(이하 "금융감독원장"이라 한다)에게 위탁할 수 있다.
③ 금융위원회는 제1항에 따른 검사를 할 때에 필요하다고 인정되는 경우에는 전자등록기관에 이 법에 따른 업무 또는 재산에 관한 보고, 자료의 제출, 증인의 출석·증언 및 의견의 진술을 요구할 수 있다.
④ 제1항에 따라 검사를 하는 사람은 그 권한을 표시하는 증표를 지니고 관계인에게 보여주어야 한다.
⑤ 금융감독원장이 제2항에 따른 금융위원회의 위탁을 받아 제1항에 따른 검사를 한 경우에는 그 보고서를 금융위원회에 제출하여야 한다. 이 경우 이 법 또는 이 법에 따른 명령이나 처분을 위반한 사실이 있으면 그 처리에 관한 의견서를 첨부하여야 한다.

Ⅰ. 본조의 취지

본조는 전자등록기관에 대한 금융위원회의 상시적 감독체계를 마련하여 제도의 안정적 운영을 도모하기 위한 취지의 규정이다. 전자증권제도의 시행으로 실물증권의 발행이 금지되어 모든 증권사무가 전자적 방식에 따라 처리되는 상황에서 전자증권시스템의 안정적 운영과 전자등록업무의 정확성 확보는 제도의 성패를 판가름할 요소이며, 이를 위해서는 적절한 공적인 규제와 감독이 필요하다.

Ⅱ. 금융위원회의 검사

1. 보고 요구 및 검사

금융위원회는 필요한 경우 전자등록기관의 보고 또는 자료제출을 요구하거나 전자등록기관의 업무 상황이나 장부·서류 또는 그 밖에 필요한 물건을 검사할 수 있다(제51조 제1항). 금융위원회는 검사를 할 때에 필요하다고 인정되는 경우에는 전자등록기관에 업무 또는 재산에 관한 보고, 자료의 제출, 증인의 출석·증언 및 의견 진술을 요구할 수 있다(동조 제3항). 검사를 실시하는 소속 공무원은 그 권한을 표시하는 증표를 지니고 관계인에게 제시하여야 한다(동조 제4항).

2. 검사 업무의 위탁

금융위원회는 전자등록기관의 업무 상황이나 장부·서류 또는 그 밖에 필요한 물건을 검사하는 경우 금융감독원장에게 위탁할 수 있다(제51조 제2항). 위탁에 따라 금융감독원장이 검사를 한 경우에는 그 보고서를 금융위원회에 제출하여야 하며, 이 경우 법령 등 위반한 사실이 있으면 그 처리에 관한 의견서를 첨부하여야 한다(동조 제5항).

제52조(법무부장관의 검사 요청 등) ① 법무부장관은 이 법의 목적을 달성하기 위하여 필요한 경우 전자등록기관에 보고 또는 자료의 제출을 요구하거나 금융위원회에 전자등록기관에 대한 검사를 요청할 수 있으며 그 검사에 법무부 소속 공무원이 참여하도록 할 수 있다.
② 금융위원회는 제1항에 따른 법무부장관의 검사 요청을 받은 경우 그 검사를 금융감독원장에게 위탁하여 하게 할 수 있다.
③ 금융감독원장은 제2항에 따른 금융위원회의 위탁을 받아 검사를 한 경우에는 그 보고서를 법무부장관에게 제출하여야 한다. 이 경우 검사보고서의 내용은 제14조제1항 각 호의 업무, 같은 조 제2항 각 호의 업무 및 그 업무와 관련된 재산의 검사에 관한 사항으로 한정하며, 전자등록기관이 이 법 또는 이 법에 따른 명령이나 처분을 위반한 사실이 있으면 그 처리에 관한 의견서를 첨부하여야 한다.
④ 법무부장관은 이 법의 목적을 달성하기 위하여 필요한 경우 금융위원회에 제51조제5항 전단에 따른 검사보고서(같은 항 후단에 따른 의견서를 포함한다)를 송부하여 줄 것을 요청할 수 있다.

Ⅰ. 본조의 취지

본조는 금융위원회의 검사권한을 규정한 제51조와 동일하게 전자등록기관에 대한 법무부장관의 상시적 감독체계를 마련하여 전자증권제도의 안정적 운영을 도모하기 위한 취지의 규정이다. 전자증권법에서 법무부장관의 권한은 전자등록업의 허가권 등 특정권한을 제외하고는 금융위원회의 권한을 보조하는 형태를 취하고 있는바, 법무부장관의 검사 관련 권한 또한 금융위원회에 비해 제한되어 있다.

Ⅱ. 법무부장관의 검사요청

1. 보고 또는 자료제출 요구

법무부장관은 필요한 경우 전자등록기관에 보고 또는 자료의 제출을 요구하거나 금융위원회에 전자등록기관에 대한 검사를 요청할 수 있으며 그 검사에 법무부 소속 공무원이 참여하도록 할 수 있다(제52조 제1항). 전자등록기관에 보고 또는 자료제출을 요구할 수 있으나 금융위원회와 달리 직접 검사할 수는 없고, 금융위원회에 검사를 요청하는 것만 가능하다.

2. 검사 업무의 위탁

금융위원회는 법무부장관의 검사 요청을 받은 경우 그 검사를 금융감독원장에게 위탁할 수 있다(동조 제2항). 금융감독원장은 금융위원회의 위탁을 받아 검사를 한 경우에는 그 보고서를 법무부장관에게 제출하여야 하며, 이 경우 검사보고서의 내용은 전자등록기관의 고유업무(제14조 제1항), 부수업무(동조 제2항) 및 그 업무와 관련된 재산의 검사에 관한 사항으로 제한되며, 전자등록기관이 법령 등 위반 사실이 있으면 그 처리에 관한 의견서를 첨부하여야 한다(제52조 제3항 후단). 법무부장관은 금융위원회에 금융감독원장이 금융위원회의 위탁을 받아 실시한 검사의 검사보고서를 송부하여 줄 것을 요청할 수 있다(동조 제4항).

〈표 7-1〉 금융위원회와 법무부장관의 검사 관련 권한 비교

구 분	금융위원회	법무부장관	비 고
직접 검사권	○	×	• 법무부장관은 검사 요청만 가능
검사업무의 위탁 가부	○ (→ 금감원장)	×	• 법무부장관 검사요청 → 금융위 → 금감원장
검사보고서의 범위	전자증권법상 모든 업무	고유업무, 부수업무 限	–

제53조(전자등록기관에 대한 조치) ① 금융위원회는 전자등록기관이 다음 각 호의 어느 하나에 해당하는 경우에는 제5조에 따른 허가를 취소할 수 있다. 이 경우 금융위원회는 허가를 취소할 때에는 미리 법무부장관과 협의하여야 한다.

1. 거짓, 그 밖의 부정한 방법으로 제5조에 따른 허가를 받은 경우
2. 허가조건을 위반한 경우
3. 제8조에 따른 허가요건 유지의무를 위반한 경우
4. 업무의 정지기간 중에 업무를 한 경우
5. 금융위원회의 시정명령 또는 중지명령을 이행하지 아니한 경우
6. 별표 1 각 호의 어느 하나에 해당하는 경우로서 대통령령으로 정하는 경우
7. 대통령령으로 정하는 금융 관련 법령 등을 위반한 경우로서 대통령령으로 정하는 경우
8. 정당한 사유 없이 업무를 중단한 경우
9. 정당한 사유 없이 제3항부터 제6항까지의 규정에 따른 조치 또는 제57조제1항에 따른 업무이전명령에 따르지 않은 경우
10. 합병, 파산, 영업의 폐지 등으로 사실상 전자등록업무를 수행할 수 없게 된 경우
11. 그 밖에 권리자의 이익을 현저히 해할 우려가 있거나 전자등록업무를 하기 곤란하다고 인정되는 경우로서 대통령령으로 정하는 경우

② 전자등록기관은 허가가 취소된 경우에도 제57조제1항에 따른 업무이전명령에 따라 업무이전이 완료되기 전까지는 허가 취소 전에 전자등록된 주식등에 관한 전자등록업을 계속하여 할 수 있다.

③ 금융위원회는 전자등록기관이 제1항 각 호(제6호는 제외한다)의 어느 하나에 해당하거나 별표 1 각 호의 어느 하나에 해당하는 경우에는 다음 각 호의 어느 하나에 해당하는 조치를 할 수 있다. 이 경우 금융위원회는 조치를 할 때에는 미리 법무부장관과 협의하여야 한다.

1. 6개월의 범위에서 이 법에 따른 업무의 전부 또는 일부 정지
2. 이 법에 따른 업무와 관련된 계약의 인계명령
3. 위법행위의 시정명령 또는 중지명령
4. 위법행위로 인한 조치를 받았다는 사실의 공표명령 또는 게시명령
5. 기관경고
6. 기관주의
7. 그 밖에 위법행위를 시정하거나 방지하기 위하여 필요한 조치로서 대통령령으로 정하는 조치

④ 금융위원회는 전자등록기관의 임원이 제1항 각 호(제6호는 제외한다)의 어느 하나에 해당하거나 별표 1 각 호의 어느 하나에 해당하는 경우에는 다음 각 호의 어느 하나에 해당하는 조치를 할 수 있다. 이 경우 금융위원회는 조치를 할 때에는 미리 법무부장관과 협의하여야 한다.

1. 해임요구
2. 6개월 범위에서의 직무정지
3. 문책경고
4. 주의적 경고
5. 주의
6. 그 밖에 위법행위를 시정하거나 방지하기 위하여 필요한 조치로서 대통령령으로 정하는 조치

⑤ 금융위원회는 전자등록기관의 직원이 제1항 각 호(제6호는 제외한다)의 어느 하나에 해당하거나 별표 1 각 호의 어느 하나에 해당하는 경우에는 다음 각 호의 어느 하나에 해당하는 조치를 전자등록기관에 요구할 수 있다. 이 경우 금융위원회는 조치를 요구할 때에는 미리 법무부장관과 협의하여야 한다.

1. 면직
2. 6개월 범위에서의 정직(停職)
3. 감봉
4. 견책
5. 경고
6. 주의
7. 그 밖에 위법행위를 시정하거나 방지하기 위하여 필요한 조치로서 대통령령으로 정하는 조치

⑥ 금융위원회는 제4항 또는 제5항에 따라 전자등록기관의 임직원에 대하여 조치를 하거나 조치를 요구하는 경우 그 임직원에 대하여 관리·감독의 책임이 있는 임직원에 대한 조치를

함께 하거나 이를 요구할 수 있다. 다만, 관리·감독의 책임이 있는 자가 그 임직원의 관리·감독에 상당한 주의를 다한 경우에는 조치를 감면할 수 있다.

Ⅰ. 본조의 취지

본조는 전자등록기관 및 그 임직원의 전자증권법상 의무 위반행위와 제재조치를 명시하여 적법한 업무수행을 유도하고자 하는 취지의 규정이다.

Ⅱ. 전자등록기관에 대한 조치

1. 전자등록업 허가의 취소

(1) 사 유(제53조 제1항)

금융위원회는 전자등록기관이 다음의 사유에 해당하는 경우에는 전자등록업 허가를 취소할 수 있다. 사유로는 ① 부정한 방법으로 전자등록업허가를 받은 경우, ② 허가조건을 위반한 경우, ③ 허가요건 유지의무를 위반한 경우, ④ 업무의 정지기간 중에 업무를 한 경우, ⑤ 금융위원회의 시정명령 또는 중지명령을 이행하지 아니한 경우, ⑥ 전자등록업무규정 제정 등 금융위원회의 승인을 받지 않은 경우(영 제40조 제1항), ⑦ 금융실명법, 형법 등을 위반한 경우로서 대통령령으로 정하는 경우(영 제40조 제2항 및 제3항), ⑧ 정당한 사유 없이 업무를 중단한 경우, ⑨ 정당한 사유 없이 금융위원회의 조치 또는 업무이전명령에 따르지 않은 경우, ⑩ 합병, 파산, 영업의 폐지 등으로 사실상 전자등록업무를 수행할 수 없게 된 경우 등이다.

(2) 절 차

금융위원회는 전자등록업 허가를 취소할 때에는 미리 법무부장관과 협의하여야 한다(제53조 제1항). 전자등록기관은 허가가 취소된 경우에도 업무이전명령에 따라 업무 이전이 완료되기 전까지는 허가 취소 전에 전자등록된 주식등에 관한 전자등록업을 수행할 수 있다(동조 제2항).

2. 업무정지 등 조치

(1) 사 유

첫째, 전자등록업 허가의 취소사유에 해당하는 경우이다(다만 제53조 제1항 제6호는 제외). 즉, ① 부정한 방법으로 전자등록업허가를 받은 경우, ② 허가조건을 위반한 경우, ③ 허가요건 유지의무를 위반한 경우, ④ 업무의 정지기간 중에 업무를 한 경우, ⑤ 금융위원회의 시정명령 또는 중지명령을 이행하지 아니한 경우, ⑥ 금융실명법, 형법 등을 위반한 경우로서 대통령령으로 정하는 경우(영 제40조 제2항 및 제3항), ⑦ 정당한 사유 없이 업무를 중단한 경우, ⑧ 정당한 사유 없이 금융위원회의 조치 또는 업무이전명령에 따르지 않은 경우, ⑨ 합병, 파산, 영업의 폐지 등으로 사실상 전자등록업무를 수행할 수 없게 된 경우 등이다. 둘째, 전자증권법 별표 1의 사유에 해당하는 경우이다.

〈표 7-2〉 전자증권법 별표 1: 전자등록기관 및 그 임직원에 대한 조치 사유

1. 거짓, 그 밖의 부정한 방법으로 제5조제1항에 따른 허가를 받거나 제7조에 따른 예비허가를 받은 경우
2. 제13조제1항을 위반하여 계좌관리기관의 임직원을 상근임원으로 선임한 경우 또는 같은 조 제2항에서 준용하는「금융회사의 지배구조에 관한 법률」제5조를 위반한 경우
3. 제13조제5항을 위반하여 자금의 공여, 손익의 분배, 그 밖에 영업에 관하여 특별한 이해관계를 가진 경우
4. 제13조제6항에서 준용하는「자본시장과 금융투자업에 관한 법률」제63조를 위반한 경우
5. 제15조제1항 전단, 제16조 전단 또는 제17조 전단을 위반하여 승인을 받지 않은 경우
6. 제18조 본문을 위반하여 보고하지 않은 경우
7. 제21조제2항에 따른 발행인관리계좌부를 작성하지 않거나 거짓으로 작성한 경우
8. 제21조제4항 또는 제5항을 위반하여 기록·전자등록을 변경하지 않거나 계좌관리기관에 변경 내용을 통지하지 않은 경우
9. 제22조제4항을 위반하여 고객관리계좌부를 작성하지 않거나 거짓으로 작성한 경우
10. 제23조제2항을 위반하여 계좌관리기관등 자기계좌부를 작성하지 않거나 거짓으로 작성한 경우

11. 제26조제1항(제27조제3항 및 제34조에서 준용하는 경우를 포함한다)을 위반하여 전자등록·기록을 하지 않거나 통지하지 않은 경우
12. 제29조제2항 각 호 외의 부분 본문(제34조에서 준용하는 경우를 포함한다)을 위반하여 제30조부터 제32조까지의 규정에 따른 전자등록을 한 경우
13. 제30조제2항(제34조에서 준용하는 경우를 포함한다)을 위반하여 계좌간 대체의 전자등록을 하지 않은 경우
14. 제31조제2항을 위반하여 질권 설정 또는 말소의 전자등록을 하지 않은 경우
15. 제32조제2항을 위반하여 신탁재산이라는 사실의 표시 또는 말소의 전자등록을 하지 않은 경우

(이하 생략)

---

(2) 조치 종류

① 6개월 내 업무 정지, ② 계약 인계명령, ③ 시정명령 또는 중지명령, ④ 조치사실의 공표명령 또는 게시명령, ⑤ 기관경고, ⑥ 기관주의, ⑦ 경영개선 요구, 변상 요구, 고발 또는 수사기관에의 통보 등이 있다(제53조 제3항, 영 제40조 제5항).

(3) 절 차

금융위원회는 조치를 할 때에는 미리 법무부장관과 협의하여야 한다(제53조 제3항).

Ⅲ. 전자등록기관 임직원에 대한 조치

1. 임원에 대한 조치(제53조 제4항)

금융위원회는 전자등록기관의 임원에 대하여는 직접 아래의 조치를 할 수 있다. 임원의 행위가 전자등록업 허가취소 사유에 해당하거나(제6호는 제외) 별표 1 각 호의 어느 하나에 해당하는 경우에는 ① 해임요구, ② 6개월 범위에서의 직무정지, ③ 문책경고, ④ 주의적 경고, ⑤ 주의, ⑥ 법을 위반한 경우에는 고발 또는 수사기관에의 통보 등(영 제40조 제6항) 조치를 할 수 있다. 이 경우 금융위원회는 조치를 할 때에는 미리 법무부장관과 협의하여야 한다(제53조 제4항). 금융위원회는 전자등록기관의 임원에 대하여 조치를 하는 경우 그 임원에

대하여 관리·감독의 책임이 있는 임원에 대한 조치를 함께 하거나 이를 요구할 수 있다. 다만, 관리·감독의 책임이 있는 자가 관리·감독에 상당한 주의를 다한 경우에는 조치를 감면할 수 있다(동조 제6항).

2. 직원에 대한 조치요구(제53조 제5항)

금융위원회는 전자등록기관의 직원에 대하여는 직접 조치를 할 수 없고, 전자등록기관에 대하여 조치를 요구할 수 있을 뿐이다. 전자등록기관의 직원의 행위가 전자등록업 허가취소 사유에 해당하거나(제6호는 제외한다) 별표 1 각 호의 어느 하나에 해당하는 경우에는 ① 면직, ② 6개월 범위에서의 정직(停職), ③ 감봉, ④ 견책, ⑤ 경고, ⑥ 주의, ⑦ 법을 위반한 경우에는 고발 또는 수사기관에의 통보 등의 조치를 전자등록기관에 요구할 수 있다. 금융위원회가 조치를 요구할 때에는 미리 법무부장관과 협의하여야 한다(제53조 제5항). 금융위원회는 전자등록기관의 직원에 대하여 조치를 요구하는 경우 그 직원에 대하여 관리·감독의 책임이 있는 임직원에 대한 조치를 함께 하거나 이를 요구할 수 있다. 다만, 관리·감독의 책임이 있는 자가 관리·감독에 상당한 주의를 다한 경우에는 조치를 감면할 수 있다(동조 제6항).

〈표 7-3〉 전자등록기관 및 그 임직원에 대한 조치 비교

전자등록기관	전자등록기관 임원	전자등록기관 직원*
전자등록업 허가취소	해임요구	면직
업무정지	직무정지	정직
시정명령	–	감봉
공표명령	–	견책
기관경고	문책경고, 주의적 경고	경고
기관주의	주의	주의
경영개선요구	–	–
변상요구	–	–
고발	고발	고발

* 전자등록기관 직원에 대하여는 조치요구를 의미

제54조(청문) 금융위원회는 다음 각 호의 어느 하나에 해당하는 처분 또는 조치를 하려는 경우에는 청문을 하여야 한다.

1. 제53조제1항에 따른 전자등록기관에 대한 허가의 취소
2. 제53조제4항제1호에 따른 전자등록기관 임원에 대한 해임요구
3. 제53조제5항제1호에 따른 전자등록기관 직원에 대한 면직요구

Ⅰ. 본조의 취지

본조는 금융위원회가 전자등록기관 및 그 임직원의 권리의무에 중대한 영향을 미치는 제재조치를 하기 전에 청문절차를 의무적으로 거치도록 하여 당사자의 의견제출기회 등 절차적 공정성을 확보하기 위한 취지의 규정이다.

Ⅱ. 청문절차의 의무적 적용

1. 청문의 의미

청문이란 행정청이 어떠한 처분을 하기 전에 당사자 등의 의견을 직접 듣고 증거를 조사하는 절차를 말한다(행정절차법 제2조 제5호). 청문제도는 행정처분의 사유에 대하여 당사자에게 변명과 유리한 자료를 제출할 기회를 부여함으로써 위법사유의 시정가능성을 고려하고 처분의 신중과 적정을 기하려는 데 그 목적이 있다.[1]

2. 청문의 사유 및 절차

전자증권법은 청문의 절차에 대해서 별도로 규정하고 있지 않으므로 이에 대해서는 행정절차법상의 절차가 적용된다. 행정절차법상 다른 법령 등에서 청문을 하도록 규정하는 경우, 인허가등의 취소, 신분·자격의 박탈 등의 경우에는 청문을 의무적으로 실시하도록 규정하고 있다(동법 제22조 제1항). 전자증권법은 전자등록기관에 대한 허가의 취소, 전자등록기관 임원의 해임요구, 직원의 면직요구의 조치를 하는 경우에는 청문을 실시하도록 규정한다(제54조). 따라서 이

1) 대법원 2007. 11. 16. 선고 2005두15700 판결.

경우에는 반드시 청문을 절차를 실시하여야 하며, 절차를 결여하면 위법한 처분이 된다. 행정청은 처분을 할 때에 청문조서, 청문 주재자의 의견서, 그 밖의 관계 서류 등을 충분히 검토하고 상당한 이유가 있다고 인정하는 경우에는 청문결과를 반영하여야 한다(행정절차법 제35조의2).

제55조(조치 등의 기록 및 공시 등) ① 금융위원회는 제53조에 따라 조치를 하거나 조치를 요구한 경우에는 그 내용을 기록하고 유지·관리하여야 한다.
② 금융위원회는 제53조제1항 또는 제3항에 따라 조치를 한 경우 그 사실을 관보 및 인터넷 홈페이지 등에 공고하여야 한다.
③ 금융위원회는 전자등록기관의 퇴임한 임원 또는 퇴직한 직원이 재임 또는 재직 중이었다면 제53조제4항제1호 또는 제5항제1호에 해당하는 조치 또는 조치요구를 받았을 것으로 인정되는 경우에는 그 받았을 것으로 인정되는 조치 또는 조치요구의 내용을 전자등록기관에 통보하여야 한다. 이 경우 통보를 받은 전자등록기관은 그 조치 또는 조치요구의 내용을 퇴임·퇴직한 그 임직원에게 통보하여야 한다.
④ 전자등록기관이 금융위원회의 조치요구에 따라 해당 임직원을 조치한 경우 및 제3항에 따라 통보를 받은 경우에는 그 내용을 기록하고 유지·관리하여야 한다.
⑤ 전자등록기관 또는 그 임직원(임직원이었던 사람을 포함한다)은 금융위원회에 자기에 대한 제53조에 따른 조치 또는 조치요구 여부 및 그 내용을 조회할 수 있다.
⑥ 금융위원회는 제5항의 조회요청을 받은 경우에는 정당한 사유가 없으면 조치 또는 조치요구 여부 및 그 내용을 그 조회 요청자에게 통보하여야 한다.

Ⅰ. 본조의 취지

본조는 행정조치에 대한 금융위원회의 기록·유지·관리의무를 규정하여 향후 조치대상자의 조치정보에 대한 공개청구 등에 대비하고, 절차적 정당성을 확보하는 동시에 제재절차의 투명성과 공정성을 제고하고자 한 규정이다.

Ⅱ. 조치에 대한 기록·유지·관리의무

1. 의무자 및 의무의 내용

조치에 대한 기록·유지·관리의무를 부담하는 자는 금융위원회 및 전자등록기관이다. 금융위원회는 전자등록기관 및 그 임직원에 조치를 하거나 조치를 요구한 경우에는 그 내용을 기록하고 유지·관리하여야 하며(제55조 제1항), 조치를 한 경우 그 사실을 관보 및 인터넷 홈페이지 등에 공고하여야 한다(동조 제2항). 전자등록기관은 금융위원회의 조치요구에 따라 임직원을 조치한 경우 및 금융위원회로부터 퇴임한 임원 또는 퇴직한 직원에 대한 통지를 받은 경우에는 그 내용을 기록하고 유지·관리하여야 한다(제55조 제4항).

2. 퇴임·퇴직 임직원에 관한 사항

전자등록기관 임직원에 대한 제재조치를 규정한 제53조는 현직 임직원에 대하여 적용된다. 따라서 전자등록기관의 임직원이 재임·재직 중인 때에 법 위반 행위를 하였더라도 퇴임·퇴직하게 되면 동조를 적용을 할 수 없게 되어, 이를 악용하는 도덕적 해이가 발생할 우려가 있고, 재임·재직 중인 자와의 형평성 관점에서 부당한 결과를 초래하므로[2] 전자증권법에서는 이를 완화할 수 있는 장치를 마련하였다. 즉, 금융위원회는 퇴임한 임원 또는 직원이 재임 또는 재직 중이었더라면 해임요구 또는 면직의 조치요구를 받았을 것으로 인정되는 경우에는 그 내용을 전자등록기관에 통보하여야 하며, 이 경우 전자등록기관은 그 내용을 그 임직원에게 통보하여야 한다(제55조 제3항). 또한 전자등록기관은 동 내용을 기록하고 유지·관리하여야 한다(동조 제4항). 통지를 받은 퇴임 또는 퇴직한 임직원은 금융회사의 임원 선임에 있어서 제한을 받을 수 있다.[3] 퇴임한 임원의 경우 해임일부터 5년, 퇴임한 직원의 경우 면직요구일부터 5년간 금융회사의 임원으로 선임될 수 없다(금융사지배구조법 제5조 제7호, 영 제7조 제2항).

---

2) 한국증권법학회, 앞의 책, 1018면. 금융투자업자에 대한 제재조치 관련 내용이나 전자등록기관에 대하여도 그대로 적용될 수 있다고 본다.

3) 금융사지배구조법상의 금융관련법령의 범위에 전자증권법 또한 포함된다(제2조 제7호, 영 제37조의2).

Ⅲ. 조치대상자의 조치내용 조회

전자등록기관 또는 그 임직원(퇴임 또는 퇴직한 자 포함)은 금융위원회에 자기에 대한 조치 또는 조치요구 여부 및 그 내용을 조회할 수 있다(제55조 제5항). 조치내용에 대한 정확한 정보를 얻기 위해서는 상당한 노력을 기울여야 할 것이므로 조치대상자의 알권리를 보장하는 차원에서 규정된 것이다. 명문상 자기에 대한 조치내용을 조회할 수 있으므로, 전자등록기관이 그 임직원에 대한 조치내용을 조회하고자 하는 것은 허용되지 않는다고 보아야 한다. 금융위원회는 조회요청을 받은 경우에는 정당한 사유가 없으면 조치 또는 조치요구 여부 및 그 내용을 그 조회 요청자에게 통보하여야 한다(동조 제6항).

제56조(이의신청) ① 제53조제1항·제3항, 같은 조 제4항제2호부터 제6호까지 및 같은 조 제6항(같은 조 제4항제2호부터 제6호까지의 어느 하나에 해당하는 조치에 한정한다)에 따른 조치에 불복하는 자는 그 조치를 고지받은 날부터 30일 이내에 그 사유를 갖추어 금융위원회에 이의를 신청할 수 있다.
② 금융위원회는 제1항에 따른 이의신청에 대하여 60일 이내에 결정을 하여야 한다. 다만, 부득이한 사정으로 그 기간 이내에 결정을 할 수 없을 경우에는 30일의 범위에서 그 기간을 연장할 수 있다.

Ⅰ. 본조의 취지

본조는 금융위원회로부터 제재조치를 받은 전자등록기관 또는 그 임원이 이의절차를 통하여 조치의 위법·부당함을 행정소송이나 행정심판 전에 다툴 수 있도록 하여 당사자의 권익을 보장하고, 처분청인 금융위원회 입장에서도 스스로 시정할 수 있는 기회를 부여하여 적법성을 확보하고자 한 취지의 규정이다. 본조는 이의신청의 사유와 그 절차에 대해서 규정하고 있다.

Ⅱ. 제재조치에 대한 이의신청

1. 대상 조치

① 전자등록업 허가 취소(제53조 제1항), ② 전자등록기관에 대한 업무정지·계약인계명령 등(동조 제3항), ③ 전자등록기관 임원에 대한 직무정지, 문책경고, 주의적 경고, 주의, 그 밖에 필요한 조치(동조 제4항 제2호 내지 제6호), ④ 임원에 대한 관리·감독상 의무를 위반한 임원에 대한 직무정지, 문책경고, 주의적 경고, 주의, 그 밖에 필요한 조치(동조 제6항)이다. 전자등록기관 임원에 대한 해임요구(동조 제4항 제1호)가 제외된 것은 청문절차를 통해 시정할 수 있는 기회가 부여되어 있고, 금융위원회에 의해서 직접 해임되는 것이 아니라 해당 전자등록기관에 의해서 해임되는 것을 고려하였기 때문이다.[4)]

2. 이의신청의 절차

(1) 이의신청자

조치를 받은 전자등록기관, 전자등록기관의 임원이 이의신청할 수 있다. 전자등록기관의 직원에 대하여는 금융위원회가 직접 조치할 수 없고, 전자등록기관에 조치를 요구할 수 있을 뿐이므로, 이의신청의 주체에서 제외되어 있다. 해당 조치에 이의가 있는 자는 조치를 고지받은 날로부터 30일 이내에 금융위원회에 이의를 신청할 수 있다(제56조 제1항).

(2) 적용 법규

전자증권법은 이의신청에 관하여 제56조에서는 대상조치 및 심사기간 이외에 별도로 규정하고 있지 않아 그 상세 절차는 어떤 규정에 의하여 규율될 것인지 검토할 필요가 있다. 특히 금융감독원장이 금융기관에 대한 검사의 방법과 검사결과의 처리 및 제재 등의 사항을 정한 「금융기관검사및제재에관한규정」(이하 제재규정)이 적용될지 문제된다. 제재규정상 "금융기관"이라 함은 설립·해

4) 한국증권법학회, 앞의 책, 1021면에서는 금융투자업자의 임직원에 대한 해임요구의 경우에는 자본시장법 제425조의 이의신청 대상에서 제외되는 이유를 설명하고 있는바, 이는 전자증권법 제56조에도 동일한 취지로 적용될 수 있다.

산, 영업의 인·허가, 승인 또는 업무감독·검사 등과 관련하여 「금융위원회의설치등에관한법률」(이하 "금융위설치법"이라 한다) 및 금융업관련법의 적용을 받는 회사 등을 의미한다(제3조 제2호). 전자등록기관이 검사와 관련하여 금융위설치법의 적용을 받는지 문제되는데, 금융위설치법은 검사 대상 기관으로 은행, 금융투자업자 등을 열거하면서 이외에 다른 법령에서 금융감독원이 검사를 하도록 규정한 기관을 규정하고 있다(제38조 제9호). 전자증권법상 금융감독원장은 금융위원회의 위탁을 받아 전자등록기관에 대하여 검사를 실시할 수 있으므로(제51조 제2항), 전자등록기관 또한 제재규정상에 금융기관으로 볼 여지가 충분하다. 다만 전자증권법은 제재규정상의 금융업관련법에는 제외되어 있는데(제3조 제1호), 금융사지배구조법상 금융관계법령(제2조 제7호) 등 다른 법령과의 균형상 포함하는 것이 타당하다.

(3) 이의신청의 처리

금융위원회 또는 금융감독원장으로부터 제재를 받은 자는 당해 제재처분 또는 조치요구가 위법 또는 부당하다고 인정하는 경우에는 금융위원회 또는 금융감독원장에게 이의를 신청할 수 있다(제재규정 37조 제1항). 금융감독원장은 이의신청에 대하여 다음과 같이 처리한다. i) 금융위원회의 제재처분에 대하여 이의신청을 받은 경우에는 이를 금융위원회에 지체없이 통보하고, 타당성 여부를 심사하여 처리결과[5]를 금융위원회에 건의한다. 다만, 이의신청이 이유 없다고 인정할 명백한 사유가 있는 경우에는 금융감독원장이 이의신청을 기각할 수 있다. ii) 금융감독원장의 제재처분 등에 대하여 이유가 없다고 인정하는 경우에는 이를 기각하고, 이유가 있다고 인정하는 경우에는 당해 처분을 취소 또는 변경한다(동조 제3항). 이의신청 처리결과에 대하여는 다시 이의신청할 수 없다(동조 제4항). 금융위원회는 이의신청에 대하여 60일 이내에 결정하는 것이 원칙이나, 부득이한 사정이 있는 경우는 최대 30일 연장할 수 있다(제56조 제2항).

5) 당해 처분의 취소·변경 또는 이의신청의 기각을 의미한다.

제57조(업무이전명령) ① 금융위원회는 전자등록기관이 다음 각 호의 어느 하나에 해당하는 경우에는 전자등록업의 전부 또는 일부를 다른 전자등록기관에 이전할 것을 명할 수 있다. 이 경우 금융위원회는 이전을 명할 때에는 미리 법무부장관과 협의하여야 한다.
1. 전자등록기관이 제12조제1항에 따라 전자등록업의 전부 또는 일부를 폐지하거나 해산한 경우
2. 제53조제1항에 따라 전자등록업허가가 취소된 경우

② 금융위원회는 계좌관리기관이 다음 각 호의 어느 하나에 해당하는 경우에는 제20조제1항 각 호의 업무의 전부 또는 일부를 다른 계좌관리기관에 이전할 것을 명할 수 있다.
1. 계좌관리기관이 정당한 사유 없이 제20조제1항 각 호의 업무를 폐지 또는 중단한 경우
2. 계좌관리기관이 합병, 파산, 영업의 폐지 등으로 사실상 전자등록업무를 수행할 수 없게 된 경우

Ⅰ. 본조의 취지

본조는 전자증권제도운영기관이 전자등록업무를 수행할 수 없는 사유가 생긴 경우에 다른 운영기관으로 업무를 이전할 수 있도록 하여 권리상실 위험과 불편으로부터 권리자를 보호하고자 한 취지의 규정이다.

Ⅱ. 제도운영기관에 대한 업무이전명령

업무이전명령이란 전자등록기관 또는 계좌관리기관이 업무폐지 등의 사유로 업무수행이 곤란한 경우 금융위원회의 명령으로 전자등록업의 전부 또는 일부를 다른 전자등록기관 또는 계좌관리기관에 이전하는 것을 의미한다. 이 경우 금융위원회는 이전을 명할 때에는 미리 법무부장관과 협의하여야 한다(제57조 제1항).

업무이전명령의 사유는 전자등록기관과 계좌관리기관을 달리 정하고 있다. 전자등록기관의 경우 ① 전자등록기관이 전자등록업의 전부 또는 일부를 폐지하거나 해산한 경우(제12조 제1항), ② 전자등록업 허가가 취소된 경우(제53조 제1항)이다. 계좌관리기관의 경우 ① 계좌관리기관이 정당한 사유 없이 법상 업무

를 폐지 또는 중단한 경우, ② 계좌관리기관이 합병, 파산, 영업의 폐지 등으로 사실상 전자등록업무를 수행할 수 없게 된 경우이다.

전자증권법은 전자등록기관 설립에 대한 허가주의를 취하게 되어 복수의 전자등록기관의 출현이 가능하게 되었으므로 전자등록기관에 대한 업무이전명령 또한 가능하게 되었다. 입법론적으로 전자등록기관에 대한 업무이전명령의 사유가 계좌관리기관에 비해 제한적이고, 시행령으로 위임한 사항도 없으므로 사실상 전자등록업을 수행할 수 없는 경우를 추가하여 탄력적으로 적용할 수 있도록 할 필요가 있다고 판단된다.

제58조(계좌관리기관에 대한 검사 및 조치) ① 계좌관리기관(한국은행, 그 밖에 업무의 성격과 검사의 필요성 등을 고려하여 대통령령으로 정하는 기관은 제외한다)은 제20조제1항 각 호의 업무의 수행과 관련하여 그 업무와 재산상황에 관하여 금융감독원장의 검사를 받아야 한다. 이 경우 제51조제3항부터 제5항까지의 규정을 준용한다.
② 금융위원회는 계좌관리기관이 별표 2 각 호의 어느 하나에 해당하는 경우에는 제53조제3항 각 호의 어느 하나에 해당하는 조치를 할 수 있다.
③ 금융위원회는 계좌관리기관의 임원이 별표 2 각 호의 어느 하나에 해당하는 경우에는 제53조제4항 각 호의 어느 하나에 해당하는 조치를 할 수 있다.
④ 금융위원회는 계좌관리기관의 직원이 별표 2 각 호의 어느 하나에 해당하는 경우에는 제53조제5항 각 호의 어느 하나에 해당하는 조치를 계좌관리기관에 요구할 수 있다.
⑤ 제2항부터 제4항까지의 규정에 따른 계좌관리기관 및 그 임직원에 대한 조치 등에 관하여는 제53조제6항 및 제54조부터 제56조까지(허가의 취소에 관한 부분은 제외한다)의 규정을 준용한다.

Ⅰ. 본조의 취지

본조는 계좌관리기관에 대한 상시적 감시체계를 마련하여 제도의 안정적 운영을 도모하고, 계좌관리기관 및 그 임직원의 전자증권법상 의무 위반행위와 그에 따른 제재 조치를 명시하여 업무수행의 적법성을 확보하고자 하는 취지의 규정이다.

Ⅱ. 계좌관리기관에 대한 검사

1. 검사대상 기관

계좌관리기관은 검사의 대상이 되지만 업무의 성격과 검사의 필요성을 고려하여 시행령으로 정하는 기관은 제외된다. 이에 따라 ① 한국은행, ② 외국 전자등록기관, ③ 정리금융회사, ④ 조세특례제한법 시행령상 사업시행자는 제외된다(제58조 제1항, 영 제42조). 이 중 한국은행만 전자증권법에 규정되어 있고, 다른 계좌관리기관은 시행령에 규정되어 있다. 한국은행은 중앙은행으로서 독립성 유지 측면에서 금융당국의 검사의 대상이 되지 않는 점, 외국 전자등록기관은 우리나라 감독권이 현실적으로 미치지 않는 점, 정리금융회사는 예금보험공사의 직접적인 감독을 받는 점, 조세특례제한법 시행령상 사업시행자는 보상채권을 만기까지 단순 보유한다는 점에서 제외되었다.[6]

2. 검사의 내용 및 방법

검사의 주체는 금융감독원장이며, 검사의 대상은 계좌관리기관의 업무와 재산상황이다. 검사의 방법은 전자등록기관에 대한 검사의 규정을 대부분 준용하는 방식을 취하고 있다. 금융감독원장은 검사시 필요한 경우에는 계좌관리기관에 업무 또는 재산에 관한 보고, 자료의 제출, 증인의 출석·증언 및 의견의 진술을 요구할 수 있다(제58조 제1항 후단, 제51조 제3항). 검사를 하는 사람은 그 권한을 표시하는 증표를 지니고 관계인에게 보여주어야 한다(제51조 제4항). 금융감독원장이 검사를 한 경우에는 그 보고서를 금융위원회에 제출하여야 하며, 이 법 또는 이 법에 따른 명령이나 처분을 위반한 사실이 있으면 그 처리에 관한 의견서를 첨부하여야 한다(제51조 제5항).

Ⅲ. 계좌관리기관 및 그 임직원에 대한 조치

1. 조치 사유

계좌관리기관 및 그 임직원이 별표 2 각 호의 어느 하나에 해당하는 경우이다.

6) 한국예탁결제원, 조문해설서, 98면.

〈표 7-4〉 전자증권법 별표 2: 계좌관리기관 및 그 임직원에 대한 조치 사유

1. 제4조를 위반하여 전자등록업허가(변경허가를 포함한다)를 받지 아니하고 전자등록업을 한 경우
2. 제21조제6항을 위반하여 고객계좌부의 전자등록을 변경하지 않은 경우
3. 제22조제2항 또는 제3항을 위반하여 고객계좌부를 작성하지 않거나 거짓으로 작성한 경우 또는 전자등록기관에 고객관리계좌를 개설하지 않은 경우
4. 제26조제2항(제27조제3항 및 제34조에서 준용하는 경우를 포함한다)을 위반하여 고객계좌부에 전자등록을 하지 않은 경우
5. 제29조제2항(제34조에서 준용하는 경우를 포함한다) 각 호 외의 부분 본문을 위반하여 제30조부터 제32조까지의 규정에 따른 전자등록을 한 경우
6. 제30조제2항(제34조에서 준용하는 경우를 포함한다)을 위반하여 계좌간 대체의 전자등록을 하지 않은 경우
7. 제31조제2항을 위반하여 질권 설정 또는 말소의 전자등록을 하지 않은 경우
8. 제32조제2항을 위반하여 신탁재산이라는 사실의 표시 또는 말소의 전자등록을 하지 않은 경우
9. 제33조제2항을 위반하여 권리 내용을 변경하거나 말소하는 전자등록을 하지 않은 경우
10. 제37조제4항 후단(같은 조 제8항에서 준용하는 경우를 포함한다)을 위반하여 요청받은 사항을 통보하지 않거나 거짓으로 통보한 경우
11. 제39조제2항을 위반하여 전자등록기관에 통지하지 않거나 거짓으로 통지한 경우
12. 제39조제4항 또는 제40조제3항을 위반하여 고객계좌부에 처분을 제한하는 전자등록을 하지 않거나 처분을 제한하는 전자등록을 말소하지 않은 경우
13. 제40조제2항을 위반하여 전자등록기관에 통지하지 않거나 거짓으로 통지한 경우
14. 제41조제1항을 위반하여 열람 또는 출력·복사할 수 있도록 하지 않은 경우
15. 제42조제1항을 위반하여 초과분을 해소하지 않은 경우
16. 제42조제3항을 위반하여 해소 의무를 이행하지 않은 경우
17. 제42조제4항을 위반하여 원리금 등을 지급할 의무를 이행하지 않은 경우

(이하 생략)

2. 조치의 종류

계좌관리기관에 대한 조치의 종류는 전자등록기관에 대한 규정을 준용하는 방식을 취하고 있다(제58조 제2항 내지 제4항). 다만 계좌관리기관은 전자증권법상 허가를 받지 않으므로 허가의 취소는 제외되어 있다. 금융위원회는 계좌

관리기관 및 그 임직원이 별표 2의 사유에 해당하는 경우, 계좌관리기관 및 그 임원에 대해서는 직접 조치할 수 있으나, 직원에 대하여는 계좌관리기관에 조치를 요구할 수 있고 직접 조치할 수는 없다. 금융위원회는 계좌관리기관의 임직원에 대하여 조치를 하거나 조치를 요구하는 경우 그 임직원에 대하여 관리·감독의 책임이 있는 임직원에 대한 조치를 함께 하거나 이를 요구할 수 있다. 다만, 관리·감독의 책임이 있는 자가 그 임직원의 관리·감독에 상당한 주의를 다한 경우에는 조치를 감면할 수 있다(제58조 제5항, 제53조 제6항).

〈표 7-5〉 계좌관리기관 및 그 임직원에 대한 조치

계좌관리기관	계좌관리기관 임원	계좌관리기관 직원
–	해임요구	면직
업무정지	직무정지	정직
계약인계명령	–	–
시정명령	–	감봉
공표명령	–	견책
기관경고	문책경고, 주의적 경고	경고
기관주의	주의	주의
경영개선요구	–	–
변상요구	–	–
고발	고발	고발

3. 절 차

계좌관리기관 및 그 임직원에 대한 조치에 관하여는 청문절차(제54조), 조치의 기록 및 유지·관리의무(제55조), 이의신청(제56조) 절차가 준용된다. 다만 허가의 취소는 제외한다(제58조 제5항).

제 8 장 단기사채등에 대한 특례

제59조(발행 절차 및 발행 한도에 관한 특례) 제2조제1호나목 또는 마목에 따른 권리(이하 이 조에서 "사채등"이라 한다)로서 다음 각 호의 요건을 모두 갖추고 전자등록된 것(이하 "단기사채등"이라 한다)을 발행하려는 자는 「상법」 제469조제4항(다른 법률에서 준용하는 경우를 포함한다)에도 불구하고 이사회가 정하는 발행 한도(미상환된 단기사채등의 발행 잔액을 기준으로 한다) 이내에서 대표이사에게 단기사채등의 발행 권한을 위임할 수 있다. 이 경우 해당 발행인이 이사회 또는 대표이사의 기능을 수행하는 다른 기구 등을 둔 경우에는 명칭과 관계없이 그 다른 기구 등을 각각 이 법에 따른 이사회 또는 대표이사로 본다.

1. 각 사채등의 금액이 1억원 이상일 것
2. 만기가 1년 이내일 것
3. 사채등의 금액을 한꺼번에 납입할 것
4. 만기에 원리금 전액을 한꺼번에 지급한다는 취지가 정해져 있을 것
5. 사채등에 전환권(轉換權), 신주인수권, 그 밖에 다른 권리로 전환하거나 다른 권리를 취득할 수 있는 권리가 부여되지 아니할 것
6. 사채등에 「담보부사채신탁법」 제4조에 따른 물상담보(物上擔保)를 붙이지 아니할 것

Ⅰ. 본조의 취지

전자증권제도에 전자단기사채를 수용하여 전자증권법 시행에 따라 전자단기사채법은 폐지되었는바, 본조는 단기사채의 발행요건과 발행절차에 관한 내용을 그대로 전자증권법에 이관하여 전자단기사채에 대한 업무의 연속성을 유지하고자 한 규정이다.

Ⅱ. 단기사채등의 발행요건

사채등이란 사채(제2조 제1호 나목) 및 공기업 등 법률에 따라 직접 설립된 법인이 발행하는 채무증권에 표시되어야 할 권리(동조 동호 마목)를 의미한다. 단기사채란 사채등으로서 다음 요건을 모두 갖추고 전자등록된 것을 의미한다

(제59조).

요건으로는 ① 사채금액이 1억원 이상일 것, ② 만기가 1년 이내일 것, ③ 사채 금액의 일시납 방식일 것, ④ 만기에 원리금 전액을 일시에 지급, ⑤ 사채에 전환권, 신주인수권 등 권리가 부여되지 아니할 것, ⑥ 사채에 담보부사채신탁법 제4조에 따른 물상담보를 붙이지 않을 것이다. ①요건은 소액참가를 제한하고 단기사채시장을 전문투자자 중심으로 육성하기 위한 취지이며, ②요건은 단기자금조달이라는 취지를 달성하기 위한 것이다. ③요건은 단기사채에는 장기자금 조달에 사용되는 분할납입방식을 허용할 실익이 적으며, 분할납입에 따른 납입의무의 일부불이행이나 전액납입전 단기사채의 발행 및 유통가능성의 위험을 회피하기 위한 것이다. ④요건은 단기사채의 특성상 상환기간이 1년 이하인 단기채권이므로 원금과 이자의 상환일을 달리할 실익이 없기 때문이며, ⑤요건은 전환권 등을 부여하는 경우에는 사실상 전환사채나 신주인수권부사채를 발행하는 것을 허용하는 결과가 되기 때문이다. ⑥요건은 물상담보를 붙이는 경우에는 신탁회사에 대한 관리·감독이 필요하게 되어 사채권자집회의 소집과 운영이 불가피하게 되므로 단기사채제도의 취지에 부합하지 않게 되기 때문이다.[1)]

Ⅲ. 발행절차 및 발행한도 특례

신주의 발행과 동일하게 사채의 발행은 이사회의 결의로 하는 것이 원칙이다(상법 제469조 제1항). 하지만 자본시장에서의 투자자들의 선호자산 변화, 이자율의 변동 여러 조건들이 변하함에 따라 발행비용 및 난이도 또한 달라지게 된다. 사채발행의 효율을 높이기 위하여 사채발행의 결정여부와 실행에 기동성을 부여하기 위하여 정관에 규정을 둔 경우에는 이사회의 결의로 대표이사에게 사채발행의 권한을 위임할 수 있도록 하였다(동조 제4항).[2)] 하지만 전자등록된 단기사채에 대해서는 이에 대한 특칙을 마련하여 발행과정의 편의를 부여하고자 하였다. 즉 정관의 근거가 없이도 이사회가 정하는 발행 한도 이내에서 대표

1) 허항진, 앞의 책, 43~46면.
2) 이철송, 앞의 책, 1046면.

이사에게 단기사채의 발행 권한을 위임할 수 있다. 기업어음 수준의 발행 편의를 부여하되, 발행 남발(濫發) 위험은 이사회를 통하여 규제하고자 하였다. 발행인이 이사회 또는 대표이사의 기능을 수행하는 다른 기구 등을 둔 경우에는 명칭과 관계없이 그 다른 기구 등을 각각 이 법에 따른 이사회 또는 대표이사로 본다(제59조 후단). 이는 공기업 등에서 이사회를 두지 않고 이사회의 기능을 수행하는 다른 기구를 둔 경우에 발행권한에 대한 입법적 미비로 인하여 전자단기사채를 발행할 수 없는 문제를 방지하기 위한 규정이다.[3)]

〈표 8-1〉 이사회 위임규정 비교

구 분	상법상 사채(제469조)	단기사채(제59조)
발행절차	정관 근거 필요	정관 근거 불요
위임형태	이사회 ⇒ 대표이사	이사회 ⇒ 대표이사
위임사항	사채금액, 종류	발행 권한
발행한도	없음[4)]	미상환된 단기사채 발행잔액

제60조(사채원부 작성에 관한 특례) 단기사채등에 대해서는 「상법」 제488조(다른 법률에서 준용하는 경우를 포함한다)에도 불구하고 사채원부를 작성하지 아니한다.

본조는 전자단기사채법의 사채원부 작성 특례에 관한 규정을 전자증권법에 수용한 규정이다. 사채원부는 사채권자 및 사채에 관한 사항을 기재한 회사의 장부를 의미한다. 회사는 사채원부를 작성하여야 하며(상법 제488조), 이를 본점 등에 비치하여야 한다(동법 제396조). 하지만 단기사채는 짧은 기간에 수시로 발행과 상환을 반복하므로 사채원부 작성의무를 부과하게 되면 발행인에게 과중한 업무부담을 초래하게 되며, 동일한 기능을 하는 기업어음에 대해서도 사채원부에 대응하는 제도가 존재하지 않으므로[5)] 사채원부의 작성을 면제하였

3) 허항진, 앞의 책, 159면.
4) 종래 상법상 사채발행총액의 제한규정(제470조 제1항)이 있었으나 2012년 4월 개정상법에서 폐지되었다.
5) 허항진, 앞의 책, 160면.

다. 일본의 대체법[6] 또한 같은 태도를 취하고 있다.

제61조(사채권자집회에 관한 특례) 단기사채등에 대해서는 「상법」 제439조제3항(「상법」 제530조제2항, 제530조의9제4항 및 제530조의11제2항에서 준용하는 경우를 포함한다), 제481조부터 제484조까지 및 제484조의2(사채권자집회에 관한 부분으로 한정한다), 제490조, 제491조, 제491조의2, 제492조부터 제504조까지, 제508조부터 제510조까지 및 제512조를 적용 또는 준용하지 아니한다.

본조는 전자단기사채법의 사채권자집회에 관한 특례에 관한 규정을 전자증권법에 수용한 규정이다. 사채권자집회는 사채권자의 이익에 중대한 관계가 있는 사항에 관하여 같은 종류의 사채권자의 총의를 결정하기 위하여 사채권자로 구성되는 임시적 의결기관이다.[7] 사채권자집회는 동종의 사채권자들의 이익을 옹호하기 위한 수단이다. 본조는 단기사채등에 대하여 사채권자집회 관련 규정의 적용을 배제하고 있다. 입법과정에서 사채권자집회는 중요한 권리행사 수단이라는 점에서 전면배제는 타당하지 않다는 견해도 있었지만 결국 적용배제되는 걸로 입법되었다. 그 취지는 첫째, 단기사채는 결국 기업어음을 대체하는 제도인데 기업어음이 사채권자집회제도와 같은 제도를 운영하고 있지 않다는 점, 둘째, 최저단위금액을 1억 원 이상으로 설정하여 단기사채에 투자하는 단기사채권자가 경제적 약자로 보기는 어렵다는 점, 셋째, 단기자금 조달을 위한 제도라는 점에서 일반적인 사채와 비교하여 단체법적 수단에 의하더라도 변경되지 않도록 하는 것이 타당하다는 점이다.[8]

6) 일본 대체법 제83조 제2항.
7) 이철송, 앞의 책, 1059면.
8) 허항진, 앞의 책, 161~162면.

제9장 보 칙

第62條(발행 내용의 공개) ① 전자등록기관은 발행인이 제25조부터 제27조까지의 규정에 따라 주식등을 전자등록한 경우에는 해당 전자등록주식등의 종류·종목, 발행조건, 그 밖에 대통령령으로 정하는 발행 내용을 해당 전자등록기관의 인터넷 홈페이지를 통하여 공개하여야 하며, 이를 지체 없이 금융위원회가 따로 지정하는 전자등록기관에 통보하여야 한다.
② 금융위원회가 따로 지정하는 전자등록기관은 제1항에 따른 통지를 받은 경우 지체 없이 대통령령으로 정하는 바에 따라 이를 인터넷 홈페이지를 통하여 공개하여야 한다.

Ⅰ. 본조의 취지

본조는 주식등을 신규 전자등록하는 경우 발행내역을 공개하도록 하여 발행시장의 투명성을 제고하고, 투자자들의 해당 정보에 대한 접근권을 보장하고자 하는 취지에서 마련된 규정이다. 전자등록기관이 보유한 발행 정보는 계좌관리기관 등 금융기관은 물론이고, 인터넷포털사업자 또는 신용평가사 등을 통해 일반 투자자에게도 제공되고 있다. 본조에서는 전자등록기관이 공개해야 할 발행정보의 종류와 공개절차에 대해서 규정하고 있다.

Ⅱ. 발행 내용의 공개

1. 공개사유

전자등록의 방법으로 주식등을 새로 발행하려는 경우 또는 이미 주권등이 발행된 주식등을 권리자에게 보유하게 하거나 취득하게 하려는 경우이다(제25조). 증권예탁제도에서는 신규로 증권을 발행하는 경우에 발행인의 통지의무를 규정하고 있으나(자본시장법 제323조 제1항),[1] 전자증권제도 하에서는 전자등

1) 발행인은 예탁결제원에 증권등의 종류, 발행 회차, 권종 및 번호, 발행가액총액, 발행 조건 등을 통보하여야 한다(자본시장법 제323조 제1항, 법 시행규칙 제34조 제1항).

록기관에 의하여 신규 발행절차가 이루어지므로 별도의 통지절차가 필요하지 않다.

2. 공개정보의 범위

전자등록주식등의 종류·종목, 발행조건, 그 밖에 대통령령으로 정하는 발행 내용을 공개하여야 한다(제62조 제1항, 영 제43조 제1항). 전자증권법에서 규정한 공개정보는 아래의 표와 같이 정리할 수 있다.

〈표 9-1〉 전자증권법상 공개정보

법 제62조 제1항	영 제43조	업무규정 제70조
• 전자등록주식등의 종류·종목, 발행조건	• 전자등록주식등의 발행 회차 및 발행가액 총액 • 단기사채등의 발행한도 및 미상환 발행잔액	• 신규 전자등록정보 • 기준일정보 • 권리행사정보 • 기타 정보

3. 공개의 절차 및 방법

(1) 공개 의무

전자증권법은 중요도에 따라 공개 의무정보와 공개 가능정보로 나누고 있다. 즉, 주식등의 종류·종목, 발행조건, 그 밖에 시행령으로 정하는 내용은 공개 의무정보로 규정하고 있으며, 이에 따라 업무규정에서는 세부적인 내용을 정하고 있다.

〈표 9-2〉 업무규정의 공개정보 구분

공개 의무 정보	공개 가능 정보*
① 신규 전자등록정보(세칙 제80조) • 발행인의 명칭, 주소 및 대표자 • 전자등록주식등의 종류 및 종목 • 발행 회차 및 발행가액총액 • 발행일자 및 발행방법(공모, 사모 여부) • 단기사채 발행한도 및 미상환 발행잔액 • 사채, 국채 등 발행일 및 만기일 • 그 밖에 발행인관리계좌부 기록 필요 사항으로서 예탁결제원이 별도로 정하는 사항	① 권리행사정보(세칙 제82조) • 전자등록주식등의 종류 및 회차 • 권리종류·발생사유·내용, 행사일정 • 발행조건이 변경된 경우 그 내역 • 그 밖에 권리행사와 관련하여 필요한 사항
② 기준일정보(세칙 제81조) • 기준일 및 그 설정사유 • 그 밖에 기준일 관련 필요사항	② 기타 정보(세칙 제83조) • 사전심사 및 신규 전자등록 승인 현황 • 전자등록주식등의 표준코드 • 그 밖에 업무수행 관련 필요사항

* 공개 여부에 대한 전자등록기관 재량 부여

(2) 공개의 방법

해당 전자등록기관의 인터넷 홈페이지를 통하여 공개하여야 한다. 구체적으로 공개 의무정보에 대하여는 예탁결제정보통신망[2](e-SAFE) 또는 예탁결제원의 정보공개 업무를 수행하기 위한 홈페이지(SEIBro[3])를 통하여 정보를 공표할 수 있다(세칙 제85조). 전자등록기관이 발행정보 등을 공개한 경우 이를 지체없이 금융위원회가 지정하는 전자등록기관에 통보하여야 한다(제62조 제1항). 금융위원회가 지정하는 전자등록기관은 통지를 받은 경우 지체 없이 발행 내용의 공개를 위한 별도의 인터넷 홈페이지를 개설하고 이를 통하여 해당 전자등록기관에 전자등록된 주식등의 발행 내용 및 다른 전자등록기관으로부터 통지

2) 원칙적으로 전자등록기관의 업무규정에 따른 업무는 예탁결제정보통신망에 따라 처리된다(동 규정 제79조). 예탁결제정보통신망의 명칭은 e-SAFE 시스템이며, 현재 전자증권 업무와 예탁결제업무가 하나의 시스템에서 처리되고 있다. 업무규정에서 전자증권 업무처리시스템을 예탁결제정보통신망으로 칭하는 것은 적합하지 않다고 보인다.

3) 한국예탁결제원이 운영하는 증권정보포탈 사이트의 명칭이다(https://seibro.or.kr/). 일반 투자자 또한 무료로 이용이 가능하며, 기업·주식·채권 등 다양한 증권정보를 제공하고 있다.

받은 발행 내용을 함께 공개해야 한다(제62조 제2항, 영 제43조 제2항).

第63条(전자등록증명서) ① 전자등록기관은 전자등록주식등의 소유자가 「공탁법」에 따라 공탁하거나 「자본시장과 금융투자업에 관한 법률」 제171조에 따라 보증금 또는 공탁금을 대신 납부하기 위하여 해당 전자등록주식등의 전자등록을 증명하는 문서(이하 이 조에서 "전자등록증명서"라 한다)의 발행을 신청하는 경우에는 대통령령으로 정하는 방법에 따라 발행하여야 한다. 이 경우 계좌관리기관에 전자등록된 주식등의 소유자는 해당 계좌관리기관을 통하여 신청하여야 한다.

② 전자등록기관이 제1항에 따라 전자등록증명서를 발행한 때에는 해당 전자등록주식등이 전자등록된 전자등록기관 또는 계좌관리기관은 전자등록계좌부에 그 전자등록증명서 발행의 기초가 된 전자등록주식등의 처분을 제한하는 전자등록을 하여야 하며, 그 전자등록증명서가 반환된 때에는 그 처분을 제한하는 전자등록을 말소하여야 한다.

③ 누구든지 제2항에 따라 처분이 제한되는 전자등록주식등을 자신의 채권과 상계(相計)하지 못하며, 이를 압류(가압류를 포함한다)하려는 경우에는 대통령령으로 정하는 방법 및 절차에 따라야 한다.

Ⅰ. 본조의 취지

본조는 전자등록주식등의 소유자의 전자등록증명서 발급신청 방법 및 전자등록기관의 발급 절차 등을 규정하였다.

Ⅱ. 전자증권법상 전자등록증명서

1. 개 념

전자등록증명서는 소유자가 보유한 전자등록주식등의 전자등록을 증명하는 문서로서 소유자의 신청에 따라 전자등록기관이 발급한다. 전자증권제도 하에서는 실물증권으로 공탁 등 권리행사가 곤란하므로, 전자등록을 증명하는 문서로 대신할 수 있도록 마련한 것이다. 종래 자본시장법상 예탁증명서 제도가 있었으나 전자증권제도의 시행으로 폐지[4]되고 전자등록증명서 제도로 계승되

4) 예탁증명서는 상장증권을 대신하여 보증금 또는 공탁금으로 납부하는 수단인데, 상장증권은

었다(제63조).

2. 발급 절차

(1) 신청권자 및 신청사유

전자등록주식등의 소유자만이 전자등록증명서의 발급을 신청할 수 있다. 현행법상으로는 소유자의 신청 없이 계좌관리기관이 직접 발급 신청을 할 수 없으며, 전자등록기관 직권으로 발급하는 것도 불가능하다.

전자등록증명서의 발급 신청사유는 첫째, 공탁법에 따라 전자등록주식등을 공탁하는 경우이다. 이 경우 대상증권은 상장증권에만 한정되는 것이 아니라 비상장증권을 포함한 모든 전자등록주식등이다. 둘째, 국가·지방자치단체·공공기관에 보증금 또는 공탁금을 전자등록주식등으로 대신 납부하는 경우(자본시장법 제171조[5])이다. "보증금 또는 공탁금"은 입찰보증금, 계약보증금, 하자보수보증금, 법령에 따른 공탁금을 의미하며(자본시장법 시행령 제192조 제1항), 대신 납부할 수 있는 상장증권은 채무증권(기업어음은 제외), 지분증권에 한한다(동조 제2항).

(2) 전자등록기관의 발급

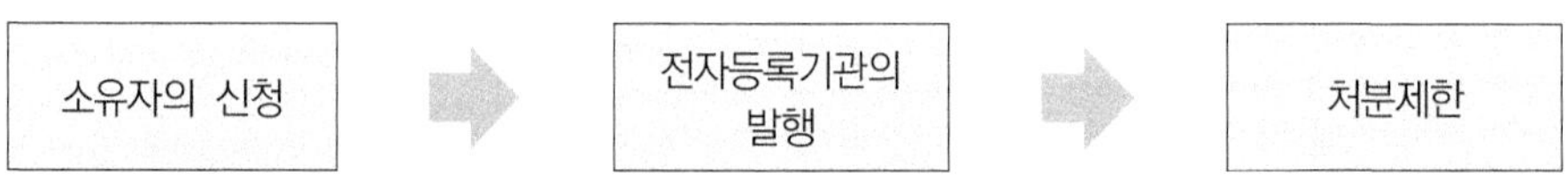

소유자의 신청이 필요하다. 이 때 계좌관리기관에 전자등록된 주식등의 소유자는 해당 계좌관리기관에 신청하여야 한다(제63조 제1항 후단). 전자등록기관은 고객계좌부에 전자등록된 주식등은 해당 계좌관리기관이 전자등록기관에 통

의무적 적용대상으로 하는 전자증권제도 하에서는 전자등록증명서가 그 기능을 대체하므로 예탁증명서의 존치 실익은 없었기 때문이다.

5) 제171조(보증금 등의 대신 납부) ① 국가·지방자치단체 또는 「공공기관의 운영에 관한 법률」에 따른 공공기관(이하 이 조에서 "공공기관"이라 한다)에 납부할 보증금 또는 공탁금 중 대통령령으로 정하는 보증금이나 공탁금은 상장증권으로 대신 납부할 수 있다.
② 국가·지방자치단체 또는 공공기관은 제1항에 따라 상장증권으로 대신 납부하는 경우 이를 거부하여서는 아니 된다.
③ 제1항에 따라 국가·지방자치단체 또는 공공기관에 대신 납부할 수 있는 상장증권 및 그 상장증권의 대신 납부하는 가액의 평가기준은 대통령령으로 정한다.

지한 고객계좌부에 따라 발행하고, 계좌관리기관등 자기계좌부에 전자등록된 주식등은 계좌관리기관등 자기계좌부에 따라 발행한다(영 제44조 제1항). 전자등록증명서에는 ① 소유자의 인적사항, ② 전자등록주식등의 종류 및 수량 또는 금액, ③ 전자등록증명서의 사용목적, ④ 신청용도 이외의 사용 금지, ⑤ 공탁된 전자등록주식등을 수령할 자는 자기의 전자등록계좌로 계좌간 대체의 전자등록 신청이 가능하다는 뜻 등을 기재해야 한다(동조 제2항).

3. 발급 이후의 조치

전자등록기관이 전자등록증명서를 발행한 때에는 전자등록기관 또는 계좌관리기관은 전자등록계좌부에 그 전자등록증명서 발행의 기초가 된 전자등록주식등의 처분을 제한하는 전자등록을 하여야 하며, 그 전자등록증명서가 반환된 때에는 그 처분을 제한하는 전자등록을 말소하여야 한다(제63조 제2항).

처분이 제한되는 전자등록주식등을 자신의 채권과 상계(相計)하지 못한다(동조 제3항). 상계를 허용하게 되는 경우 이를 주장하는 채권자가 이미 전자등록증명서를 수령한 피공탁자에 우선하여 전자등록주식등을 취득할 수 있는 결과가 되므로 실효성 확보 측면에서 문제가 생긴다. 처분이 제한된 전자등록주식등을 압류하려는 경우에는 발행 사유에 따라 압류를 신청해야 하는 권리가 달라진다. 즉, ① 공탁법에 따른 공탁을 위해 발행된 경우에는 공탁물의 출급·회수권, ② 자본시장법 제171조에 따라 보증금 또는 공탁금을 전자등록주식등으로 대납하기 위해 발행된 경우에는 전자등록증명서 반환을 청구할 수 있는 권리에 대하여 법원에 압류를 신청해야 한다(동조 제3항, 영 제44조 제3항).

〈표 9-3〉 예탁증명서와 전자등록증명서의 비교

구 분	예탁증명서	전자등록증명서
법적 근거	• 舊 자본시장법 제171조 제4항	• 제63조
발급사유	• 보증금, 공탁금 대납	• 보증금, 공탁금 대납 • 공탁법에 따른 공탁
대상증권	• 상장증권(예탁)	• 전자등록주식등(상장+비상장)

제64조(종류주식 전환에 관한 특례) ① 회사가 「상법」 제346조제2항에 따라 전자등록된 종류주식(種類株式)을 다른 종류주식으로 전환하는 경우 이사회는 같은 조 제3항제2호 및 제3호에 따른 사항 대신에 회사가 정한 일정한 날(이하 이 조에서 "전환기준일"이라 한다)에 전자등록된 종류주식이 다른 종류주식으로 전환된다는 뜻을 공고하고, 주주명부에 주주, 질권자, 그 밖의 이해관계자로 기재되어 있는 자에게 그 사항을 통지하여야 한다.
② 「상법」 제350조제1항에도 불구하고 회사가 전자등록된 종류주식을 다른 종류주식으로 전환한 경우에는 전환기준일에 전환의 효력이 발생한다.
③ 「상법」 제351조에도 불구하고 회사가 전자등록된 종류주식을 다른 종류주식으로 전환한 경우의 변경등기는 전환기준일이 속하는 달의 마지막 날부터 2주 내에 본점 소재지에서 하여야 한다.

Ⅰ. 본조의 취지

상법에서는 회사가 종류주식을 다른 종류주식으로 전환하는 경우에 舊주권 실효절차를 규정하였으나(제346조), 전자등록주식등에 대하여는 주권이 존재하지 않아(제36조 제1항), 상법규정에 따른 처리가 곤란하므로 본조에서 별도의 특례규정을 마련하였다.

Ⅱ. 전환에 관한 종류주식(상법 제346조)

종류주식이란 소정의 권리에 관하여 특수한 내용을 부여한 주식을 의미한다. 투자자들의 다양한 선호도와 회사의 자금조달의 효율성을 고려하여 주식이 표창하는 권리의 조합을 달리한 것이 종류주식이다.[6] 종류주식에는 이익배당·잔여재산분배에 관한 종류주식(상법 제344조의2), 의결권의 행사에 관한 종류주식(제344조의3), 상환에 관한 종류주식(제345조), 전환에 관한 종류주식(제346조)이 있다. 전환에 관한 종류주식(전환주식, convertible share)이란 주주 또는 회사의 청구에 따라 다른 종류의 주식으로 전환할 수 있는 권리가 부여된 주식을 의미한다. ① 주주가 전환청구할 수 있는 전환주식(주주전환주식)의 경우 주주의 청구에 따라 절차가 개시되며, 청구를 한 때 전환의 효력이 발생한다(제350조 제

6) 이철송, 앞의 책, 286면.

1항). ② 회사가 전환청구할 수 있는 전환주식(회사전환주식)의 경우 회사의 전환 결정으로 절차가 개시되며, 전환주식의 주주 및 주주명부상 권리자에게 i) 전환할 주식, ii) 주권 제출의무, iii) 주권 제출의무 불이행시 주권이 실효된다는 뜻을 통지하여야 한다(제346조 제3항). 전환의 효력은 주권제출기간이 만료된 때에 발생한다(제350조 제1항).

Ⅲ. 회사전환주식 전환에 관한 특례

전자증권제도 하에서는 주권이 존재하지 않으므로 주권제출 절차가 생략되고, 전환사실의 공고 및 주주명부상 권리자 등에 대한 통지로서 전환절차가 진행된다. 이사회는 전자등록된 종류주식의 전환사실을 공고하고, 주주명부상 주주, 질권자 등에게는 이를 통지하여야 한다(제64조 제1항). 전환의 효력은 전환기준일에 발생하며(동조 제2항), 변경등기는 전환기준일이 속하는 달의 마지막 날부터 2주 내에 본점 소재지에서 하여야 한다(동조 제3항).

〈표 9-3〉 회사전환주식에 관한 상법과 전자증권법 비교

구 분	상 법	전자증권법
통지사항	① 주권 제출의무 ② 주권 제출의무 불이행시 실효(제346조 제3항 제2호·제3호)	전환사실
전환효력 발생일	주권제출 기간만료시(제350조 제1항)	전환기준일
변경등기 의무 기산점	주권제출 기간만료일이 속하는 달의 마지막 날부터 2주 내(제351조)	전환기준일이 속하는 달의 마지막 날부터 2주 내에

제65조(주식의 병합에 관한 특례) ① 회사는 전자등록된 주식을 병합하는 경우에는 「상법」 제440조에도 불구하고 회사가 정한 일정한 날(이하 이 조에서 "병합기준일"이라 한다)에 주식이 병합된다는 뜻을 그 날부터 2주 전까지 공고하고 주주명부에 기재된 주주와 질권자에게는 개별적으로 그 통지를 하여야 한다.

② 「상법」 제441조 본문에도 불구하고 전자등록된 주식의 병합은 병합기준일에 효력이 생긴다. 다만, 「상법」 제232조의 절차가 종료되지 아니한 경우에는 그 종료된 때에 효력이 생긴다.
③ 제1항과 제2항은 「상법」 제329조제5항, 제329조의2제3항, 제343조제2항, 제530조제3항 및 제530조의11제1항에도 불구하고 다음 각 호의 사유로 전자등록된 주식의 신규 전자등록 및 신규 전자등록의 변경·말소의 전자등록을 하는 경우에 준용한다.
1. 회사의 합병 및 분할(분할합병을 포함한다)
2. 주식의 분할
3. 주식의 소각
4. 액면주식과 무액면주식 간의 전환

Ⅰ. 본조의 취지

상법에서는 주식을 병합하는 경우에 舊주권 실효절차를 규정하였으나, 전자등록주식등에 대하여는 주권이 존재하지 않아(제36조 제1항), 상법규정에 따른 처리가 곤란하므로 본조에서 별도의 특례규정을 마련하였다.

Ⅱ. 상법상 주식의 병합

주식의 병합이란 여러 주식을 합하여 적은 수의 주식을 발행하는 방법을 의미한다. 주식의 병합은 통상 단주를 발생하게 하며, 유통성을 감소하는 결과를 초래하므로 자본금감소(상법 제440조), 합병(제530조 제3항), 분할(제530조의11 제1항)의 경우에 한하여 할 수 있다. 주식을 병합하는 경우에는 회사는 1월 이상의 기간을 정하여 그 뜻과 그 기간 내에 주권을 회사에 제출할 것을 공고하고 주주명부에 기재된 주주와 질권자에 대하여는 각별로 그 통지를 하여야 한다(제440조). 주권제출기간이 만료한 때에 주식병합의 효력이 발생하며(제441조 본문), 이 때 자본금 감소의 효력이 발생한다. 다만 채권자의 이의기간 등 절차가 종료하지 않은 때에는 그 절차가 종료한 때에 효력이 발생한다(동조 단서).

Ⅲ. 주식 병합에 관한 특례

전자증권제도 하에서는 주권이 존재하지 않으므로 주권제출 절차를 생략하고, 병합사실의 공고 및 주주명부상 권리자에 대한 통지로서 병합절차가 진행된다. 즉, 회사가 전자등록된 주식을 병합하는 경우에 그 사실을 공고하고, 주주명부상 주주, 질권자에게 통지하여야 한다(제65조 제1항). 원칙적으로 전환의 효력은 병합기준일에 발생하지만(동조 제2항 본문), 채권자 이의절차가 진행 중인 경우에 그 절차가 종료된 때에 효력이 발생한다(동조 동항 단서). 상기 절차는 ① 회사의 합병 및 분할(분할합병 포함), ② 주식의 분할, ③ 주식의 소각, ④ 액면주식과 무액면주식 간의 전환의 사유로 신규 전자등록하는 경우에 준용한다(동조 제3항).

〈표 9-4〉 주식의 병합에 관한 상법과 전자증권법 비교

구 분	상 법	전자증권법
통지사항	• 주식 병합 사실 및 주권 제출의무(제440조)	• 주식 병합 사실
병합효력 발생일	• 주권 제출기간 만료시(제441조)	• 병합기준일

제66조(주주명부 등에 관한 특례) 제37조제1항 단서에 따라 소유자명세의 작성을 요청하지 아니하는 경우에는 전자등록주식등의 발행인은 「상법」 제354조제1항(다른 법률에서 준용하는 경우를 포함한다)에도 불구하고 제37조제1항 본문에 따른 일정한 날에 전자등록계좌부에 전자등록된 전자등록주식등의 권리자를 그 권리를 행사할 자로 본다.

본조는 소유자명세가 작성되지 않는 기명식 전자등록주식등의 경우에 권리자 확정방법을 마련한 규정이다. 기명식 전자등록주식등의 경우 기준일이 설정되면 원칙적으로 발행인은 소유자명세의 작성을 요청하여야 한다(제37조 제1항 본문). 하지만 권리자의 이익을 해할 우려가 없는 경우에는 작성이 면제된다.

즉 ① 자본시장법에 따라 투자신탁재산을 운용하는 집합투자업자가 결산에 따라 분배금을 배분하기 위한 경우, ② 자본시장법에 따른 투자회사가 결산에 따라 발생하는 분배금을 배분하기 위한 경우에는 소유자명세가 작성되지 않는다(동조 동항 단서, 영 제30조). 이 경우 기준일 설정에도 불구하고 기준일 당시 전자등록계좌부상 권리자를 권리행사자로 간주한다.

제67조(외국 전자등록기관 등에 관한 특례) ① 제20조제1항제3호, 제37조, 제39조, 제40조, 제41조제1항, 제42조, 제43조제3항·제4항, 제48조 및 제63조는 외국 전자등록기관이 이 법에 따른 계좌관리기관의 업무를 하는 경우에 대해서는 적용하지 아니한다. 다만, 외국 전자등록기관이 그 적용을 요청하는 경우에는 적용한다.

② 제36조제1항에도 불구하고 외국법인등은 전자등록주식등에 대하여 증권 또는 증서를 발행할 수 있다. 이 경우 그 증권 또는 증서를 그 외국법인등의 소재지의 외국 전자등록기관 또는 금융위원회가 정하여 고시하는 보관기관에 보관하는 경우에만 해당 증권 또는 증서에 표시될 수 있거나 표시되어야 할 권리의 전자등록을 할 수 있다.

Ⅰ. 본조의 취지

본조에서는 우리나라와 제도 및 법률환경이 상이한 외국 전자등록기관과 외국법인등이 원활하게 전자증권제도에 진입하고 정착할 수 있도록 특례규정을 마련하였다.

Ⅱ. 외국 전자등록기관에 대한 특례

외국 전자등록기관이란 외국 법령에 따라 외국에서 전자등록기관의 업무에 상당하는 업무를 하는 자를 의미하며(제14조 제4호), 전자증권법상 계좌관리기관이 될 수 있다(제19조 제5호). 국가별 권리보유 방식의 차이, 본국법과의 충돌, 실무적 번거로움 등을 고려하여 외국 전자등록기관에 대하여는 전자증권법상 일부 규정의 적용을 배제할 필요가 있다. 예를 들면 전자증권법상 투자자는 발행회사에 직접 주주로서 권리를 행사하는 구조(직접보유)이지만, 외국은 금융중개기관이 주주로 등재되어 주주권을 행사하는 구조(간접보유)가 일반적이라고 할 수 있다. 따라서 외국 전자등록기관에 대하여는 고객계좌부 작성(제20조 제1항 제3호), 소유자명세(제37조), 소유자증명서(제39조), 소유내용의 통지(제40조), 권리내용의 열람(제41조 제1항), 초과분 해소(제42조), 전자등록증명서(제63조) 등에 관한 규정을 적용하지 않는다(제67조 제1항 본문). 다만 외국 전자등록기관이 그 적용을 요청하는 경우에는 적용한다(동조 동항 단서).

Ⅲ. 외국법인등에 대한 특례

외국법인등이라 함은 ① 외국 정부, ② 외국 지방자치단체, ③ 외국 공공단체, ④ 외국 법령에 따라 설립된 외국 기업, ⑤ 대통령령으로 정하는 국제기구 등을 의미한다(제2조 제1호 하목, 자본시장법 제9조 제16항). 전자등록주식등에 대하여 증권 또는 증서를 발행할 수 없으나(제36조 제1항), 외국법인등은 전자등록주식등에 대하여 증권 또는 증서를 발행할 수 있다(제67조 제2항 전단). 이 경우 그 증권 또는 증서를 그 외국법인등의 소재지의 외국 전자등록기관 또는 금융위원회가 정하여 고시하는 보관기관에 보관하는 경우에만 해당 증권 또는 증서에 표시될 수 있거나 표시되어야 할 권리의 전자등록을 할 수 있다(동조 동항 후단). "금융위원회가 정하여 고시하는 보관기관"이란 ① 외국법인등 소재지의 외국 전자등록기관이 출자한 기관으로서 국제증권 보관 및 결제업무를 수행할 목적으로 특별히 설립된 기관, ② 보관규모가 미화 100억 달러 이상의 국제증권 전문보관업무를 수행하며, 국제보관업무의 경험이 풍부하고 현지증권시장 사정에 정통하며, 국제적 또는 특정권역(대륙별)에 걸쳐 보관업무 제공이 가능한 외국의 금융기관, ③ 그 밖에 전자등록기관이 인정하는 기관을 의미한다(전자등록업규정 제6-1조).

제68조(민사집행 등) 전자등록주식등에 대한 강제집행, 가압류, 가처분의 집행, 경매 또는 공탁에 관하여 필요한 사항은 대법원규칙으로 정한다.

본조는 전자등록주식등에 대한 강제집행, 가압류 절차 등에 대하여 하위법규에 대한 위임의 근거를 마련하여 분쟁당사자의 예측가능성을 제고하고, 법적 안정성을 도모하고자 한 규정이다. 증권예탁제도에서도 동일한 취지의 규정을 마련하고 있다(자본시장법 제317조). 구별되는 점은 ① 전자증권법에서는 위임의 범위에 공탁에 관하여 필요한 사항을 추가하였으며, ② 전자증권법에서는 권리자가 직접 권리를 보유하므로 혼장임치로 구성하는 증권예탁제도 공유지분의 법리는 적용되지 않는다. 즉, 등록계좌에 대하여 직접 강제집행을 할 수 있기 때문에 '예탁증권에 관한 공유지분'에 대해서 압류명령을 하는 것이 아니라, '전자등록주식등'에 대해서 압류명령을 한다. 대법원규칙인 민사집행규칙에서는 동산에 대한 강제집행(제2편 제2장 제7절)하에 예탁유가증권에 대한 강제집행(제3관)과 별도로 전자등록주식등에 관한 강제집행(제3관의2)을 신설하여 그 절차를 마련하고 있다.

第69條(권한의 위탁) 이 법에 따른 금융위원회의 권한은 그 일부를 대통령령으로 정하는 바에 따라 금융감독원장에게 위탁할 수 있다.

Ⅰ. 본조의 취지

본조는 금융위원회 권한의 금융감독원에 대한 위탁근거를 마련하여 양 기관간 효율적인 감독체계를 구축하기 위한 규정이다. 금융위설치법 제71조[7]에서도 권한 위탁 근거를 규정하고 있지만 일반 원칙에 불과하며, 본조는 세부적인 사항에 대하여 구체적으로 권한을 위탁하고 있다는 점에서 의미가 있다.

7) 제71조(권한의 위탁) 금융위원회 및 증권선물위원회는 금융감독의 효율성을 높이기 위하여 필요한 경우에는 이 법 또는 다른 법령에 따른 권한의 일부를 원장에게 위탁할 수 있다.

Ⅱ. 금융위원회의 권한 위탁

1. 금융위원회의 권한

전자증권법상 금융위원회의 권한은 전자등록기관에 대한 권한과 계좌관리기관에 대한 권한으로 나누어볼 수 있다. 전자는 구체적으로 전자등록업 허가 관련 권한, 업무감독 권한, 업무규정 제·개정 권한, 행정조치 권한 등으로 나눌 수 있다. 금융위원회는 계좌관리기관에 대하여는 검사를 실시하지 않고, 금융감독원장이 실시하며(제58조 제1항), 긴급사태 시 처분, 업무이전명령 등의 권한이 있으며, 계좌관리기관 및 임원에 대한 조치, 직원에 대한 조치요구 권한이 부여되어 있다.

〈표 9-5〉 전자증권법상 금융위원회의 주요 권한

대 상	권한 내용	근거조문
전자등록기관	전자등록업 허가	제5조 제1항
	영업양도 승인	제11조 제1항
	임원 해임요구	제13조 제4항
	전자등록업 폐지 승인	제12조 제1항
	업무규정 제정, 정관변경 승인	제15조, 제16조
	업무규정 개정·폐지 승인	제17조
	긴급사태 시 처분	제49조
	보고요구 및 검사권	제51조
	전자등록업 허가 취소	세53조 제1항
	전자등록기관 및 임원 조치, 직원 조치요구	제53조 제3항~제5항
	업무이전명령	제57조 제1항
계좌관리기관	긴급사태 시 처분	제49조
	업무이전명령	제57조 제2항
	계좌관리기관 및 임원 조치, 직원 조치요구	제58조 제2항~제4항

2. 위탁 가능한 권한의 범위

본조에 의해 금융위원회가 금융감독원장에게 위탁가능한 권한은 위반 정도가 경미한 경우 행정조치 및 실무상 처리가 필요한 사항이며(영 제45조), 전자등록업의 허가, 허가취소, 전자등록기관 및 임직원에 대한 중대한 조치 등의 권한은 금융위원회 권한의 본질적이고 중요한 사항이므로 위탁이 허용되지 않는다.

구체적으로 ① 전자등록기관에 대한 기관경고, 기관주의 조치(제53조 제3항 제5호·제6호), ② 전자등록기관 임원에 대한 주의적 경고, 주의 조치(제53조 제4항 제4호·제5호), ③ 전자등록기관 직원에 대한 정직(停職), 감봉, 견책, 경고, 주의 조치요구(제53조 제5항 제2호 내지 제6호), ④ 임직원에 대하여 조치 또는 조치요구를 하는 경우 그 관리감독의 책임이 있는 임직원에 대하여 조치 또는 조치요구를 하는 경우(제53조 제6항), ⑤ 처분·조치 내용의 기록·유지·관리(제55조 제1항), 퇴임·퇴직 임직원에 대한 통보(동조 제3항 전단) 등의 권한을 위탁할 수 있다.

第70조(고유식별정보의 처리) 전자등록기관은 이 법에 따라 수행하는 사무로서 대통령령으로 정하는 사무를 수행하기 위하여 불가피한 경우에는 「개인정보 보호법」 제24조제1항에 따른 고유식별정보로서 대통령령으로 정하는 정보가 포함된 자료를 처리할 수 있다.

Ⅰ. 본조의 취지

본조는 전자등록기관의 고유식별정보 처리의 법적 근거를 마련하여 원활한 업무수행을 보장하고자 한 규정이다.

Ⅱ. 고유식별정보의 처리

1. 고유식별정보의 범위

고유식별정보란 개인을 고유하게 구별하기 위하여 부여된 식별정보로서 주민등록번호, 여권번호, 운전면허번호, 외국인등록번호를 의미한다(개인정보보호법 제24조 제1항, 동 시행령 제19조). 개인정보처리자는 법령에서 구체적으로 고유식별정보의 처리를 요구하거나 허용하는 경우에는 처리할 수 있다. 전자증권법 또한 개인정보보호법과 동일하게 주민등록번호, 여권번호, 운전면허번호, 외국인등록번호가 포함된 자료를 처리할 수 있다고 규정한다(제70조, 영 제46조 제2항).

2. 사무의 범위

법에 따른 사무를 수행하기 위해 불가피한 경우에만 고유식별정보를 처리할 수 있으며, 일반적인 경우에는 허용되지 않는다. 전자증권법은 사무의 범위에 대하여 시행령으로 위임하고 있으며, 이에 따라 시행령은 ① 전자등록기관 임직원의 금융투자상품 매매명세 확인 사무(제13조 제6항), ② 명의개서대행 사무(제14조 제3항 제1호 가목), ③ 발행인관리계좌 개설 사무(제21조), ④ 계좌관리기관등 자기계좌 개설 사무(제23조), ⑤ 소유자명세 작성 사무(제37조), ⑥ 전자등록주식등의 권리행사 사무(제38조), ⑦ 소유자증명서 발행 사무(제39조), ⑧ 소유 내용의 통지 사무(제40조), ⑨ 전자등록증명서 발행 사무(제63조 제1항)를 규정하고 있다(영 제46조 제1항).

제71조(전자등록기관의 변경) ① 전자등록기관은 발행인이 해당 전자등록기관에 전자등록한 주식등을 다른 전자등록기관으로 이전하여 전자등록할 것을 신청하는 경우에는 해당 발행인이 전자등록한 주식등의 권리 내역 등 대통령령으로 정하는 사항을 지체 없이 발행인에게 통지하여야 한다.
② 발행인은 제1항에 따른 통지를 받은 경우 이를 지체 없이 새로 발행인관리계좌를 개설한 전자등록기관에 통지하여야 한다.
③ 제1항 및 제2항에 따른 통지 방법·절차, 그 밖에 전자등록기관의 변경과 관련하여 필요한 사항은 대통령령으로 정한다.

Ⅰ. 본조의 취지

본조는 발행인의 의사에 따라 전자등록기관을 변경하고자 하는 경우의 절차를 규정한 조항이다. 전자등록기관을 변경하는 경우에는 권리내역을 이전하는 과정에서 자료의 멸실, 업무 착오 등 사유에 의해 이해관계인의 권익을 해할 우려가 있으므로 이를 방지하고자 절차를 마련하였다. 종래 예탁결제제도에서는 법정설립주의 방식에 따라 한국예탁결제원의 독점적 지위를 보장하였으나, 전자증권제도에서는 허가제를 채택하여 복수의 전자등록기관이 상호 경쟁체제에 대한 근거를 마련하여 전자등록기관의 변경 또한 가능하게 되었다.

Ⅱ. 전자등록기관 변경의 절차

1. 발행인의 변경 신청

발행인은 현재의 전자등록기관(A)에 전자등록한 주식등을 다른 전자등록기관(B)으로 이전하여 전자등록할 것을 신청하여야 한다(제71조 제1항).

2. 전자등록기관(A)의 처리

전자등록기관(A)은 신청 사실을 지체 없이 계좌관리기관등 자기계좌부에 해당 전자등록주식등이 전자등록된 모든 권리자에게 통지하고, 인터넷 홈페이지를 통하여 공고하여야 한다(전자등록업규정 제6－2조 제1항). 전자등록기관(A)은 발행인관리계좌부·고객관리계좌부의 기록사항, 계좌관리기관등 자기계좌부에 전자등록된 사항을 지체없이 발행인에게 통지하여야 한다(제71조 제1항, 영 제47조 제1항). 발행인에게 통지를 한 전자등록기관(A)은 해당 발행인이 전자등록한 주식등의 권리 내역 등을 지체 없이 발행인관리계좌부에 말소 기록하고, 계좌관리기관등 자기계좌부에 말소의 전자등록을 해야 한다(영 제47조 제2항). 한편 발행인은 기록사항 및 전자등록사항을 통지를 받은 경우 이를 지체 없이 새로 발행인관리계좌를 개설한 전자등록기관(B)에 통지하여야 한다(제71조 제2항).

3. 전자등록기관(B)의 처리

발행인으로부터 통지를 받은 전자등록기관(B)은 통지 내용 중 ① 전자등록기관(B)에 기록될 사항은 발행인관리계좌부에 기록하고, ② 전자등록기관(B)에 전자등록될 사항은 계좌관리기관등 자기계좌부에 전자등록하고, ③ 계좌관리기관에 전자등록될 사항은 고객관리계좌부에 기록하고 지체 없이 그 통지 내용과 관련된 각각의 권리자가 고객계좌를 개설한 계좌관리기관에 통지하여야 한다(영 동조 제3항). 전자등록기관(B)은 발행인의 변경 신청 사실을 지체 없이 계좌관리기관등 자기계좌부에 해당 전자등록주식등이 전자등록된 모든 권리자에게 통지하고, 이를 인터넷 홈페이지를 통하여 공고하여야 한다(전자등록업규정 제6-2조 제2항).

第72조(한국은행에 관한 특례) ① 한국은행은 다음 각 호의 어느 하나에 해당하는 것(이하 이 조에서 "국채등"이라 한다)의 소유자가 되려는 자가 국채등의 발행을 청구하는 경우에는 그 소유자가 되려는 자의 신청으로 이들을 갈음하여 전자등록기관을 명의인으로 하는 국채등의 등록(「국채법」, 「국고금 관리법」 또는 「한국은행 통화안정증권법」에 따른 등록을 말한다)을 할 수 있다.
1. 「국채법」에 따른 국고채권
2. 「국고금 관리법」에 따른 재정증권
3. 「한국은행 통화안정증권법」에 따른 통화안정증권
② 한국은행은 제1항에 따라 전자등록기관의 명의로 등록된 국채등이 이 법에 따라 소유자의 명의로 전자등록될 수 있도록 제1항의 등록 내용을 전자등록기관에 통지하여야 한다. 이 경우 제25조 및 제26조를 준용한다.

본조는 국채등을 신규 전자등록 하는 경우 국채일괄등록 방식을 준용하여 국채를 전사증권제도로 원활하게 수용하고자 한 취지에서 특례를 규정한 조항이다. 국채에 대한 등록·말소는 한국은행이 수행하며(국채법 제8조 제3항), 국채등록부에 전자적으로 등록하는 방식으로 발행하므로(동조 제1항)[8] 전자증권제

8) 한편 개인의 안정적인 자산 형성 및 시중 유동자금의 생산적인 분야 유입을 목적으로 매입 자격을 개인으로 한정한 개인투자용 국채가 2023년 5월 국채법 개정에 의하여 도입되었다.

도가 그대로 적용되기가 곤란하기 때문이다. 구체적으로 국채일괄등록 방식은 국채등록부에 매수자 대신에 전자등록기관의 명의로 일괄등록하고, 전자등록기관의 전자등록계좌부를 통해 매수자별 등록계좌에 기재하는 방식으로 발행 및 유통이 이루어지는 방식이다. 전자등록기관에 계좌를 보유한 매수자는 국채등록부상 등록절차를 요하지 않는다. 즉 국채의 발행시 소유자의 신청에 따라 이들을 갈음하여 전자등록기관 명의로 국채법 등에 따른 등록이 가능하며(제72조 제1항), 한국은행은 전자등록기관 명의로 등록된 국채가 소유자 명의로 전자등록되도록 등록내용을 전자등록기관에 통지하여야 한다(동조 제2항).

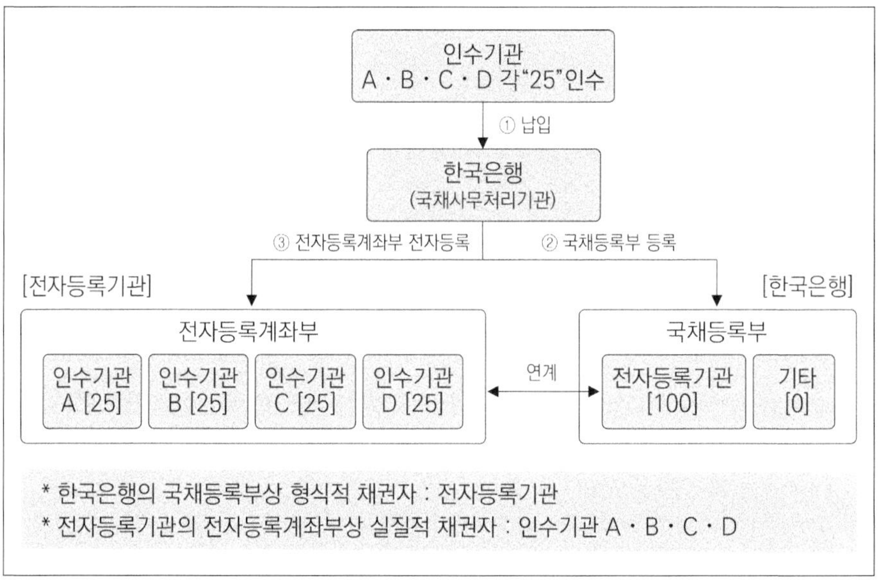

[그림 9-1] 국채등록제도와 전자증권제도 연계 업무처리[9]

개인투자용 국채는 국채와 달리 전자증권법 따른 전자등록계좌부에 등록되며(국채법 제8조 제1항), 등록과 등록말소업무는 한국은행이 아닌 전자등록기관이 수행한다(동조 제3항).

9) 한국예탁결제원, 조문해설서, 111면.

제10장 벌 칙

제73조(벌칙) ① 다음 각 호의 어느 하나에 해당하는 자는 7년 이하의 징역 또는 2억원 이하의 벌금에 처한다.

1. 제44조제1항을 위반하여 전자등록기관 또는 계좌관리기관의 주식등의 전자등록 및 관리를 위한 정보통신망(정보처리장치를 포함한다. 이하 이 항에서 같다)에 거짓 정보 또는 부정한 명령을 입력하거나 권한 없이 정보를 입력·변경한 자
2. 제44조제3항을 위반하여 전자등록기관 또는 계좌관리기관의 주식등의 전자등록 및 관리를 위한 정보통신망에 침입한 자

② 다음 각 호의 어느 하나에 해당하는 자는 5년 이하의 징역 또는 1억원 이하의 벌금에 처한다.

1. 제4조를 위반하여 전자등록업허가(변경허가를 포함한다)를 받지 아니하고 전자등록업을 한 자
2. 거짓, 그 밖의 부정한 방법으로 제5조에 따른 전자등록업허가(변경허가를 포함한다)를 받은 자
3. 제44조제2항을 위반하여 전자등록 정보 또는 기록 정보를 멸실하거나 훼손한 자
4. 제45조제1항(같은 조 제2항에서 준용하는 경우를 포함한다)을 위반하여 직무상 알게 된 정보로서 외부에 공개되지 아니한 정보를 정당한 사유 없이 자기 또는 제3자의 이익을 위하여 이용한 자
5. 제50조에서 준용하는 「금융실명거래 및 비밀보장에 관한 법률」 제4조제1항 또는 제3항부터 제5항까지의 규정을 위반하여 거래정보등을 제3자에게 제공하거나 누설한 자와 이를 요구한 자

③ 다음 각 호의 어느 하나에 해당하는 자는 3년 이하의 징역 또는 5천만원 이하의 벌금에 처한다.

1. 제13조제5항을 위반하여 자금의 공여, 손익의 분배, 그 밖에 영업에 관하여 특별한 이해관계를 가진 자
2. 제13조제6항에서 준용하는 「자본시장과 금융투자업에 관한 법률」 제63조제1항제1호를 위반하여 같은 호에 규정된 방법에 따르지 아니하고 금융투자상품을 매매한 자
3. 제20조제2항을 위반하여 주식등의 전자등록에 관한 업무를 한 자
4. 제36조제1항을 위반하여 증권 또는 증서를 발행한 자

④ 다음 각 호의 어느 하나에 해당하는 자는 1년 이하의 징역 또는 3천만원 이하의 벌금에 처한다.

1. 제21조제2항을 위반하여 발행인관리계좌부를 작성하지 아니하거나 거짓으로 작성한 자

2. 제22조제2항을 위반하여 고객계좌부를 작성하지 아니하거나 거짓으로 작성한 자
3. 제22조제3항을 위반하여 전자등록기관에 고객관리계좌를 개설하지 아니한 자
4. 제22조제4항을 위반하여 고객관리계좌부를 작성하지 아니하거나 거짓으로 작성한 자
5. 제23조제2항을 위반하여 계좌관리기관등 자기계좌부를 작성하지 아니하거나 거짓으로 작성한 자

⑤ 「형법」 제214조부터 제217조까지에 규정된 죄를 적용하는 경우 전자등록주식등은 유가증권으로 보아 그 유가증권에 관한 죄에 대한 각 조문의 형으로 처벌한다.

Ⅰ. 본조의 취지

본조는 전자증권법상의 의무 또는 금지행위를 위반한 경우에 벌칙을 규정하여 제도운영기관 등의 경각심을 제고하고 위반행위를 예방하고자 한 취지의 규정이다. 전자증권제도의 안정성을 위협하는 위법성이 중대한 경우에는 형사벌을 부과하는데, 위반행위의 경중에 따라서 4가지 유형으로 분류하고 있다.

Ⅱ. 형사벌의 부과

1. 7년 이하의 징역 또는 2억원 이하의 벌금(제73조 제1항)

제도운영기관의 전자증권제도 운영을 위한 정보통신망을 보호하기 위한 규정이다. 증권실물이 없는 전자증권제도에서는 모든 업무가 전자적으로 처리되기 때문에 그 처리가 이루어지는 정보통신망의 안정적 운영은 제도의 근간을 이루는 필수적인 조건이므로 이를 침해하는 경우에는 법상 가장 강력한 제재가 가해진다. 행위유형으로는 ① 제도운영기관인 전자등록기관 및 계좌관리기관의 정보통신망에 거짓정보 또는 부정한 명령을 입력하거나 권한없이 정보를 입력·변경하는 행위(제44조 제1항), ② 정보통신망에 침입하는 행위이다. 주체에는 제한이 없으므로 전자등록기관 또는 계좌관리기관의 임직원뿐만 아니라 투자자 등 일반인 또한 행위의 주체가 될 수 있다.

2. 5년 이하의 징역 또는 1억원 이하의 벌금(제73조 제2항)

무자격자의 전자등록업 수행을 금지하고, 전자등록정보의 부당한 이용을

금지하고자 하는 규정이다. 행위유형으로는 ① 무허가 전자등록업 영위행위(제4조), ② 부정한 방법에 의한 허가 취득행위(제5조), ③ 전자등록 정보 또는 기록정보 멸실·훼손행위[1](제44조 제2항), ④ 직무관련 정보의 이용행위(제45조 제1항), ⑤ 거래정보 등의 제공·누설행위(제50조)이다. 다른 위반행위와 달리 ⑤의 행위는 전자등록기관 또는 계좌관리기관에 종사하는 자로 제한된다(금융실명법 제4조).

3. 3년 이하의 징역 또는 5천만원 이하의 벌금(제73조 제3항)

전자등록기관 임직원의 이해상충행위를 방지하고 제도운영의 공정성을 확보하며, 제도의 안정성과 실효성을 보장하기 위한 규정이다. 행위유형으로는 ① 전자등록기관 상근 임직원이 계좌관리기관 등과 특별이해관계를 가지는 행위(제13조 제5항), ② 전자등록기관 임직원의 금융투자상품 매매제한 위반행위(제13조 제6항, 자본시장법 제63조), ③ 계좌관리기관이 아닌 자의 전자등록업무 영위행위(제20조 제2항), ④ 전자등록주식등에 대한 증권 또는 증서 발행행위(제36조 제1항)이다.

4. 1년 이하의 징역 또는 3천만원 이하의 벌금(제73조 제4항)

제도운영기관의 전자등록계좌부의 작성의무 및 계좌부의 정확성 담보를 위한 규정이다. 행위유형으로는 ① 전자등록기관의 발행인관리계좌부 작성의무 불이행 또는 거짓 작성행위(제21조 제2항), ② 계좌관리기관의 고객계좌부 작성의무 불이행 또는 거짓 작성행위(제22조 제2항), ③ 계좌관리기관의 고객관리계좌 개설의무 위반행위(제22조 제3항), ④ 전자등록기관의 고객관리계좌부 작성의무 위반 또는 거짓 작성행위(제22조 제4항), ⑤ 전자등록기관의 계좌관리기관 등 자기계좌부 작성의무 위반 또는 거짓 작성행위(제23조 제2항)이다.

5. 형법상 유가증권 의제(제73조 제5항)

유가증권 위조·변조(형법 제214조), 자격모용에 의한 유가증권 작성(동법 제215조), 허위유가증권 작성(동법 제216조), 위조유가증권의 행사(동법 제217조) 적

---

1) 제44조에 다른 행위와 동일하게 정보통신망의 보안을 위협하는 행위로서 위법정도가 중대하므로 제73조 제1항으로 규율하는 것이 합리적이라고 본다.

용판단시 전자등록주식등은 유가증권으로 의제한다.

제74조(양벌규정) 법인(단체를 포함한다. 이하 이 조에서 같다)의 대표자나 법인 또는 개인의 대리인, 사용인, 그 밖의 종업원이 그 법인 또는 개인의 업무에 관하여 제73조제1항부터 제4항까지의 어느 하나에 해당하는 위반행위를 하면 그 행위자를 벌하는 외에 그 법인 또는 개인에게도 해당 조문의 벌금형을 과(科)한다. 다만, 법인 또는 개인이 그 위반행위를 방지하기 위하여 해당 업무에 관하여 상당한 주의와 감독을 게을리하지 아니한 경우에는 그러하지 아니하다.

Ⅰ. 본조의 취지

본조는 행위자가 전자증권법 위반행위를 경우에 행위자 이외에 업무에 관한 감독권이 있는 법인 또는 개인에 벌금형을 부과할 수 있도록 규정하여 행위자에 대한 감독의무의 실효성을 제고하고자 하였다.

Ⅱ. 양벌규정

법인의 대표자 또는 개인의 대리인, 사용인 등이 업무에 관하여 형사벌에 해당하는 위반행위를 한 경우(제73조 제1항 내지 제4항), 법인 또는 개인에게도 해당 행위의 벌금형을 부과한다(제74조 전단). 다만 방지를 위해 상당한 주의와 감독을 게을리하지 않은 경우에는 책임이 면제된다(동조 후단).

제75조(과태료) ① 다음 각 호의 어느 하나에 해당하는 자에게는 5천만원 이하의 과태료를 부과한다.

1. 제10조를 위반하여 명칭을 사용한 자
2. 제13조제6항에서 준용하는 「자본시장과 금융투자업에 관한 법률」 제63조제1항을 위반하여 같은 항 제2호부터 제4호까지의 방법에 따르지 아니하고 자기의 계산으로 금융투자상품을 매매한 자
3. 제25조제1항 각 호 외의 부분 단서를 위반하여 전자등록기관에 신규 전자등록을 신청

하지 아니한 자

4. 제29조제2항 각 호 외의 부분 본문을 위반하여 특별계좌부에 전자등록된 주식등에 대하여 제30조부터 제32조까지의 규정에 따른 전자등록을 한 자
5. 제39조제1항 전단을 위반하여 소유자증명서를 발행하지 아니하거나 거짓으로 발행한 자
6. 제39조제2항을 위반하여 전자등록기관에 통지하지 아니하거나 거짓으로 통지한 자
7. 제40조제1항 전단을 위반하여 발행인등에게 통지하지 아니하거나 거짓으로 통지한 자
8. 제40조제2항을 위반하여 전자등록기관에 통지하지 아니하거나 거짓으로 통지한 자
9. 제41조에 따른 열람 또는 출력·복사에 필요한 조치를 하지 아니한 자
10. 제48조제1항을 위반하여 전자등록 정보 또는 기록 정보를 보존하지 아니한 자
11. 제51조제1항 또는 제58조제1항에 따른 검사를 거부·방해 또는 기피한 자

② 다음 각 호의 어느 하나에 해당하는 자에게는 1천만원 이하의 과태료를 부과한다.

1. 제21조제4항을 위반하여 전자등록기관에 통지하지 아니하거나 거짓으로 통지한 자
2. 제27조제1항을 위반하여 공고 또는 통지를 하지 아니하거나 거짓으로 공고 또는 통지한 자
3. 제27조제2항을 위반하여 전자등록기관에 신규 전자등록의 추가 신청을 하지 아니하거나 거짓으로 신청한 자
4. 제28조제3항을 위반하여 질권자의 요청에 따르지 아니한 자
5. 제28조제5항을 위반하여 질권설정자에게 통지를 하지 아니하거나 거짓으로 통지한 자
6. 제29조제1항을 위반하여 특별계좌를 개설하지 아니한 자
7. 제37조제1항 본문을 위반하여 전자등록기관에 소유자명세의 작성을 요청하지 아니한 자
8. 제37조제4항 전단을 위반하여 소유자명세를 발행인에게 통지하지 아니한 자
9. 제37조제4항 후단(같은 조 제8항에서 준용하는 경우를 포함한다)을 위반하여 요청받은 사항을 통보하지 아니하거나 거짓으로 통보한 자
10. 제37조제6항 본문(같은 조 제8항에서 준용하는 경우를 포함한다)을 위반하여 주주명부등을 작성·비치하지 아니한 자
11. 제37조제7항을 위반하여 명세를 발행인에게 통지하지 아니한 자
12. 제38조제3항을 위반하여 전자등록기관에 통지를 하지 아니하거나 거짓으로 통지한 자
13. 제46조제1항 후단을 위반하여 전자등록기관의 요구에 정당한 사유 없이 따르지 아니한 자
14. 제46조제2항을 위반하여 전자등록기관에 통지를 하지 아니하거나 거짓으로 통지한 자
15. 제51조제3항(제58조제1항 후단에서 준용하는 경우를 포함한다)에 따른 보고, 자료의 제출, 증인의 출석, 증언 및 의견의 진술 요구에 따르지 아니한 자

③ 제1항과 제2항에 따른 과태료는 대통령령으로 정하는 바에 따라 금융위원회가 부과·징수한다.

Ⅰ. 본조의 취지

본조는 전자증권법상의 의무 또는 금지행위를 위반한 경우에 과태료 부과의 법적 근거를 마련하여 제도운영기관 등의 주의의무를 제고하고 위반행위 예방을 통해 제도의 안정적 운영을 도모하고자 한 규정이다. 제도의 안정성을 위협하는 위법성이 중대한 경우에는 형사벌을 부과하는데 반해, 과태료 부과 대상행위는 의무자의 업무처리과정에서 법령을 준수하지 않은 경우 등 위법성이 경미한 경우에 해당한다.

Ⅱ. 과태료 부과 행위

1. 5천만원 이하의 과태료(제75조 제1항)

행위유형으로는 ① 전자등록기관 유사명칭 사용행위(제10조), ② 전자등록기관 임직원의 자기계산 금융투자상품 매매행위(제13조 제6항, 자본시장법 제63조 제1항), ③ 전자증권제도 의무적 이용대상 주식등 발행인의 신규 전자등록 신청의무 불이행(제25조 제1항 단서), ④ 특별계좌부 전자등록주식등에 대한 이전행위(제29조 제2항 본문), ⑤ 소유자증명서 발행의무 위반 또는 거짓 발행행위(제39조 제1항) 등이 있다.

2. 1천만원 이하의 과태료(제75조 제2항)

행위유형으로는 ① 발행인의 발행인관리계좌부 변경사항 통지의무 위반 또는 거짓 통지행위(제21조 제4항), ② 이미 주권등이 발행된 주식등의 신규 전자등록시 발행인의 공고·통지의무 불이행 또는 거짓 공고·통지행위(제27조 제1항), ③ 발행인의 신규 전자등록 추가 신청의무 불이행 또는 거짓 신청행위(제27조 제2항), ④ 발행인의 등록질 요청 불이행 행위(제28조 제3항), ⑤ 약식질권자의 등록질 요청시 발행인의 통지의무 불이행 또는 거짓 통지행위(제28조 제5항) 등이 있다.

Ⅲ. 과태료의 부과 기준

1. 일반기준

과태료의 부과기준은 전자증권법의 위임에 따라 시행령 별표 3에서 규정하고 있다(제75조 제3항, 영 제49조). 시행령에서는 법 위반행위의 횟수에 따라 가중하여 과태료를 부과하며, 감경 또는 가중할 수 있는 사유를 규정하고 있다.

(1) 기간 및 적용차수 계산방법

위반행위의 횟수에 따른 과태료의 가중된 부과기준은 최근 1년간 같은 위반행위로 과태료 부과처분을 받은 경우에 적용한다. 이 경우 기간의 계산은 위반행위에 대하여 과태료 부과처분을 받은 날과 그 처분 후 다시 같은 위반행위를 하여 적발된 날을 기준으로 한다. 가중된 부과처분을 하는 경우 가중처분의 적용 차수는 그 위반행위 전 부과처분차수(과태료 부과 처분이 둘 이상 있었던 경우에는 높은 차수를 말한다)의 다음 차수로 한다.

(2) 감경의 기준 및 방법

부과권자는 ① 위반행위가 사소한 부주의나 오류로 인한 것으로 인정되는 경우, ② 위반행위자가 법 위반상태를 시정하거나 해소하기 위해 노력한 사실이 인정되는 경우, ③ 그 밖에 위반행위의 정도, 위반행위의 동기와 그 결과 등을 고려하여 감경할 필요가 있다고 인정되는 경우에는 개별기준에 따른 과태료 금액의 2분의 1 범위에서 그 금액을 감경할 수 있다. 다만, 과태료를 체납하는 경우는 제외한다.

(3) 가중의 기준 및 방법

부과권자는 ① 위반의 내용·정도가 중대하여 권리자 등에게 미치는 피해가 크다고 인정되는 경우, ② 법 위반상태의 기간이 6개월 이상인 경우, ③ 그 밖에 위반행위의 정도, 위반행위의 동기와 그 결과 등을 고려하여 가중할 필요가 있다고 인정되는 경우에는 개별기준에 따른 과태료 금액의 2분의 1 범위에서 그 금액을 가중할 수 있다. 다만, 법률에 따른 과태료 금액의 상한을 넘을 수 없다.

2. 개별기준

위반행위	근거 법조문	과태료 금액		
		1차 위반	2차 위반	3차 이상
가. 법 제10조를 위반하여 명칭을 사용한 경우	법 제75조 제1항 제1호	2천만원	3천만원	5천만원
나. 법 제13조 제6항에서 준용하는 「자본시장과 금융투자업에 관한 법률」 제63조 제1항을 위반하여 같은 항 제2호부터 제4호까지의 방법에 따르지 않고 자기의 계산으로 금융투자상품을 매매한 경우	법 제75조 제1항 제2호	2천만원	3천만원	5천만원
다. 법 제21조 제4항을 위반하여 전자등록기관에 통지하지 않거나 거짓으로 통지한 경우	법 제75조 제2항 제1호	200만원	500만원	1천만원
라. 법 제25조 제1항 각 호 외의 부분 단서를 위반하여 전자등록기관에 신규 전자등록을 신청하지 않은 경우	법 제75조 제1항 제3호	2천만원	3천만원	5천만원
마. 법 제27조 제1항을 위반하여 공고 또는 통지를 하지 않거나 거짓으로 공고 또는 통지한 경우	법 제75조 제2항 제2호	200만원	500만원	1천만원
바. 법 제27조 제2항을 위반하여 전자등록기관에 신규 전자등록의 추가 신청을 하지 않거나 거짓으로 신청한 경우	법 제75조 제2항제3호	200만원	500만원	1천만원
사. 법 제28조 제3항을 위반하여 질권자의 요청에 따르지 않은 경우	법 제75조 제2항 제4호	200만원	500만원	1천만원
아. 법 제28조 제5항을 위반하여 질권설정자에게 통지를 하지 않거나 거짓으로 통지한 경우	법 제75조 제2항 제5호	200만원	500만원	1천만원
자. 법 제29조 제1항을 위반하여 특별계좌를 개설하지 않은 경우	법 제75조 제2항 제6호	200만원	500만원	1천만원
차. 법 제29조 제2항 각 호 외의 부분 본문을 위반하여 특별계좌부에 전자등록된 주식등에 대하여 법 제30조부터 제32조까지의 규정에 따른 전자등록을 한 경우	법 제75조 제1항 제4호	2천만원	3천원	5천만원

(이하 생략)

제 3 편

제도 발전을 위한 향후 과제

제 1 장 주주명부제도의 개선

Ⅰ. 전자증권제도 도입과 주주명부제도의 변화

1. 주주명부의 기능

주주명부는 주주 및 그 주식소유 현황을 나타내기 위하여 상법에 따라 회사가 작성·비치하는 장부이다.[1] 상법상 주주와 채권자에게는 주주명부를 열람할 수 있는 권리가 보장되어 있다(제396조 제2항). 주주명부제도는 주주 및 채권자에게 편익을 제공하지만 기본적으로 발행회사의 편의를 위한 것이다. 즉, 회사로서는 주주가 누구인지 일일이 조사할 필요 없이 주주명부에 기재된 자를 주주로 취급하면 설령 주주명부에 기재된 자가 진정한 주주가 아니더라도 면책되는데(상법 제353조 제1항), 이를 주주명부의 면책력이라고 한다. 대법원 판례 또한 "상법이 주주명부제도를 둔 이유는 주식의 발행 및 양도에 따라 주주의 구성이 계속 변화하는 단체법적 법률관계의 특성상 회사가 다수의 주주와 관련된 법률관계를 외부적으로 용이하게 식별할 수 있는 형식적이고도 획일적인 기준에 의하여 처리할 수 있도록 하여 이와 관련된 사무처리의 효율성과 법적 안정성을 도모하기 위함이다"라고 판시한 바 있다.[2]

2. 전자증권제도와 주주명부

주식을 전자등록하는 경우에는 전자등록계좌부에 등록된 자가 곧 주주명부상 주주로 등재되므로 주주는 현재와 같이 전자등록기관 또는 계좌관리기관의 전자등록계좌부를 통하여 주식을 보유하지만, 회사에 대해서는 직접 주주의 지위를 가지게 된다. 전자등록기관 또는 계좌관리기관은 단지 등록업무 처리를 위하여 전자등록계좌부를 작성할 뿐 주주의 지위에 서는 것은 아니고 주주가 명의상 주주와 실질적 주주로 나누어지는 일은 없으므로 전자증권제도에서는

1) 이철송, 앞의 책, 354면.
2) 대법원 2017. 3. 23. 선고 2015다248342 전원합의체 판결.

예탁결제제도의 실질주주라는 개념이 사라지고, 실질주주제도라는 특수한 권리행사제도는 존재하지 않는다. 증권예탁제도에서는 자본시장법상 실질주주명부와 상법상 주주명부로 이원화되어 있었으나, 전자증권제도에서는 실질주주명부는 폐지되고 상법상의 주주명부만 남게 되었다.[3]

Ⅱ. 전자등록계좌부와 주주명부의 관계

1. 문제의 소재

주식이 전자등록되는 경우에는 여러 계좌관리기관에 분산되어 작성되는 전자등록계좌부 내역을 기초로 하여 소유자명세가 작성되고, 이것이 곧 주주내역이 되기 때문에 전자등록계좌부가 사실상 주주명부의 기능을 수행한다고 볼 여지도 있다. 발행회사는 주주명부 작성의무자로서 전자등록기관이 통보한 소유자명세를 주주명부 형식으로 전환한다(제37조 제6항 본문). 따라서 전자등록계좌부와 상법상의 주주명부제도의 관계를 어떻게 설정할 것인가에 문제된다. 현행 상법과 전자증권법의 규정은 주주명부제도를 그대로 유지하고 있으며 별도의 특례규정을 두고 있지 않아 이에 대한 논란이 지속되고 있다.

2. 견해의 대립

(1) 주주명부 폐지론

전자증권제도에서 발행회사는 전자등록기관으로부터 통지받은 소유자명세를 주주명부에 반영하게 되는데, 이러한 체계에서는 발행회사가 주주 확인을 위해서는 전자등록기관의 협조가 필수적이고, 주식이 활발하게 유통될수록 주주명부의 효용이 감소하게 된다. 따라서 전자등록기관으로부터 신속, 저렴하게 주주를 확인할 수 있도록 제도적 개선을 할 필요가 있다는 전제에서 실제 거래와 괴리가 있는 주주명부 개념을 유지할 필요성이 크지 않으므로, 주주명부를 폐지하거나 전자등록계좌부를 주주명부로 간주하는 것이 간명하다고 한다.[4] 발행회사가 소유자명세를 전자등록기관으로부터 통지받은 이후에 정당한 이유없

3) 박철영, 앞의 논문, 126면.
4) 노혁준, 앞의 논문, 1668면.

이 주주명부를 작성하지 않는 경우에는 주주는 대항력을 확보할 수 없는 문제점이 발생하는데, 이 견해에 따른다면 문제를 해결할 수 있는 장점이 있다.[5)]

(2) 주주명부 기능강화론

전자등록계좌부와 주주명부는 본질적 차이가 있어 주주명부를 폐지하거나 전자등록계좌부를 주주명부로 간주하는 것은 곤란하며, 실질주주명부의 폐지를 기회로 상법상 주주명부의 기능을 회복하는데 집중하는 것이 타당하다고 보는 견해이다. 먼저 기능면에서 전자등록계좌부는 주식의 양도, 입질의 수단을 제공하지만 주주명부는 회사의 주식사무의 편의를 위한 것으로서 구별된다. 또한 작성주체와 관련하여 전자등록계좌부는 전자등록기관과 다수의 계좌관리기관에 의해 작성되지만, 주주명부는 발행회사가 작성하고 관리한다. 또한 발행회사 입장에서 볼 때 전자등록계좌부는 전자등록기관 또는 계좌관리기관이 작성하므로 법령의 근거가 없이 내용을 확인할 수 없는 타인 장부이지만, 주주명부는 회사가 작성·비치하는 장부로 자기 장부이다. 이렇게 상법상 주주명부와 전자증권법상 전자등록계좌부는 그 기능, 작성방법 및 성격을 달리하므로 전자등록계좌부로 주주명부의 목적을 달성하기는 곤란하다고 본다.[6)]

3. 소 결

전자등록계좌부는 주식등의 활발하고 대량적인 유통을 신속하게 처리하기 위한 것으로 제3자에 대한 효력에 중점이 있는 반면, 주주명부는 주주 및 질권자와 회사의 관계에서 회사의 편의를 제공하는데 중점이 있는 제도로 서로 추구하는 기능이 다르다. 또한 주주명부를 존치하기로 한 입법자의 결단을 존중해야 하며,[7)] 실질주주명부 등으로 형해화되었던 주주명부의 기능을 회복하여 강화하는 것이 상법의 취지에 부합한다고 생각된다. 이하 주주명부의 기능을

5) 김광록, "전자증권제도의 도입에 따른 상법상 주주명부의 지위에 관한 고찰" 법학연구 제31권 제1호(2020), 59면.

6) 박철영, 앞의 논문, 128면

7) 2007년 상법 일부법률개정안이 제시되기도 하였으나 최종적으로 삭제된 점에 비추어 주주명부제도를 유지하는 것은 입법자의 의도라고 볼 수 있다. 문판수, 앞의 논문, 115면.
제356조의2(주식의 전자등록) ① 회사는...(중략). 이 경우 공인된 전자등록기관의 전자등록부는 제352조의2의 주주명부로 본다.

회복하기 위한 논의를 진행하기로 한다.

Ⅲ. 주주명부제도 개선방안

1. 주주명부의 기재사항 확대

(1) 논의의 배경

중립적 의결권 행사(Shadow Voting) 제도의 폐지(2017년 12월) 및 주주관리의 필요성 제고 등의 사유로 인하여 주주와의 접촉점을 확보하려는 움직임이 강화되고 있다. 하지만 개별 주주들에게 접촉하려고 해도 그 접촉점을 찾기가 쉽지 않다. 발행회사 입장에서는 물리적으로 주주와 접촉하는 기회가 주주총회 등을 제외하면 드물고 주주의 연락정보(contact information)를 확보하는 것이 용이하지 않은 상황이다.[8] 이러한 가운데 주주명부의 기재사항을 다양화하여 발행회사로 하여금 주주에게 접촉할 수 있는 기회를 늘려야 한다는 주장이 제기되고 있다. 즉, 주주의 전자우편주소, 전화번호와 같은 정보를 주주명부의 기재사항으로 포함시키자는 논의이다.[9] 한편 주주명부 기재사항은 회사의 주식사무처리를 위해 필요한 최소한의 정보를 열거하고 있는 것으로 보아야 하며, 기재사항이 꼭 상법 등 법령에 규정되어야 하는 것은 아니라 할 것이다. 상법상 필수적 기재사항 외에도 다른 법령이나 규정에 의하여 추가로 기재하는 것도 가능하다고 보아야 한다.[10] 주주명부 기재사항 확대시도가 전혀 없었던 것은 아니다. 주주에 대한 실질적인 통지를 하고 주주총회의 원활한 운영을 위해서 주주명부 기재사항을 확대하고자 전자우편주소, 전화번호를 주주명부 기재사항으로 추가하는 상법 개정안이 발의된 바 있으나, 개인정보 보호 등의 문제로 인하여 입법화에는 이르지 못하였다.

---

8) 주주명부의 기재사항으로는 ① 주주의 성명과 주소, ② 각 주주가 가진 주식의 종류와 그 수, ③ 각 주주가 가진 주식의 주권을 발행한 때에는 그 주권의 번호, ④ 각 주식의 취득년월일이다(상법 제352조 제1항). 이외에 전자주주명부를 작성한 때에는 전자우편주소를 기재하여야 한다(동법 제352조의2 제2항).

9) 최지웅, “전자증권제도의 시행과 주주명부제도 개선과제”, 「경영법률」 제28권 제4호(한국경영법률학회, 2018.7), 88면.

10) 박철영, 앞의 논문, 141면.

〈표 1-1〉 주주명부 기재사항 확대 입법안

구 분	최운열 의원 대표발의(2017.3.27)	정성호 의원 대표발의(2017.9.4)
제안이유	최종의사결정기관인 총회 기능유지	회사의 주주에 대한 실질적 통지
주요 내용	주소(전자메일 주소를 포함)	주소 및 전화번호
검토 의견	• 이용하지 않는 주주에게 불이익 • 회사 업무처리에 부담	• 개인정보자기결정권 침해 여지 • 해외입법례 없음

(2) 개선방안

주주 연락 정보로 여러 가지를 생각해 볼 수 있으나 발행회사에서 가장 필수적인 정보는 휴대폰 번호라고 할 수 있다. 라이프스타일·연령대에 따라 전자우편주소는 사용하지 않을 가능성이 있으며, 휴대전화의 사용빈도에 비추어 전자우편주소는 주기적으로 확인하지 않을 가능성이 높다. 휴대폰 번호가 발행회사가 의결권 위임 등 업무처리시 가장 유효적절하게 확인할 수 있는 정보라고 생각된다.

발행회사가 주주의 휴대폰 정보를 수집하기 위해서는 정보주체의 동의를 받거나 법률에 특별한 규정이 있을 것을 요한다(개인정보 보호법 제15조). 법률상의 근거를 어디에 둘지에 대해서도 검토가 필요하다. 상법에 직접 규정하는 방법도 고려해 볼 수 있지만 전자등록이 의무화되어 있는 상장회사의 경우에는 전자증권법에 규정하는 것이 타당하다고 본다. 전자등록기관은 소유자명세를 작성하기 위하여 계좌관리기관에 자료를 요청하고, 통보받은 자료를 기초로 소유자명세를 작성하게 된다. 이를 발행회사에 통보하고 발행회사는 주주명부에 반영하는 프로세스에 따라 해당 증권의 소유자내역에 대한 집단적 확인이 이루어진다. 이와 같은 과정을 고려해 볼 때 전자증권법 제37조의 소유자명세의 기재사항으로 주주의 연락처 정보를 추가한다면, 주주명부에 그 정보를 반영할 수 있는 근거를 마련할 수 있게 된다. 이에 더하여 계좌관리기관은 계좌개설시 등 투자자 정보를 수집하는 과정에서 정보제공 동의를 얻어 전자등록기관의 소유자명세 작성을 위한 자료 요청시에 제공하게 한다면, 개인정보보호의 문제 또한 해결할 수 있을 것으로 본다.

2. 주주의 정보청구권

(1) 증권예탁제도 하의 주주정보 열람청구

회사는 주주명부를 작성하여 비치하여야 하며, 주주와 회사채권자는 영업시간 내에는 언제든지 주주명부 또는 그 복본의 열람 또는 등사를 청구할 수 있다(상법 제396조). 증권예탁결제제도를 이용하는 회사의 경우 상법상 주주명부만으로는 전체 주주를 파악할 수 없고, 예탁결제원 명의로 된 주식에 대하여 기준일 시점에 작성된 실질주주명부를 포함하여야 완전한 주주의 명단 및 그 명세를 확보할 수 있다. 실질주주는 상법상 주주와 동일하게 취급되므로 실질주주도 주주명부의 열람 또는 등사를 청구할 수 있다(자본시장법 제315조 제2항). 한편 실질주주가 실질주주명부의 열람 또는 등사를 청구하는 경우도 상법 제396조 제2항이 유추적용되고, 열람 또는 등사청구가 허용되는 범위도 위와 같은 유추적용에 따라 '실질주주명부상의 기재사항 전부'가 아니라 그중 실질주주의 성명 및 주소, 실질주주별 주식의 종류 및 수와 같이 '주주명부의 기재사항'에 해당하는 것에 한정되며, 이와 같은 실질주주명부의 열람 또는 등사가 개인정보 보호법에 위반된다고 볼 수 없다는 것이 법원의 입장이다.[11]

(2) 전자증권제도 하의 주주정보 열람청구

전자증권제도 하에서는 실질주주명부가 폐지되어 상법상 주주명부로 일원화되었는데, 전자등록계좌부에 대하여 주주명부 열람등사청구권에 관한 규정을 유추적용하거나 새로운 입법의 필요성이 있는지에 대한 논의가 있다.[12] 이에 대하여 주주명부가 작성되는 기준일이 있기 전에는 주주현황을 파악하기 어려우므로 위임장 권유 등을 할 수가 없고 따라서 별도로 주주가 전자등록기관에 대한 주주명단을 청구할 수 있는 권리를 인정하는 것이 필요하다는 의견이 있다.[13] 하지만 현행 전자증권법상 소유자명세를 통해 주주명부에 반영하도록 되어 있으며, 소수주주의 전자등록계좌부 열람청구권을 허용하게 되는 경우 전자

11) 대법원 2017. 11. 9. 선고 2015다235841 판결.
12) 서울대학교 금융법센터, 「전자증권법 시행에 따른 상법 정비방안」, 2018, 연구용역보고서, 64면.
13) 김지환, 앞의 논문, 113면.

등록기관은 소수주주의 청구 시마다 계좌관리기관으로부터 주주내역을 취합하여 통보하는 업무를 처리해야 하므로 업무가 번잡해질 우려가 있다는 점을 고려하면 상법상 주주명부 열람청구권 이외에 별도의 전자등록계좌부 열람청구권 등을 추가적으로 인정하는 것은 신중하여야 한다고 본다.[14)]

3. 발행회사의 주주정보제공 청구권

(1) 발행회사의 정보접근 권한

전자증권법상 발행회사는 전자등록기관으로부터 자신의 주식발행에 관한 정보만 확인할 수 있을 뿐(제41조 제2항), 주주명부 작성이 가능한 일정한 사유 이외에는 주주정보에 대해서는 접근권이 제한되어 있다. 예를 들어 주주의 소수주주권 행사시 발행회사는 주주가 행사요건을 충족하였는지를 확인하기 위해서 해당 주주가 가진 주식종목, 보유수량, 보유기간 등에 대한 정보가 필요하다. 전자등록기관 또는 계좌관리기관은 전자등록주식등의 권리자가 권리내용을 정보통신망 등을 통하여 열람 또는 출력·복사할 수 있도록 보장하여야 하는데(제41조 제1항), 여기서 권리자는 소유자, 질권자, 그 밖에 이해관계가 있는 자로서 대통령령으로 위임하고 있지만(제2조 제5호) 권리자로서 소유자와 질권자 외에는 별도로 규정하지 않았다. 여기서 발행회사가 그 밖의 이해관계인의 범위에 포함되는지에 관한 논의가 있다.

(2) 일본의 입법례

일본 대체법의 경우 계좌의 기록사항에 대한 정보를 청구할 수 있는 자의 범위에 주주와 상속인, 담보권 설정자 이외에 발행회사까지 포함시키고 있다(대체법 제277조[15)]). 해당 계좌와 이해관계가 있는 자 또한 정당한 이유가 있는 때에는 비용을 지불하고 계좌의 기록사항에 대한 정보를 청구할 수 있는데, 발행회사 또한 계좌관리기관에 대하여 대체계좌부에 등록된 고객정보, 즉 주주정보 제공을 요청할 수 있다. 발행회사의 이러한 권리를 회사의 주주정보제공 청구

14) 노혁준, 앞의 논문, 1691면.

15) 대체법 제277조에는 정보제공의 청구에 대한 법률적 근거가 명시되어 있으며, 이를 하위법규에 위임하고 있는데, 대체법 시행규칙 제61조 제2호에서 발행회사를 명시하고 있다.

권이라고 한다(대체법 시행령 제84조, 대체법 시행규칙 제61조). 발행회사는 주주의 계좌를 파악할 정당한 이유[16]가 있는 경우 대체기관(전자등록기관)에 비용을 지급하고 계좌기록내용증명서 등의 교부를 청구할 수 있다. 투자자 정보 보호와의 균형상 정당한 이유를 요구하였고, 오로지 청구자의 이익을 위한 것이므로 스스로 비용을 부담하도록 하였다.[17] 회사는 주주를 특정하고 청구이유를 명시하여 주주명부관리인을 통해 대체기관에 정보제공을 청구하며, 보유 주식수 및 증감에 관한 정보 등에 한해서 제공된다.[18]

(3) 소 결

전자증권제도에서는 전자등록계좌부를 통해 관리되는 전자적 기록만이 존재하므로 권리자 본인이 아닌 경우 제3자가 권리 내역을 알 수가 없고, 발행회사는 주주에 대해 파악하는 것은 현저히 곤란하다. 이에 따라 주주가 발행회사를 상대로 권리행사를 하는 경우에 발행회사의 입장에서는 진정한 권리자인지 여부를 확인할 수 있는 수단이 필요하다. 주주명부 작성이 전자등록기관의 장부에 의존하고 있는 점에 비추어 일본의 사례와 같이 주주정보제공 청구권을 부여하는 것이 바람직하다. 규정방식에 대해서는 전자증권법 제2조 제5호에 따라 대통령령으로 정할 수 있는 이해관계자의 범위에 발행회사를 포함하는 것이 적절하다는 견해가 있으나,[19] 동조에서 예시로 들고 있는 소유자, 질권자와의 균형상 적어도 제한물권을 보유한 자 등으로 해석하여야 하며, 제41조에 발행회사의 주주정보제공 청구권을 별도로 규정하는 방안이 전자증권법의 조화로운 해석이라고 판단된다.

---

16) 정당한 이유에 대해서는 대체법 및 하위법령에는 규정하지 않았으나 해석지침을 마련하여 실무에 적용하고 있다. ① 가입자의 동의가 있을 때, ② 주주라고 주장하는 자가 주주인지 확인하기 위하여 필요한 때, ③ 주주가 주주권의 행사 요건을 충족하고 있는지를 확인하기 위해 필요한 때, ④ 발행회사가 법령 등에 따라 주주에 관한 정보를 공표하거나 관공서나 증권거래소(금융상품거래소)에 제공하기 위해 필요한 때, ⑤ 상장폐지, 면허취소 및 그 밖에 발행회사 또는 주주에게 손해를 끼칠 우려가 있는 사태가 발생하는 것을 피하기 위하여 필요한 때, ⑥ 정관 또는 정관의 위임에 따라 주식의 취급 등에 관하여 정해지는 주식취급규정에서 정한 사유가 발생한 때로 정하고 있다. 證券受渡決濟制度懇談會, 總株主通知等の請求·情報提供請求における正當な理由について解釋指針, 2009, 第一 振替株式 二 情報提供請求.

17) 발행회사의 주주정보 제공청구권을 인정한 것은 회사가 일일이 주주의 계좌를 파악하는 것이 곤란하고, 계좌관리기관에 개별적으로 청구하는 것은 비효율적이기 때문이다.

18) 박철영, 앞의 논문, 143면.

19) 문판수, 앞의 논문, 127면.

제 2 장 전자증권제도 적용 확대

Ⅰ. 비상장회사 전자증권제도 참가 확대

1. 전자증권제도와 증권예탁제도의 병행운영

(1) 전자증권제도 적용의 선택

전자증권제도는 적용이 의무화되어 있는 상장증권 등을 제외하고는 발행회사에 제도 편입에 대한 선택권이 부여되어 있다. 따라서 비상장회사 등 일부 발행회사는 경영상의 요소, 제도적용 필요성 등을 고려하여 기존의 증권예탁제도를 이용할 수도 있으며, 예탁제도를 이용하지 않고 실물증권 발행하는 것도 가능하다. 현재 전자증권제도가 도입되었지만 증권예탁제도와 전자증권제도가 병행하여 운영되고 있는데 장래 어떠한 태도를 취할 것인지 검토할 필요가 있다. 이는 전자증권제도를 도입한 이상 예탁제도를 존치할 필요가 있는지의 문제이다.

(2) 증권예탁제도 유지의 필요성

양 제도의 병행을 주장하는 입장에서는 ① 전자증권법에서는 의무적 적용대상증권이 아닌 증권 등은 발행인에 선택권이 부여되어 있으므로 이를 존중할 필요가 있고, ② 전면적인 전자증권제도로의 전환은 시장에 혼란을 가져올 수 있으므로 순차적인 전환이 필요하며, ③ 전자증권제도는 증권예탁제도를 대체하는 것으로서 병행 운영하더라도 운영에 지장이 없으며, ④ 기업어음(CP)이나 금지금(gold bullion standard, 金地金)[1] 등의 경우 증권예탁제도 이외에 다른 대체 유통제도를 찾을 수 없다는 점을 근거로 한다.[2] 이에 반하여 증권예탁제도

---

1) 다수 경쟁매매 거래인 점, 도난분실의 우려 등을 이유로 한국거래소는 증권예탁제도의 구성원리인 혼장임치(混將任置)의 법리와 계좌대체(book-entry) 법리는 금시장의 작동원리로 채택하였다. 오영표, "KRX 금시장의 법적 쟁점", 「기업법연구」 제28권 제3호(2014), 295면.

2) 국회 정무위원회, "증권등의 전자등록에 관한 법률안 검토보고(이종걸 의원 대표발의, 의안번호 12722)", 제331회 국회(임시회) 제3차 정무위원회(2015.3), 42면.

의 폐지를 주장하는 견해에서는 ① 전자증권제도 도입 이유는 증권예탁제도를 완전히 대체하여 증권의 무권화를 달성하는 데 있으며 예탁제도를 운영하게 되면 제도의 도입 취지가 퇴색되며, ② 이원적 운영으로 인하여 자본시장의 효율성을 담보할 수 없게 되며, ③ 발행인에게 선택권이 부여되어 있는 의무적 적용대상이 아닌 증권에 관하여 전자증권제도로의 편입을 유도할 유인이 없어진다는 것이다.[3] 양 제도의 병행운영은 필요 최소한 범위 내에서 한시적이어야 하며, 장기적인 관점에서는 증권예탁제도는 폐지하고 전자증권제도로 일원화하는 것이 바람직하다고 주장하는 견해도 동일한 취지이다.[4] 이를 위해서는 비상장회사의 전자증권제도로 참여를 유도하는 것이 필수적인 과제라고 할 수 있다. 예탁제도 병행이 필요하다는 입장은 비상장주식, 기업어음, 금지금을 대상으로 예탁제도를 불가피하게 운영할 수밖에 없다는 점을 강조한다. 이 중 비상장주식 등에 대해서는 장기적으로 전자증권제도로 편입을 유도하고, 증권예탁제도는 기업어음과 금지금을 대상으로만 운영하면 전자증권제도의 도입 취지를 퇴색시킬 우려는 없다고 생각된다. 기업어음과 금지금 유통을 위한 다른 대체수단이 없는 현실에서 예탁제도를 폐지하는 것은 시장에 혼란을 가중시키고, 기업어음이나 금지금은 그 성질상 무권화의 대상으로는 적합하지 않기 때문이다. 또한 예탁제도를 폐지하기 위하여 기업어음이나 금지금을 위한 별도의 유통수단을 도입하는 방안 또한 비용이나 효율성 면에서 효과적이라고 판단되지 않는다.

2. 비상장회사의 제도 참가 현황

전자증권법 입법당시에 금융당국은 비상장증권의 경우에는 주주 분산도, 거래규모 등의 측면에서 상장증권과 달리 의무화할 필요성이 크지 않다고 보아 회사에 제도적용의 선택권을 부여하였으며, 굳이 의무화하지 않더라도 발행비용·유통비용의 절감 등 제도 시행으로 인한 편익을 고려할 때 대부분 전자증권제도에 편입할 것으로 판단하여,[5] 결국 비상장증권은 의무화대상에서 제외되었

---

3) 국회 정무위원회, 위의 자료, 43면.
4) 주정돈, "증권예탁제도와 전자등록제도에 관한 비교법적 검토", 「예탁결제」 제99호(2016), 77면.
5) 금융위원회 보도자료, "전자증권제도 도입방안"(2015.5).

〈표 2-1〉 비상장회사의 전자증권제도 참가 현황(주식 기준)

구 분	참가회사수	전체 비상장회사수 (전자증권·증권예탁제도)	제도 참여율
2019.9.16.	97개사	2,383개사	4.0%
2020.8.31.	219개사	2,600개사	8.4%(+4.4%P)
2021.8.31.	374개사	2,916개사	12.8%(+4.4%P)
2022.8.31.	575개사	3,120개사	18.4%(+5.6%P)

출처: 한국예탁결제원 보도자료, "전자증권제도 시행 3주년의 성과"(2022.9.16)

다. 전자증권제도가 자본시장에 뿌리깊게 정착하기 위해서는 증권예탁제도의 적용이 불가피한 일부를 제외하고는 전자증권제도로 유도하고 그 적용대상을 확대하려는 노력이 필수적이다. 현재 주식을 기준으로 전자증권제도·증권예탁제도에 참여한 전체 비상장회사 중에 전자증권제도 참여율은 2019년 4.0%, 2020년 8.4%, 2021년 12.8%, 2022년 18.4%로 점진적으로 증가하는 추세이나, 아직까지도 대다수 비상장회사는 증권예탁제도를 이용하고 있는 것을 알 수 있다.[6] 이는 전자증권 도입 초기라는 점을 감안하더라도 상당히 낮은 수치이며, 전자증권제도의 도입 취지를 약화시키는 결과라고 판단된다.

3. 참여율 저조의 원인

(1) 전환 절차

비상장회사가 이미 발행된 증권을 전자증권으로 전환하는 경우에는 법령에서 정한 절차를 거쳐야 한다. 먼저 명의개서대행회사를 선임하고, 해당 증권을 전자등록한다는 취지로 정관을 변경하여야 한다. 발행회사는 전자등록신청서를 작성하여 전자등록기관에 제출하여야 하며(제25조 제3항), 전자등록기관은 그 내용을 검토하여 1개월 이내에 전자등록여부에 대해 결정하여 신청인에게 통보하여야 한다(동조 제4항). 발행회사는 주주명부상 권리자를 대상으로 서면으로 1회 이상 전자증권 전환 관련 내용[7]을 통지하고, 정관에서 정한 방법 및

6) 한국예탁결제원 보도자료, "전자증권제도 시행 3주년의 성과"(2022.9.16).

7) ① 기준일부터 주권등이 그 효력을 잃는다는 뜻, ② 권리자는 기준일의 직전 영업일까지 발행인에게 주식등이 전자등록되는 전자등록계좌를 통지하고 주권등을 제출하여야 한다는 뜻,

전자등록기관 홈페이지에 1개월 이상 공고하여야 한다(제27조 제1항).

(2) 비상장회사 대상 설문조사

2020년 3월에 비상장회사 439개사를 대상으로 실시한 한국예탁결제원의 설문조사에 따르면, 전자증권제도 도입에 대해 비상장회사 대부분(90%)은 도입 취지에 공감하며 긍정적인 효과가 있을 것으로 판단하였으나, 제도 참여를 위한 절차적 부담이 주된 장애요소로 작용하는 것으로 나타났다. 즉 정관 변경(24%), 전자증권 전환을 위한 1개월 이상의 공고기간(21%) 및 참가신청 관련 서류제출(20%), 사전심사신청(10%) 등 주로 절차적 부담이 제도 선택에 장애요인으로 작용하고 있는 것으로 나타났다.[8] 현재 금융당국 및 전자등록기관은 비상장회사의 전자증권제도 이용 확대를 위해 지속적인 노력을 기울이고 있다. 우선 전자증권 관련 수수료에 대한 감면정책을 실시하고 있으며,[9] 제도 이해도 제고를 위해 홍보활동을 기울이고 있으며, 비상장회사 대상 설문조사를 실시하여 제도개선사항에 대한 의견수렴 절차를 진행하고 있다.[10] 하지만 이와 같은 방식으로는 비상장회사의 제도 편입을 촉진하는데 충분하지 않다고 판단된다.

4. 해외 입법례

비상장증권에 대해서도 제도 적용의 의무화를 채택한 나라는 프랑스를 제외하고는 찾아보기 어렵다. 프랑스의 경우 상장증권뿐만 아니라 비상장증권에 대하여도 전자증권제도를 의무적으로 적용한다. 일본의 경우 형식적으로는 비상장회사에 선택권을 부여하고 있지만 실물발행을 원할 경우에는 정관에 규정하여야 하므로 간접적으로 의무화하고 있다는 평가를 받고 있다.[11] 즉, 비상장회사는 원칙적으로 주권불발행제도를 준수해야 하며, 주권 발행 시 회사 정관

---

③ 발행인은 기준일의 직전 영업일에 주주명부등에 기재된 권리자를 기준으로 전자등록기관에 신규 전자등록의 신청을 한다는 뜻을 의미한다(제27조 제1항 제1호 내지 제3호).

8) 자본시장연구원, 「비상장회사의 전자증권제도 참여확대방안 연구」, 연구용역 보고서, 2020, 53면.

9) 2024년까지 주식발행등록수수료를 면제하고 증권대행 기본수수료를 20% 감면한다.

10) 한국예탁결제원 보도자료, “전자증권제도 시행 3주년의 성과”(2022.9.16).

11) 자본시장연구원, 「비상장회사의 전자증권제도 참여확대방안 연구」, 연구용역 보고서, 2020, 46면.

에 주권을 발행한다는 취지를 기재해야 한다.[12]

5. 비상장회사의 제도참가 의무화

(1) 필요성

인센티브 제공을 통한 유인 방식보다는 법상 근거를 마련하여 의무화하는 방식이 가장 효율적이고 현실적인 방안이라고 볼 수 있다. 실제로 2019년 11월에 비상장회사가 발행한 주식 및 사채에 대해서 전자등록을 의무화하는 법률안이 제출된 바 있다(제25조 제1항 제3호 신설). 동 법안은 비상장회사가 발행한 주식 등은 실권리자 확인이 곤란하여 차명거래에 악용되거나 현황이 허위로 공시되어 선의의 투자자에게 피해를 줄 수 있으므로 이를 방지하기 위해 전자등록이 필요하다는 취지에서 발의되었다.[13] 개정안은 비상장증권에 대해서도 대통령령으로 정하는 기준[14]을 충족할 경우 의무적으로 전자등록을 하도록 하려는 것이다. 하지만 국회는 전자증권제도 시행당시 상장증권은 예탁비율이 99.3%로 전자증권전환에 따른 부담이 크지 않았지만, 비상장증권은 자율적으로 예탁제도를 이용하고 있으며, 예탁비율도 65%에 불과하여 전자등록을 의무화하는 경우 전환절차에 따르는 비용과 절차에 대한 부담이 상장증권에 비해 상대적으로 클 수 있음을 전제로 전자등록 의무화 필요성, 시기, 대상회사 등에 대한 충분한 논의가 필요하다며 유보적인 태도를 취하였고[15] 결국 임기만료로 인하여 법률안이 폐기되었다. 금융위원회 또한 입법안 제안 당시 제도 도입 초기단계였던 점을 고려하여 향후 제도가 충분히 안착된 이후에 의무화 논의를 검토하는 것이 타당하다는 견해를 제출하였다. 전자증권제도가 도입된 지 상당기간 경과하였으며 자본시장에 안착하였다고 평가되므로 의무화에 대한 논의를 나시 할 필요가 있다고 판단된다. 비상장회사의 상당수(67%)가 전자증권제도 의무화에 동의하고 있다는 점도 정책 추진시 고려해야 한다.

---

12) 일본 회사법 제214조.

13) 국회 정무위원회, "주식·사채 등의 전자등록에 관한 법률 일부개정법률안(김용태 의원 대표발의, 의안번호 23758)"(제안일자 2019.11.13).

14) 주식의 경우 발행주식총수, 자본금, 주식소유분포 요건을, 사채의 경우 발행액면총액, 미상환액면총액, 발행회사 요건을 충족하는 경우에 의무적으로 적용한다.

15) 국회 정무위원회, "주식·사채 등의 전자등록에 관한 법률 일부개정법률안 검토보고(김용태 의원 대표발의, 의안번호 23758)", 제376회 국회(임시회) 제1차 정무위원회(2020.2), 8면.

(2) 의무화의 적용범위

비상장회사에 적용 의무화를 시행하는 방법에는 우선적으로 일부 비상장회사를 대상으로 시행하고 나머지 회사에 적용을 확대해나가는 방법(단계적 시행방안)과 시행 당시 모든 비상장회사를 대상으로 전면 시행하는 방법(전면 시행방안)을 고려해볼 수 있다. 단계적 시행방안으로서 기업규모 또는 증권구분에 따른 단계적 적용확대 방식도 검토해볼 수 있으나 기업간의 형평성의 문제를 초래할 수 있으며 기준이 지나치게 세분화되면 비상장회사의 혼란을 가져올 수 있으므로 논의를 숙고한 후에 전면 도입하는 것이 타당하다고 생각된다. 신규로 설립되는 비상장회사에 대하여는 의무화를 바로 적용하고, 이미 설립되어 있는 비상장회사에 대하여는 유예기간을 부여한 후에 의무화를 도입하자는 견해도 있다.[16] 동 견해는 제도 적용에 대한 신뢰에 따른 차이를 두자는 관점에서 신규 설립되는 비상장회사는 그 기대가 적어 바로 적용하더라도 기대이익을 침해하지 않지만, 이미 설립되어 있는 회사는 주식관련 정보가 대외에 공개되는 것을 선호하지 않는 등 제도적용에 대한 반발이 심할 수 있기 때문이라고 한다. 적용대상과 관련하여 폐쇄회사 등 주식이 소수인원에게만 분산되어 있는 회사 등에 대하여 의무화하는 것은 불필요하며, 증권예탁제도에 참가하고 있는 비상장회사에 한하는 것이 현실적이다.

(3) 비용 및 절차 부담 감경방안

전자증권제도 참여를 위한 절차를 대폭 간소화하여 전환과정의 번잡함을 축소하여야 한다. 정관 변경에 대한 부담을 고려하여 현행 주주총회 결의를 이사회 결의 등으로 대체하는 방식으로 전환하는 방안을 검토할 필요가 있다. 공고·통지 기간도 1개월에서 2주 정도로 단축하는 방안을 검토할 필요가 있다. 참가 신청 관련 서류도 간소화할 수 있는 부분이 있는지 다시 평가하여 신청 서류의 종류를 줄여주는 방식으로 간소화하여야 한다.[17]

---

16) 자본시장연구원, 「비상장회사의 전자증권제도 참여확대방안 연구」, 연구용역 보고서, 2020, 62면.
17) 자본시장연구원, 위의 보고서, 53면.

Ⅱ. 열거주의 방식에 대한 검토

1. 새로운 유형의 증권 등장

최근 암호화폐 등 가상자산[18]에 대한 사회적 관심이 급증하고 있으나 규제 미비 등으로 인하여 투자자의 피해 또한 속출하고 있는 상황이다. 가상자산의 대부분은 자산과 연계되지 않은 상태로 발행되는 경우가 많아 안정성 면에서 취약하여 가격의 변동폭이 극심하다. 전 세계적으로 규제의 필요성은 공감하지만 통일된 규제는 이루어지지 않은 상태로 볼 수 있다.[19] 이와 같이 블록체인 기술[20]을 활용해 등장하고 있는 새로운 유형의 증권에 대해서는 자본시장법 등 현행법상 수용할 여건이 마련되어 있지 않아 제도권 내로 편입하기 위한 노력이 금융당국을 중심으로 지속적으로 이루어지고 있다. 최근 이슈화되고 있는 토큰 증권(Security Token)[21]이 대표적이며, 자본시장법 및 전자증권법에서 수용할 수 있을지가 논의되고 있다. 전자증권법이 그 적용대상에 대해 취하고 있는 열거주의 방식이 적합한 것인지 검토할 필요가 있다.

---

18) 가상자산의 정의에 대해서는 여러 견해가 있으나 현행법 중에서는 「특정 금융거래정보의 보고 및 이용 등에 관한 법률」(이하 특정금융정보법이라 한다)에서 규정하고 있다. 특정금융정보법은 "가상자산"에 대해서 "경제적 가치를 지닌 것으로서 전자적으로 거래 또는 이전될 수 있는 전자적 증표(그에 관한 일체의 권리를 포함한다)"라고 규정하고 있다(제2조 제3호).

19) 2021년부터 시행된 독일 전자증권법은 전자증권을 중앙등록부전자증권과 암호증권으로 구분하여 규정하고 있어 암호증권을 제도권 내로 수용한 바 있다. 동법에 따르면 전자증권의 발행 시 두 가지 유형 중 하나를 선택하여야 하며, 암호증권등록부에서 전자증권중앙등록부로의 이관이 이루어지면(제21조 제2항, 제22조) 암호증권이 중앙등록부전자증권이 된다. 또한 전자증권법 시행 이전에 존재하는 증권형 토큰은 암호증권등록부에 등록하여야만 전사증권으로 인정된다. 정대익, 앞의 논문, 17면.

20) 블록체인의 특성에 대해서는 2018. 5. 30. 선고 2018도3619 판결의 원심판결(수원지방법원 2018. 1. 30. 선고 2017노7120 판결)에 기술되어 있다. ① 비트코인은 비트코인 단위로 거래되는 암호화된 디지털 가상화폐로서, 기존의 가상화폐와 달리 발행이나 거래의 승인 등을 담당하는 발행기관이나 감독기관이 없으며 P2P(Peer－To－Peer) 네트워크와 블록체인 기술을 이용하여 거래 기록의 보관, 승인 등을 네트워크 참가자들이 공동으로 수행하는 점에 그 특이성이 있다. ② 비트코인 거래는 약 10분마다 생성되는 '블록(block)'에 기록되어 기존 '블록'에 덧붙여짐으로써 확정되며, 이러한 거래기록의 집합을 '블록체인'이라 한다. 비트코인의 모든 거래는 일종의 공개 장부인 위 '블록체인'을 통해 네트워크상에 기록되어 공유되므로 비트코인의 복제 내지 이중사용은 사실상 불가능하다.

21) 종래 증권형 토큰이라는 용어를 사용하였으나 현재는 토큰 증권(Security Token)으로 칭하고 있다. 금융위원회 보도자료, "토큰 증권(Security Token) 발행·유통 규율체계 정비방안"(2023.2).

2. 소 결

자본시장법은 금융투자상품 거래의 일반법이므로 규제대상에 관한 포괄주의를 취하고 있으나, 전자증권법은 전자등록주식등에 대해서 거래시스템을 제공하는 것으로 적용대상이 명확해야 하므로 열거주의 방식이 적절하다는 견해가 있다.[22] 하지만 열거주의 방식에 따르면 새로운 유형의 증권이 등장한 경우 규율이 어렵다는 점, 입법과정의 착오나 오류가 있는 경우 전자등록이 원천적으로 어려워 제도를 탄력성 있게 운영할 수 없다는 점 등에 비추어 볼 때 포괄주의 방식으로 변경할 필요가 있다고 생각된다.[23] 전자등록기관은 발행회사의 전자등록 신청에 대하여 전자등록여부에 대한 심사할 권한이 있으므로,[24] 포괄주의 방식에 따르더라도 제도운영의 안정성을 저해하지는 않는다고 본다. 발행회사와 전자등록기관 사이에 해석상 논란이 발생할 수 있으나, 감독당국의 유권해석에 의하는 방법으로 해결할 수 있으며, 운영경험이 축적되면서 판단기준이 정립될 것이다.[25] 또한 새로운 유형의 증권이 출현한 경우에 실물 발행 없이 권리 형태의 경우가 많을 것인데 전자증권제도는 권리를 등록하는 제도이므로 포괄주의 방식에 따르면 이러한 유형을 수용하기에 용이하여 제도를 유연하게 운영할 수 있다.[26]

---

22) 김홍기, 앞의 논문, 7면.

23) 고동원, 앞의 논문, 8면.

24) 영 제19조(전자등록 신청의 방법 및 절차 등) ③ 전자등록신청서등을 제출받은 전자등록기관은 그 신청 내용에 관한 사실 여부를 확인하고, 법 제25조 제6항에 따른 주식등 신규 전자등록 거부 사유에 해당하는지를 검토해야 한다.

25) 고동원, 앞의 논문, 20면.

26) 19대 국회에서 이종걸 의원이 발의한 「증권 등의 전자등록에 관한 법률안」(의안번호 12722)에는 포괄주의 방식으로 규정하였다. 즉 법에서 사용하는 '증권 등'을 ① 자본시장법 제4조의 증권(대통령령으로 정하는 증권을 제외), ② 자본시장법 제3조 제1항 제1호에 따른 양도성 예금증서 ③ 그 밖에 등록에 적합한 것으로 대통령령으로 정하는 것으로 정의하였다. 국회 정무위원회, "증권등의 전자등록에 관한 법률안 검토보고(이종걸 의원 대표발의, 의안번호 12722)", 제331회 국회(임시회) 제3차 정무위원회(2015.3), 17면.

제3장 주주권행사 관련 제도 개선

Ⅰ. 소유자명세 작성사유 확대

1. 소유자명세 작성사유

전자증권법은 기명식 주식등과 무기명식 주식등을 구분하여 소유자명세 작성사유를 규정하고 있다. 우선 기명식 주식등의 경우 의무적 작성요청 사유로는 상법상 기준일을 정한 경우로 규정하고 있다. 다만, 자본시장법에 따라 투자신탁재산을 운용하는 집합투자업자가 집합투자기구의 결산에 따라 발생하는 분배금을 배분하기 위한 경우 등에는 예외이다(제37조 제1항). 임의적 작성요청 사유로는 ① 발행인이 법령 또는 법원의 결정 등에 따라 해당 전자등록주식등의 소유자를 파악하여야 하는 경우, ② 발행인이 대통령령으로 정하는 주기별로 해당 전자등록주식등의 소유자를 파악하려는 경우,[1] ③ 자본시장법 제134조에 따라 공개매수신고서가 제출된 전자등록주식등의 발행인이 그 주식등의 소유상황을 파악하기 위하여 일정한 날을 정하여 전자등록기관에 주주에 관한 사항의 통보를 요청하는 경우, ④ 그 밖에 발행인이 해당 전자등록주식등의 소유자를 파악할 필요가 있는 경우로서 대통령령으로 정하는 경우[2]이다(동조 제2

1) 전자증권법의 위임에 따라 시행령에서는 그 주기를 분기로 정하였다(시행령 제31조 제1항). 작성주기를 결정하기 위해서는 발행인의 소유자명세 작성의 필요성 및 비용과 절차적 부담 등을 고려해야 하며, 분기보고서 작성 등을 고려할 때 타당한 입법이라고 평가된다. 박철영, 앞의 논문, 136면.

2) 영 제31조(소유자명세 작성의 주기 및 사유) ④ 법 제37조 제2항 제4호에서 “대통령령으로 정하는 경우”란 다음 각 호의 어느 하나에 해당하는 경우를 말한다.
1. 「채무자 회생 및 파산에 관한 법률」 제147조 제1항에 따라 관리인이 주주·지분권자의 목록을 작성하기 위한 경우
2. 주식의 발행인이 상장심사(「자본시장과 금융투자업에 관한 법률」 제8조의2 제2항에 따른 거래소가 같은 법 제390조에 따른 증권상장규정에 따라 증권시장에 상장할 증권을 심사하는 것을 말한다)를 받는 경우로서 주식 소유상황 파악 등을 위해 일정한 날을 정하여 전자등록기관에 주주에 관한 사항의 통보를 요청하는 경우
3. 발행인이 다음 각 목의 구분에 따른 주식등의 발행 근거에서 정하는 바에 따라 해당 전자등록주식등의 소유자를 파악해야 하는 경우
가. 「상법」 제356조의2, 제420조의4, 제478조 제3항 또는 제516조의7에 따라 전자등록하는 주식등의 경우: 해당 주식등 발행인의 정관

항). 소유자명세의 작성사유는 법령에 규정된 것에 한한다. 소유자명세를 작성하기 위해서는 전자등록기관과 분산된 여러 계좌관리기관의 협조를 바탕으로 상당한 노력과 비용을 투여해야 하므로 사유를 무한히 확장하는 허용되지 않는다. 소유자명세 작성사유의 확대와 관련해서는 두 가지 쟁점이 있다. 첫째, 임의적 요청사유와 관련하여 발행인에게 소정의 비용을 부담시키고 소유자명세 작성을 요청할 수 있는 권한을 부여하는 것이 타당한지에 대한 논의가 있다.[3] 현행법상 발행인에게는 전자증권법상 정한 사유에 한해서만 소유자명세 작성을 요청할 수 있으며, 경영권 방어 등 발행회사의 필요에 따라서 비용[4]을 부담하고 소유자명세 작성을 요청할 수 있는지에 관한 논의이다. 둘째, 전자등록기관의 직권작성사유와 관련한 것이다. 전자등록기관은 ① 실물주권 전환, ② 발행인의 해산, 청산, ③ 그 밖에 전자등록기관이 주식등에 관한 권리를 관리하기 곤란하다고 인정되는 경우로서 대통령령으로 정하는 경우에는 직권으로 소유자명세를 작성하여 발행인에게 통지해야 한다(제37조 제7항). 법원의 판결·결정·명령이 있는 경우, 전자등록기관 등이 초과분을 해소하기 위해 전자등록을 말소하는 경우, 그 밖에 전자등록기관이 주식등에 관한 권리를 관리하기 곤란하다고 인정되는 경우로서 전자등록업무규정으로 정하는 경우로 규정하였다(영 제31조 제6항). 현재 규정된 직권 작성사유를 하위법규에서 확장할 것인가도 검토해볼 필요가 있다.

2. 일본의 입법례

일본 대체법은 "정당한 사유"가 있는 경우에 발행인은 소정의 비용을 납부하고 총주주통지를 청구할 수 있다고 규정하고 있다(제151조 제8항). 통지사항은 주주의 성명 또는 명칭 및 주소 그리고 당해 주주가 보유하는 대체주식의 종목

나. 그 밖의 전자등록주식등의 경우: 해당 주식등의 발행과 관련된 계약·약관 또는 이에 준하는 것으로서 주식등의 발행 근거가 되는 것

4. 그 밖에 권리자의 이익보호를 위해 필요한 경우 등 특별한 사정이 발생하여 해당 전자등록주식등의 소유자를 파악할 필요가 있는 경우로서 금융위원회가 정하여 고시하는 경우.

3) 노혁준, 앞의 논문, 1678면.

4) 현재 소유자명세통지수수료는 발행인을 대상으로 신청 건당 25만원을 징수하며, 수수료는 소유자명세 작성신청시에 선납하여야 한다(세칙 별표 2). 다만 상법상 기준일이 설정된 경우나 법령 또는 법원의 결정에 따라 소유자를 파악하여야 하는 경우는 수수료를 부과하지 않는다.

및 수, 기타 주무성령에서 정한 사항이다(동조 제1항). 정당한 이유에 대해서는 대체법 및 하위법령에는 규정하지 않았으나 일본 증권업협회에서는 그 해석지침을 마련하여 실무에 적용하고 있다. 해석지침에서 인정하고 있는 경우로는 ① 발행회사가 법령, 상장규칙, 정관 및 기타 규칙(이하 "법령 등"이라 한다)에 따라 주주에 대하여 통지를 하기 위하여 필요한 경우, ② 발행회사가 법령 등에 근거하여 주주에 관한 정보를 공표하거나 관공서 또는 증권거래소에 제공하기 위해 필요한 경우, ③ 발행회사가 주주에 대하여 주주우대제도의 실시 및 그 밖에 대체주식의 주주공통의 이익을 위하여 하는 행위를 하고자 하는 때, ④ 상장폐지, 면허취소 및 그 밖에 발행회사 또는 주주에게 손해를 끼칠 우려가 있는 사태가 발생하는 것을 피하기 위하여 필요한 경우, ⑤ 정관 또는 정관의 위임에 기초하여 주식의 취급 등에 관하여 정해지는 주식취급규정에서 정한 사유가 발생한 경우이다. 하지만 ① 사람의 생명, 신체, 재산을 해치는 목적을 가진 경우, ② 범죄 목적을 가진 때, ③ 공서양속에 반할 때, ④ 제3자에게 누설을 목적으로 할 때, ⑤ 주주에 대한 영업행위를 할 목적인 경우, ⑥ 발행회사 임직원의 개인적 목적 및 기타 발행회사의 사업과 무관한 목적인 경우에는 인정되지 않는다.[5]

3. 쟁점에 관한 구체적 검토

(1) 발행인의 소유자명세 작성 요청권

발행인에게 이러한 권리를 인정하게 되면 주주명부의 작성이 상시화될 수 있어 실제 주주 현황을 정확하게 반영할 수 있는 주기가 짧아짐으로써 주주명부이 기능을 현실화할 수 있으므로 발행회사의 주주현황 파악하려는 시도 자체를 부정적으로 바라볼 이유는 없다. 하지만 이를 허용하면 전자등록기관과 계좌관리기관은 항시 발행인의 소유자명세 작성요청에 대기하는 상황에 놓이게 되어 업무폭증으로 본연의 업무에 집중할 수 없는 구조가 될 수 있으며 전자증권시스템 자체의 과부하도 걸릴 수 있는 문제이다. 제도 시행 이전에는 기준일이 있는 경우 보통 연 1회 수준에서 실질주주명세 작성이 가능하였으나, 전자증

5) 證券受渡決濟制度懇談會, 總株主通知等の請求·情報提供請求におけ正堂な理由について解釋指針, 2009, 第一 振替株式 一 総株主通知の請求.

권제도에서는 분기 단위로 소유자명세 작성이 가능하도록 하여 주주관리 편의성 측면에서 한층 발전된 형태인 점을 고려할 필요가 있다. 또한 주주 정보가 법정 사유가 아님에도 발행인에게 제공됨으로써 주주의 의사에 반하고 개인정보보호에도 충실하지 못하는 문제가 발생할 수 있다. 따라서 법률이 규정한 사유 이외에 발행인의 소유자명세 작성요청권을 인정할 필요는 없다고 본다.

(2) 전자등록기관 직권에 의한 소유자명세사유 확대

전자등록기관 직권으로 소유자명세를 작성하여 발행인에게 통지하면 이후에는 명의개서가 이루어지는데 비용 및 절차적 부담, 발행인의 업무부담 가중 등을 고려할 때 직권 작성사유는 엄격하게 해석하는 것이 타당하다. 전자증권법 제37조 제7항 제3호는 주식등의 권리를 관리하기 곤란한 경우를 규정하고 있는바, 이처럼 직권 작성사유는 더 이상 전자등록방식을 이용하기 어려운 경우에 한하여 인정된다고 봄이 타당하다.[6] 전자증권법 시행령 제31조 제6항 제3호에서는 전자등록업무규정으로 그 사유에 대해서 위임하였으나 전자등록업무규정은 사유를 확장하지 않고 있다는 점에서 동일한 취지로 판단된다.[7]

Ⅱ. 무기명증권의 권리행사

1. 기명주식과 무기명주식의 구별

(1) 상법의 태도

종래 상법은 주식을 기명주식과 무기명주식으로 구분하여 규율하고 있었다. 기명주식은 주주의 성명이 주권면 및 주주명부에 표시되어 있는 주식을 의미한다. 상법은 기명주식을 원칙으로 하였는바, 회사 입장에서는 총회 통지, 배당금 지급 등의 업무를 처리할 때 주주관리업무가 편리해지며, 주주 입장에서도 주권을 제시할 필요없이 주주명부의 기재만으로 회사에 대한 대항력을 확보

6) 노혁준, 앞의 논문, 1680면.

7) 업무규정 제43조(예탁결제원의 직권에 의한 소유자명세 작성) 예탁결제원은 법 제37조 제7항 각 호의 어느 하나에 해당하는 사유가 발생한 경우에는 해당 주식등(기명식 주식에 한한다)에 대하여 세칙으로 정하는 사항을 기재한 소유자명세를 작성하여야 한다.

할 수 있다는 장점이 있다. 반면에 무기명주식은 주주의 성명이 주권면이나 주주명부에 기재되어 있지 않은 주식을 의미한다. 개정 전 상법에서는 주식회사의 정관에 규정된 경우에 한해 무기명주식을 발행할 수 있으며, 주주는 언제든지 무기명주권을 기명식으로 할 것을 회사에 청구할 수 있도록 하였으며(제357조), 무기명주권을 가진 자는 그 주권을 회사에 공탁하지 않으면 주주의 권리를 행사하지 못하도록 규정하였다(제358조). 기명주식과 무기명주식은 양도방법은 주권의 교부로 동일하나, 권리행사방법에 있어서 차이가 있다. 기명주식은 명의개서를 이행하여야 발행회사에 대항력을 확보할 수 있으나(제337조 제1항), 무기명주식은 그 주권을 소지하고 회사에 공탁하여야 권리를 행사할 수 있다. 하지만 2014년 상법 개정으로 무기명주식제도는 폐지되고 기명주식만 남게 되었다.[8)]

(2) 전자증권법의 태도와 문제점

전자증권법은 원칙적으로 기명식 주식등에 대해서 소유자명세 작성을 통한 주주명부 등 법적 장부 작성을 규정하고 있다. 무기명 주식등에 대해서는 자본시장법 제165조의11에 따른 조건부자본증권이 주식으로 전환되는 경우, 그 밖에 해당 주식등이 다른 주식등으로 전환되는 경우로서 대통령령으로 정하는 경우[9)]에 한해서 발행인은 소유자명세의 작성을 요청할 수 있다. 이 경우 주주명부 등 법적 장부는 작성하지 않는다(제37조 제6항). 원칙적으로 소유자명세의 작성을 기명증권으로 한정한 것은 기명증권일 경우만이 주주명부 등 증권의 소유자의 성명과 권리내용 등을 적시한 법적 장부의 작성이 법상 요구된다는 것을 고려한 것이다.[10)] 기명증권이 전자등록된 경우 소유자가 법적 장부, 즉 주주

8) 1963년 제정 상법부터 존재한 무기명주식 제도는 그동안 발행 사례가 전무하여 기업의 자본조달의 기능을 다하지 못하고 있으며, 소유자 파악이 어려워 양도세 회피 등 탈법행위의 수단으로 기능할 우려가 있으며, 기업 소유구조의 투명성 확보를 현저히 곤란하게 하므로 더 이상 유지할 실익이 없었다.

9) 영 제31조(소유자명세 작성의 주기 및 사유) ⑤ 법 제37조 제3항에서 "대통령령으로 정하는 경우"란 다음 각 호의 어느 하나에 해당하는 경우를 말한다.
   1. 「상법」 제469조 제2항 제2호에 따른 상환사채가 다른 주식등으로 상환되는 경우
   2. 「은행법」 또는 「금융지주회사법」에 따른 조건부자본증권에 표시되어야 할 권리가 주식으로 전환되는 경우
   3. 그 밖에 전자등록주식등인 무기명식 주식등이 다른 주식등으로 전환되는 경우로서 금융위원회가 정하여 고시하는 경우.

10) 장영수, 앞의 논문, 226면.

명부·사채원부·수익자명부에 소유자로 등재되어 대항력을 확보할 수 있으므로 소유자의 권리행사에 지장이 없는데, 무기명증권이 전자등록된 경우에는 권리행사 측면에서 문제가 발생한다. 무기명증권의 소지인은 권리자로 추정되고, 소지인은 회사에 이를 공탁함으로써 회사에 대한 대항력을 확보하여 권리를 행사할 수 있다. 예를 들어, 무기명사채를 발행한 회사가 사채권자 집회를 개최할 경우 사채권자는 회일 1주간 전에 채권을 공탁하여야 의결권을 행사할 수 있다(상법 제492조 제2항).[11] 하지만 전자증권제도 하에서는 전자등록주식등에 대해서 증권 또는 증서를 발행할 수 없으며, 이를 위반해서 발행된 증권 또는 증서는 효력이 없으므로(제36조), 공탁할 채권실물을 사채권자가 더 이상 소지하는 것이 불가능하고, 따라서 사채권자가 사채권을 회사에 공탁하고 의결권을 행사하는 방식이 차단되어 사채권자의 의결권 행사는 곤란하게 되는 문제가 발생한다.[12]

2. 기명증권과 무기명증권 구별의 폐지

기명증권과 무기명증권의 구분이 전자증권제도 하에서도 여전히 유효한 것인지 문제된다. 전자증권제도에서는 증권 권리내용이 소유자 명의로 전자등록계좌부에 기재되어 관리된다는 점에서 사실상 기명증권화되었다고 볼 수 있으며, 실물증권 자체가 발행되지 않는 상황에서 권면에 주주의 성명을 기재하는 것도 불가능하다는 점에서 전자증권제도 하에서는 기명, 무기명증권의 구별이 의미가 없어졌다고 보아야 한다.[13] 전자증권제도하에서 소유자명세 작성은 기명·무기명증권 모두에게 회사에 대한 대항력을 확보하고, 회사가 증권의 소유자 내역을 파악하는 유일한 수단이다. 소유자증명서와 소유내용의 통지를 통해 권리내용을 확인할 수 있으나 소유자의 신청이 있어야 하며, 개별적 권리행사를 위한 제도에 불과하므로 기명증권과 무기명증권의 구별 없이 모든 증권에 대해 소유자내역을 파악할 수 있도록 전자증권법 제37조는 개정되는 것이 타당

11) 이 규정은 의결권 개수를 확인하기 위한 취지이다.
12) 장영수, 앞의 논문, 226면.
13) 같은 취지로 노혁준, 앞의 논문, 1676면. 동 논문에서는 무기명증권의 권리입증방식은 실물제시이며, 기명증권의 권리입증방식은 명부기재인데, 전자증권제도 하에서는 이와 같은 구별이 크게 차이를 보이지 않는다고 한다.

하다.[14)]

Ⅲ. 전자등록주식등의 유통 제한

1. 처분제한제도의 취지 및 문제점

전자등록기관 또는 계좌관리기관은 ① 전자등록기관이 소유자증명서를 발행한 경우(제39조 제4항), ② 전자등록주식등의 소유자가 소유내용을 발행인등에게 통지하여 줄 것을 신청하여 전자등록기관이 그 내용을 통지한 경우(제40조 제3항)에는 전자등록계좌부에 전자등록주식등의 처분을 제한하는 전자등록을 한다. 이 경우 해당 전자등록의 원인이 소유자증명서의 발행(영 제33조 제5항), 소유내용의 통지(영 제34조 제5항)임을 표시하여야 한다. 전자증권법에서 소유자증명서 및 소유내용통지의 경우 처분제한등록을 하는 것은 자본시장법의 실질주주증명서 규정 형식을 그대로 가져온 것으로 보인다.[15)] 동 규정의 취지는 소수주주권 등 개별적 주주권 행사를 위해 소유자증명서 등을 발급받은 이후에 해당 권리에 대한 보유요건을 충족하지 못하게 되는 상황이 발생하는 것을 방지하기 위한 것이다.[16)] 하지만 이러한 소유내용 통지 및 소유자증명서 발행의 기초가 된 전체 수량에 대해서 처분제한의 효과가 부여된다는 점에서 소유자의 재산권을 과도하게 제한하는 것이 아닌지 문제된다.

2. 처분제한제도 개선방안

일본의 경우 개별적 주주확인 제도로서 개별주주통지제도를 시행하고 있다.[17)] 개별주주통지에 명의개서에 갈음하는 효력을 부여할 뿐 처분제한의 효력

14) 장영수, 위의 논문, 227면.

15) 예탁결제원이 실질주주증명서를 발행하는 경우에는 주주권 행사기간 동안 해당 주식의 처분이 제한된다는 뜻을 예탁자의 자기소유분에 내하여는 예탁결제원이 해당 예탁자의 예탁자계좌부상에, 투자자 예탁분에 대하여는 예탁자가 해당 투자자의 투자자계좌부상에 각각 표시하여야 한다(자본시장법 시행규칙 제32조 제3항).

16) 심인숙, “주식에 관한 전자등록제도 시행에 즈음한 법적 문제점 검토”, 「중앙법학」 제19집 제4호(2017), 339면.

17) 대체법 제154조(소수주주권등의 행사에 관한 회사법의 특례) ③ 대체기관은 특정 종목의 대체주식에 대하여 자기 또는 하위기관의 가입자로부터의 신청이 있는 경우에는 지체 없이 당해 대체주식의 발행회사에 대하여 당해 가입자의 성명 또는 명칭 및 주소 그리고 다음에 열

을 부여하고 있지는 않으며,[18] 다만 행사기간의 제한을 두고 있는데, 개별주주 통지가 있은 후 4주간이 경과하면 행사할 수 없다(대체법 제154조 제2항, 시행령 제40조). 개선방안으로는 첫째, 처분제한제도를 폐지하는 방안을 고려해볼 수 있다. 특히 상장회사의 경우 소수주주권을 행사한다고 하여 주식 양도의 자유를 제한하는 것은 편의적인 발상이고, 이와 같은 강력한 제한을 하게 된다면 소수주주권의 행사를 위축시킬 수 있다는 점을 근거로 한다.[19] 둘째로, 일본의 경우처럼 처분제한의 효력을 부여하지 않고 대체법 제277조에 따른 발행인의 개별정보청구권을 전제로 특정 주주에 대하여 주식보유요건 충족여부를 확인할 수 있도록 하는 방안을 고려해 볼 수 있다. 셋째로, 소유자증명서 등 발급의 기초가 된 전자등록주식 보유물량 전부에 대한 처분제한을 할 것이 아니라 소유자증명서 등이 발급된 부분에 대해서만 처분제한을 하도록 하는 방안이다. 현행법상으로는 입법 취지를 달성할 수 있고 신청인의 재산권을 과도하게 침해하지 않는 마지막 견해가 타당하다고 본다.[20]

Ⅳ. 명의개서 대항력 관련 특례규정

1. 전자증권제도와 명의개서제도

전자증권제도에서 명의개서의 대항력과 관련된 쟁점으로는 첫째, 명의개서가 완료되는 시점에 관한 문제이다. 전자등록주식등의 명의개서는 전자등록기관의 소유자명세 통지에 의해 발행인이 주주명부를 작성하는 때에 일괄적으로 이루어지며 이 방식이 유일한 명의개서방식이며 개별적 명의개서는 허용되지 않는다. 즉, 대체방식에 의해 주식을 취득한 양수인이 소유자증명서 등 관련 증빙을 제시하여 회사에 별도로 명의개서를 청구하는 것도 차단된다. 그런데 소유자명세 통지에 의한 주주명부 작성에는 실무상 최소 2~3일 이상의 시간이 걸리기 때문에 주주는 기준일보다 그만큼 늦게 회사에 대한 대항력을 확보하는

거한 사항 기타 주무성령에서 정한 사항의 통지를 하여야 한다.

18) 島田志帆, "振替株式の權利行使方法と今後の課題－近年の最高裁決定を中心として－", 「立命館法學」 第338号(2011), 284면.

19) 김지환, 앞의 논문, 107면.

20) 노혁준, 앞의 논문, 1685면.

문제가 발생한다. 둘째로, 주식의 이전은 취득자의 성명과 주소를 주주명부에 기재하지 아니하면, 즉 명의개서하지 않으면 회사에 대항하지 못하는데(상법 제337조 제1항), 전자증권법은 전자등록의 효력으로 권리추정력과 권리이전적 효력을 규정하고 있을 뿐 대항력에 대해서는 명문으로 규정하지 않고 있다는 점이다. 따라서 전자등록된 주식의 소유자가 발행회사에 대항하기 위해서 명의개서를 경료해야 하는지가 문제될 수 있다. 한편 전자증권제도에서는 소유자명세를 통한 일괄적 명의개서만을 인정하고 있기 때문에 주주명부가 실시간으로 소유내용을 반영하지 못하는 문제가 있어 소유내용의 통지와 소유자증명서를 통해 소유자의 권리행사를 지원하고 있다.

2. 특례규정 입법화

첫째, 명의개서 완료시점과 관련하여 소유자명세 통지에 의한 명의개서는 실제로 주주명부가 작성되는 시점이 기준일 이후라 해도 그 기준일에 명의개서가 된 것으로 보아야 한다. 전자증권법은 이에 관해 명문 규정을 두고 있지 않은데, 해석론으로는 한계가 있으므로 상법상 명의개서에 대한 특례규정을 두는 입법적 해결이 필요하다. 일본 대체법의 경우에는 명문의 규정을 두고 있다.[21) 둘째, 전자등록된 주식의 소유자는 주주명부에 명의개서하지 않더라도 회사에 대항하여 자신의 권리를 행사할 수 있다고 보아야 한다. 이는 전자등록계좌부의 효력으로서 발행회사에 대한 대항력을 인정하고 있는 것이며, 상법상의 대항력 규정에 대한 예외가 된다. 따라서 전자증권법에 상법 제337조의 적용을 배제하는 특례조항을 삽입하여 상법제도와의 정합성을 높일 필요가 있다.[22) 일본 대체법은 회사법상의 대항력 규정(제130조 제1항)을 명시적으로 배제하는 규정을 두어 입법적으로 해결하였으며,[23) 자본시장법 또한 실질주주증명서를 발행

21) 대체법 제152조(주주명부의 명의개서에 관한 회사법의 특례) ① 발행회사는 전조 제1항(동조 제8항에서 준용하는 경우를 포함한다. 이하 이 조에서 같다)의 통지를 받은 경우에는 주주명부에 통지사항 및 동조 제3항(동조 제8항에서 준용하는 경우를 포함한다)의 규정에 의해 명시된 사항 중 주무성령에서 정하는 것 및 동조 제5항(동조 제8항에서 준용하는 경우를 포함한다.이하 이 조에서 같다)의 규정에 의해 명시된 사항을 기재하거나 기록하여야 한다. 이 경우에는 동조 제1항 각 호에서 정한 날에 회사법 제130조 제1항의 규정에 의한 기재 또는 기록이 된 것으로 본다.

22) 고동원, 앞의 논문, 35면.

23) 대체법 제154조(소수주주권등의 행사에 관한 회사법의 특례) ① 대체주식에 대한 소수주주

인에게 제출한 경우에는 상법상의 대항력에 대한 예외를 인정하여 발행인에게 대항할 수 있다고 규정하였다.[24]

권등의 행사에 대해서는 회사법 제130조 제1항의 규정은 적용하지 아니한다.

24) 자본시장법 제318조(실질주주증명서) ③ 예탁자 또는 그 투자자가 제1항에 따라 발행된 실질주주증명서를 발행인에게 제출한 경우에는 「상법」 제337조 제1항에 불구하고 발행인에게 대항할 수 있다.

제 4 장 담보제도의 개선

Ⅰ. 질권제도

1. 현행법상 주식에 대한 질권제도

(1) 상법상 질권제도

주식은 부동산이나 동산보다 담보설정이 간편하고, 특히 상장주식의 경우에는 환가의 용이성으로 인하여 유용한 담보수단으로 평가된다.[1] 질권은 채권담보를 목적으로 채무자 등으로부터 받은 것을 점유하여 채무불이행시 해당 물건에 대해서 다른 채권자에 앞서 변제를 받을 수 있는 담보물권으로서 질권자는 우선변제적 효력과 유치적 효력을 갖는다. 상법은 주식에 대한 질권으로 질권설정의 합의와 주권의 교부에 의해 성립하는 약식질(제338조 제1항)과 질권설정의 합의, 주권의 교부와 더불어 질권설정자의 청구에 따라 질권자의 성명과 주소를 주주명부에 덧붙여 쓰고 그 성명을 주권에 기재함으로써 성립하는 등록질(제340조 제1항)을 규정하고 있다. 약식질은 주식의 교환가치만을 장악하고자 하므로 주식의 양도방법(교부)을 설정방법으로 하면 족하지만, 등록질은 주주가 회사에 대해 갖는 권리에까지 효력을 미치려는 목적을 가지므로 회사에 대항요건으로 주주명부에의 기재를 요구하고 있다.[2]

(2) 자본시장법상 질권제도

자본시장법은 예탁제도에서의 질권설정방법을 규정하고 있다. 즉, 예탁증권에 대한 질권설정은 투자자계좌부 또는 예탁자계좌부에 질물(質物)인 뜻과 질권자를 기재함으로써 성립하며, 이 경우 증권의 교부가 있었던 것으로 본다(자본시장법 제311조 제2항). 즉 약식질을 인정하고 있으며 대체기재방식(book-entry)이 아닌 부기방식을 취하고 있다. 대체기재방식은 해당 주식을 질권자의 계좌로

1) 이철송, 앞의 책, 444면.
2) 이철송, 위의 책, 446면.

대체기재하는 것인데 주권의 교부에 갈음하는 대체기재가 있다는 점에서 상법이 상정하는 질권설정방식이라고 볼 수 있다. 이에 반해 부기방식은 해당주식을 질권자의 계좌로 대체기재하지 않고, 즉 질권설정자의 계좌에 두고 질권설정 사항만을 부기하는 것으로서 대체를 최소화하고 전산시스템에 대한 추가적 투자를 줄여 참가자의 부담을 최소화할 수 있다는 장점이 있다.[3] 구 증권거래법에서는 예탁증권에 대해 질권설정을 하기 위해서는 계좌부에의 대체기재를 요구하였는데(제174조의3 제2항[4]), 법률에도 불구하고 실무에서는 부기방식으로 업무를 처리하고 있었다. 새롭게 제정된 자본시장법에서는 질권설정자의 계좌상 질물인 뜻과 질권자를 기재하는 것으로도 계좌대체와 유사한 외관을 형성할 수 있고, 질권설정자는 질물에 대한 처분이 제한되는 반면 질권자에게는 여전히 반환이 가능한 점을 고려하여 실무를 반영한 부기방식으로 입법되었다.[5]

(3) 전자증권법상 질권제도

전자증권법에서는 질권설정의 방법을 구체적으로 정하고 있다. 전자등록주식등에 질권을 설정하거나 말소하려는 자는 해당 전자등록주식등이 전자등록된 전자등록기관 또는 계좌관리기관에 질권 설정 또는 말소의 전자등록을 신청하여야 하며, 전자등록기관 또는 계좌관리기관은 지체 없이 해당 전자등록주식등이 질물(質物)이라는 사실과 질권자를 질권설정자의 전자등록계좌부에 질권 설정 또는 말소의 전자등록을 하여야 한다(제31조 제1항 및 제2항). 즉, 자본시장법과 같이 부기방식으로 질권을 설정하는 구조를 채택하였다. 질권 설정의 전자등록 신청은 질권설정자가 해야 하나, 질권설정자가 동의한 경우에는 질권자가 질권설정자의 동의서를 첨부하여 질권 설정의 전자등록을 신청할 수 있다. 질권 말소의 전자등록 신청은 질권자가 해야 하나, 질권자가 동의한 경우에는 질권설정자가 질권자의 동의서를 첨부하여 질권 말소의 전자등록을 신청할 수 있다(영 제26조 제1항 및 2항). 전자등록주식등에 질권을 설정하거나 말소하려는

3) 노혁준, 앞의 논문, 1699면.

4) 증권거래법 제174조의3(계좌부기재의 효력) ② 고객계좌부와 예탁자계좌부에의 대체의 기재가 유가증권의 양도 또는 질권설정을 목적으로 하는 경우에는 유가증권의 교부가 있었던 것과 동일한 효력을 가진다.

5) 한국증권법학회, 앞의 책, 593면.

자는 ① 해당 전자등록주식등의 종류, 종목 및 종목별 수량 또는 금액, ② 질권설정자 및 질권자의 성명 또는 명칭, ③ 그 밖에 전자등록주식등의 질권 설정 및 말소의 전자등록에 필요한 사항으로서 전자등록업무규정으로 정하는 사항을 구체적으로 밝혀 해당 전자등록주식등이 전자등록된 전자등록기관 또는 계좌관리기관에 질권 설정 또는 말소의 전자등록을 신청해야 한다(동조 제3항). 증권예탁제도에는 약식질을 인정하였으며 대체방식이 아닌 부기방식에 의해 질권을 처리하였으며, 주주명부에 반영하는 절차를 규정하지 않아 등록질을 설정하는 것은 실질적으로 어려운 상황이었다. 하지만 전자증권법은 이와 달리 등록질을 설정하는 절차를 명시적으로 규정하고 있다. 등록질권자가 되려는 질권자는 계좌관리기관을 통하여 전자등록기관에 질권내용을 발행인에게 통보할 것을 신청할 수 있으며, 전자등록기관은 소유자명세에 질권 관련 내용을 포함하여 발행인에게 통보한다(제37조 제5항). 소유권과 마찬가지로 등록질 또한 소유자명세에 따라 일괄적으로 주주명부에 반영되며, 개별 질권자가 주주명부에 반영할 것을 신청할 수는 없다고 해석된다.

2. 전자증권법상 질권제도 개선방안

첫째, 전자증권법상 등록질권자가 되려는 질권자가 주주명부에 반영하기 위한 신청을 하는 경우 질권설정자의 동의없이 단독으로 할 수 있도록 규정되어 있는바(제37조 제5항), 이와 같은 규정이 타당한지 문제된다. 통상 질권자와 질권설정자의 합의에 따라 질권의 형태를 결정하게 되는데 일방적으로 그 질권의 형태를 결정할 수 있게 되어 부당한 결과를 가져온다. 따라서 위 신청시에 질권설정자의 승낙서 등을 첨부하도록 하는 것이 타당하다.[6] 둘째, 이미 주권이 발행된 주식을 전자등록하는 경우 질권의 처리방식에 관한 문제이다. ① 원래 등록질이었던 경우에는 전자등록 되기 전후 주주명부에 질권자로 나타나 있으므로 전자등록 후에도 등록질로 처리될 것이다. 전자증권법 또한 이러한 취지에서 규정하고 있다. 즉, 발행인이 이미 주권이 발행된 주식의 신규 전자등록을 신청하는 경우에는 "발행인은 기준일의 직전 영업일에 주주명부등에 기재된 권리자를 기준으로 전자등록기관에 신규 전자등록의 신청을 한다는 뜻"을 공고

6) 노혁준, 앞의 논문, 1701면.

하고, "주주명부등에 권리자로 기재되어 있는 자"에게 그 사항을 통지하여야 한다(제27조 제1항). 등록질권자는 주주명부등에 기재된 권리자에 해당한다. ② 원래 약식질이었던 경우에는 전자등록 후에는 어떻게 처리되어야 하는지 문제된다. 전자증권제도 하에서도 등록질은 소유자명세 작성후 주주명부에 반영되는 과정을 거친 이후에야 처리되므로, 약식질이 원칙이라고 볼 수 있다. 하지만 전자증권법은 약식질권자는 단독으로 발행인에게 주주명부에 질권 내용을 기재하여 줄 것을 요청할 수 있으며, 발행인은 특별한 사정이 없으면 이에 따라야 한다고 규정하고 있다(제28조 제1항 및 제3항). 질권자가 이런 요청을 하는 경우에 그 사실을 질권설정자에게 통지하여야 한다(동조 제5항). 약식질이었던 경우에 전자등록 후에 등록질로 처리되는 것은 당사자의 의사에 부합한다고 보기 어려우므로 설정자의 동의를 필요로 한다고 해석하여야 하며, 따라서 질권설정자의 승낙서를 첨부하도록 하는 것이 타당하다.[7]

Ⅱ. 유치권

1. 전자증권제도와 유치권 제도

유치권은 타인 소유의 물건 또는 유가증권을 점유하고 있는 자가 그 채권의 변제를 받을 때까지 목적물을 유치함으로써 상대방의 이행을 강제하는 법정담보물권을 의미한다. 민법과 상법에서는 각각 민사유치권[8]과 상사유치권[9]을 규정하고 있다. 상사유치권은 민사유치권과는 달리 피담보채권과 목적물 사이의 견련관계를 요구하지 않으며, 피담보채권은 채권자와 채무자 사이의 상행위로 인하여 발생하여야 하며, 목적물 역시 상행위로 인하여 취득, 점유하게 된 것이어야 한다.[10] 전자증권법에서는 전자등록주식등에 대한 유치권 관련 규정

---

7) 노혁준, 위의 논문, 1701~1702면.

8) 민법 제320조(유치권의 내용) ① 타인의 물건 또는 유가증권을 점유한 자는 그 물건이나 유가증권에 관하여 생긴 채권이 변제기에 있는 경우에는 변제를 받을 때까지 그 물건 또는 유가증권을 유치할 권리가 있다.

9) 상법 제58조(상사유치권) 상인간의 상행위로 인한 채권이 변제기에 있는 때에는 채권자는 변제를 받을 때까지 그 채무자에 대한 상행위로 인하여 자기가 점유하고 있는 채무자소유의 물건 또는 유가증권을 유치할 수 있다. 그러나 당사자간에 다른 약정이 있으면 그러하지 아니하다.

10) 한국사법행정학회(편집대표 김용덕), 「주석민법(물권법)」(2019), 451면.

이 존재하지 않지만 유치권은 일반법인 민법이나 상법에서 규정한 법정담보물권으로서 전자증권법에 별도의 근거가 있어야 존재할 수 있는 담보물권은 아니므로 전자등록주식에 대해서 민사유치권이나 상사유치권이 성립할 수 있을지에 대해서는 별도로 검토하여야 한다.[11] 이는 전자등록주식등이 유가증권에 해당하는지 여부와 전자적 기록에 대해서 점유를 어떻게 인정할 것인가의 문제로 귀결된다.

2. 전자등록주식등의 유치권 성립여부

(1) 이론적 검토

전자등록주식의 유가증권성 여부에 대해서는 유가증권 제도의 연장선상에서 파악되어야 한다는 견해와 종래의 유가증권이론으로는 설명될 수 없다는 견해가 대립하였다. 유가증권성에 대해서 2011년 상법개정시 도입된 제65조 제2항[12]을 근거로 하여 상법상의 유가증권에 전자등록주식등이 포섭되는 것을 규정하여 입법적으로 해결을 한 것이라는 견해도 있으나,[13] 동 규정은 전자등록하는데 적합한 유가증권이 실물발행 없이 전자등록부에 의하여 발행할 수 있음을 규정한 것이지 전자등록주식등이 곧 유가증권에 해당한다고 규정한 것은 아니라고 할 것이다. 따라서 전자등록주식등을 유가증권으로 본다는 별도의 규정이 없는 이상, 당연히 유가증권에 해당한다고 보기는 어렵다. 다음으로 전자등록주식등에 대한 점유를 인정할 수 있을지에 관한 쟁점이다. 이에 대해 일본에서는 주로 상사유치권을 인정할 수 있는지에 대한 논의로 진행되었다. 일본 금융법위원회는 대체계좌부 기록은 물리적인 지배는 아니지만 계좌관리기관과의 관계에서 기록된 명의인만이 권리행사를 할 수 있다는 점에서 사실상의 지배권한이 인정되어 점유에 해당한다고 한다. 또한 유체물에 대해서도 직접점유와 간접점유라는 형태로 복층적 점유가 형성될 수 있음을 고려할 때 유체물이 아

11) 정성구, “전자증권과 담보”, 「BFL」 제96호(2019), 57면. 고객이 상인인지 여부에 따라 민사유치권 또는 상사유치권이 성립할 것이다.

12) 제65조(유가증권과 준용규정) ② 제1항의 유가증권으로서 그 권리의 발생·변경·소멸을 전자등록하는 데에 적합한 유가증권은 제356조의2 제1항의 전자등록기관의 전자등록부에 등록하여 발행할 수 있다. 이 경우 제356조의2 제2항부터 제4항까지의 규정을 준용한다.

13) 정성구, 앞의 논문, 57면.

닌 권리를 대상으로 하는 준점유의 경우에도 복층적인 (준)점유를 인정할 수 있고, 따라서 계좌관리기관 등의 준점유를 인정할 여지가 있다고 한다.[14] 이러한 견해를 차용한다면 점유를 인정할 수 있다고 본다.

(2) 유치권 인정여부에 대한 견해의 대립

우리나라에서는 유치권을 인정할 근거나 필요가 없다는 견해와 유치권을 명문으로 규정하여야 한다는 견해로 나눌 수 있다. 전자는 먼저 전자증권법이 자본시장법 제311조 제1항과 같이 계좌대체를 점유의 이전으로 간주하는 입법을 하지 않은 입법자의 의도를 존중해야 하며, 유치권은 공시가 불완전하면서도 최선순위의 지위를 갖는 막강한 권리이므로 원칙적 담보인 질권자의 지위를 불안정하게 하고 질권의 효용을 감소시키는 결과를 초래하므로 유치권 이외의 방법으로 강구하는 것이 타당하다고 한다.[15] 이에 대해 전자등록주식등에 대해 유치권의 대상에서 배제하는 것은 다른 법률과의 균형을 고려할 때 타당하지 않으므로 입법적 보완이 필요하다는 견해가 있다.[16] 특히 상사유치권은 상거래에서 채무자의 신용을 높여 일일이 담보권을 설정하지 않더라도 신속히 거래가 이루어질 수 있도록 한 것인데 실물증권이 없어졌다고 하여 상사유치권의 성립을 부정하는 것은 타당하지 않다고 한다.[17] 앞서 본 유가증권성 논의와 점유 관련 논의는 유치권을 인정하기가 상당히 곤란한 점을 간접적으로 보여준다고 할 수 있다. 전자등록주식등 또한 유치권의 대상으로 될 수 있음을 명문규정을 두어 입법적으로 해결하는 것이 타당하다고 생각한다. 최근에 시행된 독일 전자증권법은 전자증권에 대해서 유가증권으로 보는 것을 넘어서, 민법상 물건으로 본다는 규정을 두었는바(제2조 제3항), 전자증권에 대하여 물권법에 관한 규정을 무리 없이 적용할 수 있어 권리자 보호에 충실하고 법적 불확실성을 해소할 수 있는 법적 근거를 마련한 점은 우리나라에서도 참고할 필요가 있다.

---

14) 金融法委員会, 「振替株式等と商事留置権の成否について」, 2016, 7~8면.
15) 정성구, 앞의 논문, 58면.
16) 노혁준, 앞의 논문, 1702면.
17) 한국예탁결제원, 앞의 책, 878면.

Ⅲ. 양도담보

1. 전자증권제도와 양도담보제도

주식의 양도담보란 주주가 채무를 담보할 목적으로 매매 등을 통해 주식의 소유권을 양도하고, 만일 채무자가 채무를 변제하지 못하는 경우에는 주식을 청산하거나 주식의 소유권을 확정적으로 이전시키는 합의가 있는 비전형담보를 의미한다. 상법상 주식의 양도담보에 대해서는 명문의 규정이 없지만 담보실행의 편의성 때문에 입질보다 자주 이용되고 있다. 양도담보에는 주권을 교부하고 주주명부에는 반영되지 않는 약식양도담보와 주주명부에까지 반영되는 등록양도담보가 있다. 이 중 약식양도담보는 주권의 교부가 일어난다는 점에서 약식질과의 외관상 구분이 어려우나, 당사자의 의사가 불분명할 경우에는 실정법상의 근거를 갖는 입질의 형태로 파악하는 것이 합리적이다.[18] 예탁주식에 대해서 양도담보의 성립가능여부에 대해서는 논란의 여지가 있지만 설정할 수 있다고 본다. 양도담보는 주식의 소유권이 이전되어야 하므로 담보설정자의 계좌에서 담보권자의 계좌로 계좌대체를 하여야 하는 점이 질권설정과 구별된다. 하지만 예탁제도상 양도담보를 위한 별도의 계좌는 존재하지 않으며 담보권자의 일반계좌로 계좌대체하는 방법으로 이루어지기 때문에 담보권자의 고유재산인 주식과 담보목적으로 보유하는 주식이 구분되지 않는 문제점이 있다.[19] 일본 대체법과는 달리 전자증권법에서는 전자등록주식등에 대한 양도담보 규정이 존재하지 않는다.

2. 전자등록주식등의 양도담보권 성립여부

일본 대체법은 양도담보설정자와 양도담보권자 중 누가 주주권을 행사할 수 있는지에 대한 별도의 규정을 마련하고 있다. 양도담보는 소유권의 이전을 전제로 하므로 담보설정자의 계좌에서 양도담보권자의 계좌로 이전 등록되면 총주주통지시에 양도담보권자가 주주로서 권리를 행사하게 된다. 다만 이 때 담보설정자의 신청이 있으면 명의인인 양도담보권자가 아닌 담보설정자를 주주

18) 이철송, 앞의 책, 57면.
19) 최준선, 「회사법」(삼영사, 2022), 337면.

로 관리해 줄 것을 대체기관에 청구할 수 있고 그러면 대체기관은 기준일의 주주를 통지할 때 담보설정자를 특별주주로 통지한다(대체법 제151조 제2항). 이로써 양도담보권자는 담보설정을 보장받고 담보권설정자는 주주로서 권리를 행사할 수 있게 된다.[20] 전자증권법 제정시에 양도담보권의 인정여부에 대해 논의가 진행되었으나, 결국 관련 조문을 두지 않은 것은 입법적 결단이라고 보며,[21] 가급적 명의와 실소유자를 일치시켜야 한다는 관점에서 볼 때 일본 대체법과 같은 조항은 바람직하지 않으므로 양도담보를 인정할 필요가 없다고 주장하는 견해도 있다. 하지만 담보물을 재사용하려는 소유자의 수요를 무시할 수 없으며, 이를 현실적으로 금지할 수단도 존재하지 않으므로 일본 대체법과 같이 명문으로 인정하는 것이 현실적 방안이라고 생각된다.[22]

---

20) 김지환, 앞의 논문, 111~112면.
21) 정성구, 앞의 논문, 59면.
22) 김지환, 앞의 논문, 112면.

제 5 장 전자등록기관에 대한 규제 개선

Ⅰ. 규제의 중요성

전자증권제도의 시행과 함께 증권예탁결제제도를 운영하던 한국예탁결제원이 전자등록기관 허가를 받은 것으로 간주되어(부칙 제8조 제1항) 전자증권제도 운영의 중심기관으로 업무를 수행하게 되었다. 실물발행이 원천적으로 차단되는 상황에서 모든 업무를 전자적 시스템에 의해서 처리하게 되므로 그 운영기관인 전자등록기관의 중요성은 더욱 커지게 되었으며, 전자등록기관에 대한 규제와 감독이 적절히 이루어질 것이 요구된다. 신규 전자등록업 진입 또는 운영 관련한 불필요한 규제는 없는지, 해석상 논란이 될 수 있는 부분은 없는지를 다각적 측면에서 점검하여 법이 허가제를 규정한 취지대로 전자등록기관 간의 자유로운 경쟁을 유도하고 기존 전자등록기관이 제도를 안정적으로 운영할 수 있도록 하여야 한다. 이는 참가기관의 편익 및 투자자 보호와도 연결되는 문제라고 할 것이다.

Ⅱ. 현행 규제감독체계의 문제점 및 개선방향

1. 현행 규제감독체계

전자증권법은 전자등록업을 하려는 자는 금융위원회 및 법무부장관으로부터 각각 하나의 전자등록업허가를 받아야 한다고 규정하고 있다(제5조 제1항). 또한 전자등록기관에 대한 검사 및 감독과 관련하여 금융위원회뿐만 아니라 법무부장관도 필요한 자료의 제출을 요구할 수 있고, 그 소속 공무원으로 하여금 전자등록기관에 대한 검사에 참여할 수 있도록 하였다(제52조 제1항). 이와 같이 금융위원회뿐만 아니라 법무부장관에게도 허가권이나 감독권을 부여한 것은 법무부가 주식·사채에 관한 일반법인 상법의 소관부처이기 때문으로 추측된다.[1] 규제

1) 고동원, 앞의 논문, 9면.

〈표 5-1〉 전자등록기관에 관한 규제감독 권한

구 분	금융위원회	법무부장관
전자등록업 허가	단독행사(§5①)	단독행사(§5①)
보고·자료제출 요구	단독행사(§51①)	단독행사(§52①)
등록업 허가취소	단독행사(§53①)	사전협의(§53①)
업무이전명령	단독행사(§57①)	사전협의(§57①)
임원에 대한 조치	단독행사(§53④)	사전협의(§53④)

감독 권한에 대해서 전자등록업 허가나 보고·자료 제출 요구는금융위원회나 법무부장관이 단독으로 행사할 수 있도록 규정되어 있지만 그 외 다른 권한에 있어서는 금융위원회가 단독행사하되, 법무부장관은 사전협의를 하면 충분한 것으로 규정되어 있다. 즉, 법무부장관은 특정 권한을 제외하고는 금융위원회의 권한을 보조하는 역할을 한다고 볼 수 있다. 금융위원회가 주도적인 권한을 행사하지만 법무부의 권한 또한 법령상 독자적으로 보장되어 있으므로 큰 틀에서 보면 전자등록기관에 대한 규제감독 권한은 금융위원회와 법무부로 이원화되어 있다고 볼 수 있다.

2. 이원화된 규제감독체계의 문제점

(1) 규제의 불명확성

전자등록기관에 대한 이원화된 규제감독체계로 인하여 법률상·실무상 논란이 발생할 가능성이 크다. 예를 들어 허가권자의 일부가 허가를 하고 일부가 허가를 하지 않는 경우에는 허가의 효력은 어떠한지가 문제된다. 또한 허가권자가 판단하는 허가요건이 서로 다를 수 있는지, 허가요건이 같다면 왜 복수허가권자로 규정한 것인지 다툼의 여지가 생길 여지가 있다. 한편 전자등록기관이 영업 양도 또는 합병 등을 하거나 전자등록업을 폐지하고자 할 경우에는 금융위원회가 미리 법무부장관과 협의하여 승인 여부를 결정하도록 하고 있는데(제11조, 제12조), 협의의 의미가 불분명하여 법무부장관의 승인을 얻어야 하는지, 아니면 단지 의견을 구하는 정도에 그쳐야 하는지가 명확하지 않다.[2] 따라

2) 고동원, 위의 논문, 21면.

서 허가 및 검사대상인 전자등록기관 입장에서는 동일한 규제를 준수하기 위해 비용 및 시간적 노력을 2배 이상 투입할 수밖에 없으며, 이원화된 기관들 사이에 업무협조 미비 또는 의사소통의 문제로 규제·감독의 중복을 초래할 수 있다.

(2) 유권해석의 불일치

복수의 주무부처로 규정하게 되어 실무상으로 유권해석의 불일치 문제가 발생할 여지가 있다. 2020년의 ETF－ETN[3] 병합사태가 그 대표적 사례다. 당시 원유가격의 급락으로 인하여 ETF·ETN시장의 과도한 투기적 수요 및 급격한 가격 등락 등을 방지하기 위해 금융위원회에서는 ETN 액면병합[4]을 추진하였다.[5] 금융위원회의 발표 이후 관계 기관은 제도시행을 위한 후속조치에 착수하였는데, 한국거래소는 상장규정을 개정하여 ETN 병합 근거를 마련하였으며,[6] 한국예탁결제원도 ETN 병합을 위한 시스템 개발작업에 돌입하였으며 실제 액면병합 여부를 결정할 증권업계에서도 환영하는 입장을 취하였다.[7] 하지만 법무부는 ETN을 파생결합사채로 파악하였고, 사채는 주식과 달리 그 병합의 절차 및 효력 규정이 상법상 부존재한다는 이유로 병합이 허용되지 않다는 유권해석을 하였다.[8] 법무부의 유권해석에 의해 금융위원회의 ETN 병합 추진은 사실상 중단되었다. 위의 사례에서 보듯이 부처간 유권해석의 불일치로 인하여 시장 및 관련 기관, 투자자는 불필요한 시간과 비용을 투여해야 하는 결과를 초래한다.

(3) 시장 상황에 대한 대응조치의 지연

전자등록기관은 전자등록업무규정을 제정·개정·폐지하는 경우 금융위원회의 승인을 받아야 하며 이 경우 금융위원회는 미리 법무부장관과 협의하여야

---

3) ETF(Exchange Traded Fund, 상장지수펀드)는 특정 지수나 자산의 가격 움직임과 수익률이 연동되도록 설계된 집합투자증권을 의미하고, ETN(Exchange Traded Note, 상장지수증권)은 증권사가 만기에 기초지수의 수익률에 연동하는 수익의 지급을 약속하는 파생결합증권을 의미한다.

4) 액면을 병합하게 되면 ETN의 총가치에는 변동이 없지만 주당 거래금액이 커지면서 변동폭을 줄일 수 있게 된다.

5) 금융위원회 보도자료, "ETF·ETN시장 건전화 방안"(2020.5.15).

6) 머니투데이, "주식이 아니라… ETF·ETN 액면분할·병합 안된다"(2022.4.13).

7) 머니투데이, "원유ETF·ETN 액면병합 추진…변동성 낮추기 고육지책"(2020.5.10).

8) 장영수, 앞의 논문, 230면.

한다(제15조·제16조·제17조). 현재 금융위원회의 승인을 요하는 한국예탁결제원의 「증권등예탁업무규정」을 개정하는 경우 규정 변경 예고기간부터 내부 이사회의 결의를 거쳐 증권선물위원회의 심의와 금융위원회의 승인까지 최소 약 30일 내지 40일이 소요된다.[9] 추가적으로 법무부장관 협의를 거치게 되는 경우 전자등록업무규정의 제개정이나 폐지의 승인 기간은 현재보다 훨씬 장기화될 수밖에 없는 현실이다. 이러한 절차 때문에 시장 상황을 긴급하게 규정에 반영해야 하는 사항을 적시에 처리하지 못하는 문제가 발생할 수 있으며, 이로 인한 피해는 결국 고스란히 업계와 투자자가 짊어질 수밖에 없다고 할 것이다.[10]

3. 규제감독기관 일원화

우리나라 금융 관련 법령과 해외 입법례를 보아도 제도운영의 중심기관에 대한 규제감독체계를 이원화하는 것은 흔치 않은 사례라고 할 것이다. 전자증권제도 도입논의 초기부터 금융위원회와 법무부가 각각 제도 도입을 수차례 논의했지만, 소관부처와 입법방식을 놓고 법무부는 상법 개정으로, 금융위는 자본시장법과 시행령에 반영할 것을 주장하면서 부처간 이견이 상당하였는데 이를 해결하기 위한 절충안으로 현재 법안이 마련되었고 이원적 규제감독체계를 도입하게 된 것으로 보인다. 앞서 본 바와 같은 여러 문제점을 해결하기 위해서는 규제감독체계를 일원화하는 것이 타당하다. 정부조직법상 법무부는 검찰·행형·인권옹호·출입국관리 그 밖에 법무에 관한 사무를 관장한다고 규정하고 있다(제32조 제1항). 「금융위원회의 설치 등에 관한 법률」에서는 금융위원회의 소관사무를 정하고 있는데, 그중에서 자본시장의 관리·감독 및 감시 등에 관한 사항을 규정하고 있다(제17조 제4호). 전자증권제도는 자본시장의 혁신을 촉진하고 투명성을 담보하는 핵심 인프라로서 기능을 가지고 있는데 이러한 업무영역은 법상으로도 금융위원회의 소관업무 속한다고 보는 것이 명백하다 할 것이다. 또한 증권예탁제도와 달리 독점 체제를 탈피하고 전자등록기관에 대한 허

---

9) 주정돈, 앞의 논문, 81면.

10) 전자등록기관에게 업무규정 개정에 대한 재량권을 주고 사후보고체계로 개편하고, 보고받은 감독당국은 개정이 재량권을 이탈하는 등으로 합리성을 잃은 경우에는 금융위원회가 개입하여 시정하게 하는 방식으로 통제하자는 견해도 있다. 고동원, 앞의 논문, 22면. 하지만 다른 업무규정과의 형평성, 투자자 보호 등을 고려하면 현재와 같은 사전승인제 자체를 재검토할 것은 아니라고 판단된다.

가제를 규정하였으나 두 중앙부처로부터 허가심사를 받을 것을 요구하는 것은 문호를 막고 있는 것과 다를 바 없다.[11] 결국 전자증권제도의 주무부처를 금융위원회로 단일화하는 것이 타당하다고 본다.[12]

11) 주정돈, 앞의 논문, 82면.
12) 같은 주장으로는 고동원, 앞의 논문, 21면.

제 6 장 전자증권 공탁제도 개선

Ⅰ. 공탁제도의 개요

공탁(供託)은 공탁을 하려는 자가 법령에 따른 공탁원인에 따라 금전, 유가증권, 그 밖의 물품을 공탁소(供託所)에 맡기고 일정한 자가 공탁물을 받게 하여 공탁근거법령에서 정한 목적을 달성하게 하는 제도를 말한다. 공탁은 법령에 근거가 있어야 할 수 있다. 공탁절차를 주재하고 공탁물을 보관하는 공탁사무의 관장기관으로서 지방법원장이나 지방법원 지원장이 지정한 "공탁관"이 단독제 국가기관인 공탁소가 되어 실질적인 공탁업무를 수행한다.[1] 공탁물 보관·관리기능은 법원에서 직접 수행하기가 곤란하므로 대법원장은 법령에 따라 공탁하는 금전, 유가증권, 그 밖의 물품을 보관할 은행이나 창고업자를 지정하게 되는데, 이들을 "공탁물보관자"라고 한다(공탁법 제3조). 공탁할 수 있는 유가증권에는 특별한 제한이 없어 주식, 채권 이외에도 어음, 수표, 선하증권, 화물상환증, 창고증권 등도 포함된다. 다만 은행권인 지폐, 수입인지, 우표, 증거증권, 면책증권은 사법상의 권리를 표창하는 것이 아니거나 권리가 화체된 것이 아니므로 유가증권에 해당하지 않아 공탁의 대상이 되지 않는다.[2]

Ⅱ. 대체증서 방식의 공탁

1. 자본시장법상 예탁증명서

1997년 1월에 상장유가증권의 활용도를 높이기 위해서 국가, 지방자치단체 등에 보증금이나 공탁금을 납부하는 경우에 상장유가증권으로 납부할 수 있도록 증권거래법이 개정되었다. 하지만 이 방식은 예탁결제원으로부터 증권 실물을 반환받아 공탁소에 납부하고, 그 사유가 소멸하면 다시 예탁결제원에 예탁

1) 사법정책연구원, "공탁제도 및 공탁절차에 관한 개선방안", 2022, 9면.
2) 법원행정처, 「공탁실무편람(2015)」, 13면.

하는 절차를 거쳐야 했으므로 분실 위험 등 리스크에 노출되었다. 하지만 1998년 2월에 동법 시행령에 의해 한국예탁결제원이 발행하는 예탁증명서로 실물납부를 대신하게 함으로써 도난, 분실의 위험을 제거할 수 있게 되었다.[3] 동 규정은 자본시장법에도 그대로 유지되었다(舊 자본시장법 제171조).

2. 전자증권법상 전자등록증명서

전자증권제도의 시행으로 자본시장법상 예탁증명서 제도는 폐지되고 전자등록증명서 제도로 계승되었다(제63조). 전자등록증명서는 발급사유 면에서 보증금·공탁금의 대납하기 위한 경우뿐만 아니라 공탁법에 따라 공탁하는 경우를 추가하였고, 대상증권 면에서 상장증권에만 한정한 것이 아니라 비상장주식을 포함한 모든 전자등록주식등으로 확대한 점이 특징이다.

전자등록기관은 전자등록증명서가 멸실 또는 훼손된 경우, 도난 등의 사유로 분실된 경우, 심한 오손으로 인하여 그 기재사항이 분명하지 아니한 경우 등에 소유자의 재발행을 신청에 따라 그 사유 등을 심사하여 전자등록증명서를 재발행할 수 있다. 전자등록증명서를 재발행하는 때에는 재발행하는 전자등록증명서의 표면에 재발행의 표시를 하여야 한다(세칙 제76조 및 제90조). 전자등록기관이 전자등록증명서를 발행한 때에는 해당 전자등록주식등이 전자등록된 전자등록기관 또는 계좌관리기관은 전자등록계좌부에 그 전자등록증명서 발행의 기초가 된 전자등록주식등의 처분을 제한하는 전자등록을 하여야 하며, 그 전자등록증명서가 반환된 때에는 그 처분을 제한하는 전자등록을 말소하여야 한다(제63조 제2항). 공탁된 전자등록증명서를 전자등록주식등에 갈음하여 수령한 자와 전자등록증명서를 전자등록주식등에 갈음하여 보증금 또는 공탁금으로 대신 납부받은 자는 예탁결제원에 전자등록증명서를 제출하고 해당 전자등록주식등을 자기의 전자등록계좌로 계좌간 대체의 전자등록을 해 줄 것을 신청할 수 있다(업무규정 제76조 제5항).

---

3) 한국예탁결제원, 앞의 책, 118면.

Ⅲ. 증권 공탁제도의 문제점

현재 증권 공탁의 유형은 크게 ① 증권(비상장)을 실물로 공탁하는 경우, ② 예탁증권(비상장)에 대해 주권을 반환받아(주식의 경우) 실물로 공탁하는 경우 또는 등록필증 형태(채권의 경우)로 공탁하는 경우, ③ 전자등록주식등에 대해서 전자등록증명서로 공탁하는 경우로 나눌 수 있다. 세 경우 모두 증권 실물 또는 증명서 방식으로 공탁이 이루어지므로 증권의 위변조 또는 증명서의 중복발행 등이 가능하여 증권 또는 증명서의 진정성을 온전히 확보할 수 없다.[4] 예를 들어 무기명식 채권을 가진 자는 회일로부터 1주간 전에 채권을 공탁하여야만 의결권을 행사할 수 있는데(상법 제492조 제2항),[5] 실무에서는 무기명식 사채를 직접 공탁하는 것이 아니라 등록증명서(舊 등록필증)[6]로 공탁한다. 한편 사채권자가 등록증명서를 발급받아 공탁한 후에도 등록기관으로부터 동일 사채에 관한 등록증명서를 재발급받는 것이 제한 없이 가능하였다(舊 공사채등록법 시행령 제15조[7]). 따라서 등록증명서가 존재함에도 불구하고 재발급을 받는 경우에는 동일사채에 관한 복수의 등록증명서가 시장에 유통할 가능성이 있으며, 등록증명서를 공탁한 후에 동일사채에 관하여 재발급 받은 등록증명서를 다시 다른 공탁소에 공탁하여 부당하게 소집청구 및 의결권 행사를 할 위험성도 내포하고 있었다. 또한 등록증명서의 공탁이 번잡한 절차를 요함에 따라 사채권자의 권리행사 의지를 저해할 소지가 크다는 문제가 있다. 예탁증명서제도 또한 증권사 또는 예탁결제기관을 경유하여 처리하여야 하므로 번거롭고, 분실 등의 사유로 재발행을 받아 다른 공탁소에 공탁하는 등 이중 발행으로 인한 위험이 있으며, 증명서의 위조 가능성 등 증서 자체의 진정성을 담보할 만한 장치가 부족하다.[8] 전자증권제도에서 공탁의 수단으로 마련된 전자등록증명서 또한 예탁

4) 김사엽, “유가증권 공탁제도의 문제점과 개선방향”, 「예탁결제」 제102호(2017), 55면.

5) 이는 사채권자집회에서의 의결권자임을 확인하고 의결권의 개수를 확인하기 위한 규정이며, 이 때의 공탁은 보관공탁에 해당한다.

6) 종래 등록필증이란 용어를 사용하다가 등록증명서라는 용어로 변경하였다. 등록증명서는 등록기관이 공사채의 등록을 완료한 이후에 등록권리자에게 발급하는 일종의 증거증권이다.

7) 舊 공사채등록법 시행령에서는 등록증명서를 멸실·훼손 또는 분실한 자는 등록기관에 재발급을 청구할 수 있다고 규정하고 있었다(제15조 제2항). 하지만 전자증권법의 시행으로 2019년 9월 16일부터 공사채등록법은 폐지되었다.

8) 김사엽, 앞의 논문, 55면.

증명서의 문제점을 극복하지 못한 채 제도가 운영되고 있다.

Ⅳ. 계좌대체방식의 전자증권 공탁제도

1. 필요성

전자증권법의 적용을 받게 되는 경우 이미 발행된 주권 등은 무효화되고 향후에 실물 발행 또한 금지되므로 증권을 보유한 권리자는 증권 실물로는 공탁이 불가능하게 된다. 전자등록주식등의 소유자는 공탁법에 따른 공탁이나 자본시장법 제171조에 따른 보증금 등을 납부하기 위한 경우에는 전자등록증명서 방식에 의해서 공탁이 가능한데, 이러한 증명서 방식의 공탁제도는 실물증권 또는 증서의 발행을 금지하고 전자적 기록에 따라 증권 관련 사무를 처리하도록 한 전자증권법의 취지에 부합한다고 보기 어렵다. 또한 자신이 보유한 증권을 공탁의 목적물로 제공하는 것 또한 소유자로서 권리행사 방식의 일종이며, 권리행사의 편의성을 위해 전자적 방식이 지원될 필요가 있다.[9] 또한 전자등록증명서를 활용한 공탁은 계좌관리기관 또는 공탁물보관자 등 여러 관계기관을 거쳐야 하는 등 납부절차가 복잡하고 여러 번잡함과 불편함을 초래한다. 공탁자는 계좌관리기관을 통하여 증명서 발행을 청구하여야 하며, 이를 공탁하기 위해서는 공탁물보관자인 은행 등의 방문을 통해서 업무를 처리하여야 한다. 이러한 절차적 부담은 권리자의 권리행사에 상당한 부담으로 작용하게 된다. 또한 도난·분실의 위험에 노출되어 있으며, 분실 시에는 재발행이 필요하며 이중양도로 인하여 권리자 확정의 문제, 무권리자의 위법한 권리행사 등의 여러 문제가 발생할 여지가 있다. 또한 공탁 실무를 지원하는 법원 등 관련 기관 입장에서도 증명서의 수납·보관·후속처리 등에 대한 업무부담이 상당할 수밖에 없다.[10] 대법원이 운영하고 있는 전자공탁시스템[11]에서는 전자적으로 공탁물

9) 김사엽, 위의 논문, 57면.
10) 김사엽, 앞의 논문, 58면.
11) 전자공탁은 신청인이 공탁소를 방문할 필요 없이 전자공탁시스템을 이용하여 공탁 절차를 처리하는 방식을 의미한다. 전자공탁시스템에서는 신청서 작성, 첨부서류 등록, 신청서류 제출, 처리상태 확인, 공탁금의 전자적 납입 및 지급, 통지 내용 확인 등의 기능이 제공된다. 전자공탁은 금전공탁 신청과 5천만원 이하의 출급 및 회수청구에 한하여 가능하다. 법원 전자공탁사이트>이용안내>공탁개요 (https://ekt.scourt.go.kr/ 방문일 2022.12.3).

의 납입 및 지급을 처리하므로 납입 및 지급 시 분실이나 사고의 위험이 적은 금전만 목적물로 하고 있다. 금전과 유가증권은 종류물로서 성질이 유사하다는 점을 고려할 때 전자등록주식등의 경우에도 업무기반이 구축된다면 전자적 방식에 의한 처리도 충분히 가능할 것으로 판단된다.[12)]

2. 일본의 사례

우리나라의 전자증권법에 해당하는 일본 대체법에는 대체사채 등의 공탁에 대해서 명문의 규정을 두고 있다.[13)] 대체사채 등의 공탁에 대해 종류물의 소비임치로 파악하고 있으며, 공탁되는 경우 대체사채 등의 소유권은 공탁소로 이전된다고 본다. 법령에 따른 보증(담보)공탁과 공직선거법에 따른 선거공탁의 경우에 채권·수익증권 등 대체채(振替債)를 목적으로 하는 경우에 한하여 공탁이 가능하며 가치 변동폭이 큰 주식은 제외된다. 공탁의 방법으로는 공탁자가 공탁소에 공탁서를 제출하고 공탁소 계좌에 대체 신청하는 방법으로 처리한다. 우리나라에서는 법원이 공탁사무를 관장하는데 반하여, 일본에서는 우리나라의 법무부에 상응하는 법무성(法務省)이 공탁사무를 관장한다. 또한 우리나라는 공탁사무처리기능은 공탁소, 공탁물보관·관리기능은 공탁물보관자가 담당하여 그 기능이 분화되어 있지만, 일본에서는 재판소가 공탁물보관자를 선임하는 경우 외에 일반적으로 공탁물보관자라는 개념을 인정하지는 않는 것으로 보인다.[14)]

3. 도입 방향

우선 전자등록증명서 제도는 전자증권법의 취지에 맞지 않으므로 폐지하고 계좌대체 방식으로 공탁이 가능하다는 취지로 전자증권법 제63조는 개정되

12) 김사엽, 앞의 논문, 58면.

13) 대체법 제278조 (대체채의 공탁) ① 법령의 규정에 따라 담보 또는 보증으로서 또는 공직선거법의 규정에 따라 제2조 제1항 제1호 내지 제11호에 열거한 것으로 대체기관이 취급하는 것(대체채)의 공탁을 하고자 하는 자는 주무성령에서 정한 바에 따라 공탁소에 공탁서를 제출하고 당해 대체채에 대하여 대체계좌부의 공탁소의 계좌의 제69조 제2항 제1호 가목 또는 제92조 제2항 제1호에서 규정하는 보유란에 증액 또는 증가의 기재 또는 기록을 하기 위하여 제70조 제1항 또는 제95조 제1항의 대체의 신청을 하여야 한다.

14) 법원행정처, 「각국의 공탁제도에 관한 연구」, 2016, 216면.

어야 할 것이다.[15] 다음으로 전자증권법과의 정합성을 확보하기 위하여 공탁법의 개정사항을 검토해야 한다. 첫째, 전자증권법상의 전자등록주식등이 공탁의 목적물 중 하나인 "유가증권"에 해당하는지에 대해서 검토해야 한다. 종래의 유가증권 개념은 사권을 표창하는 증권으로서 그 권리의 발생·이전·행사의 전부 또는 일부에 증권의 소지를 요하는 것이라고 정의를 내리고 있고, 이는 실물을 전제로 하고 있기 때문이다. 전자등록주식등은 종래의 유가증권의 개념에는 포섭하기 어려운 면이 있으므로 입법적으로 해결하는 것이 타당하다. 공탁법 제3조 제1항에 전자등록주식등이 목적물에 포함된다는 취지의 규정을 신설하는 것이 타당하다. 둘째, 공탁법은 공탁자는 공탁물을 "납입"하여야 한다고 규정하고 있는데(제4조), 전자등록주식등의 계좌대체 또한 동조의 "납입"의 범주에 포함될 수 있으므로 "납입"이라는 용어를 수정할 필요는 없을 것으로 판단된다.[16] 또한 계좌대체방식의 공탁제도가 마련되기 위해서는 공탁소의 공탁전용 계좌가 개설되어야 할 것이고, 공탁물보관자 또한 고유의 계좌를 보유해야 할 것이다. 공탁자의 청구에 따라 공탁자의 전자등록계좌에서 직접 공탁소 또는 공탁물보관자의 계좌로 대체하는 방식을 고려해 볼 수 있다.

4. 제도 운영기관의 공탁물보관자 기능 수행

계좌대체 방식의 공탁제도가 도입되면 실질적으로 공탁된 전자등록주식등을 관리하는 공탁물보관자의 권리관리업무가 주요한 업무로 부각될 것이다. 전자등록기관 및 증권회사 등 계좌관리기관은 예탁증권에 대한 배당, 원리금 수령 등 권리관리업무를 수행함으로써 다양한 업무 노하우와 경험을 축적하고 있으므로 이를 활용하여 공탁물보관자로서의 서비스 제공이 가능할 것으로 예상된다. 특히 증권회사 등은 고객계좌를 관리하고 있기 때문에 이와 같은 업무에 적합할 수 있다.[17] 한편 전자등록기관에 공탁물보관자의 지위를 추가하기 위해서는 공탁법 개정이 필요하다. 현행 공탁법상 "은행이나 창고업자"에 한하여 공

---

15) 증명서 방식을 선호하는 공탁자 및 공탁소, 공탁물보관자의 업무 관행을 존중하여 일정기간 계좌대체 방식과 증명서 방식을 병행하여 운영하는 것도 고려해 볼 수 있다.

16) 김사엽, 앞의 논문, 62면.

17) 최지웅, "전자증권법제의 도입 및 향후 법적 정비 과제", 「증권법연구」 제20권 제3호(2019), 287면.

탁물보관자의 자격을 인정하고 있기 때문이다(제3조). 또한 전자등록기관이 공탁물보관자 업무를 하게 되는 경우에는 전자등록기관의 업무 범위를 규정하고 있는 전자증권법 제14조에 공탁물(유가증권) 보관업무를 추가할 필요가 있다. 또한 장기적 과제로는 전자공탁시스템과 전자증권시스템을 연결하여 공탁신청, 출급회수, 계좌대체 결과통보 등을 시스템간 연계를 통한 실시간 처리가 가능하도록 하는 것이 바람직하다.[18)]

18) 김사엽, 위의 논문, 63면.

제 4 편

전자증권제도 Q&A

제 1 장 총 칙

Q1. 전자증권제도가 무엇인가요? 기존의 제도와는 어떻게 다른가요?

A 전자증권제도(Electronic Securities System)란 증권 실물을 발행하지 않고 증권의 발행·유통·권리행사 등 증권 관련 모든 사무를 전자적인 방법으로 처리하는 제도를 의미합니다. 즉, 증권상의 권리를 전자적 장부인 전자등록계좌부에 등록하고, 계좌부 기재를 통해 제반 업무를 처리할 수 있도록 지원하는 제도입니다. 기존 제도와 가장 크게 구별되는 점은 전자증권제도에 참여하게 되면, 예컨대 주식을 전자등록하게 되면 실물 주권의 발행은 금지된다는 점입니다. 따라서 주권의 발행비용·보관비용 등을 절감할 수 있으며, 위·변조로 인한 피해도 방지할 수 있게 됩니다.

Q2. 대부분의 증권이 예탁되어 있는 상황에서 전자증권제도의 시행이 필요한 이유가 있었나요?

A 증권의 이동 없이 거래 및 결제를 처리하는 것을 증권의 부동화(不動化, immobilization)라고 합니다. 부동화의 대표적인 사례는 증권예탁제도입니다. 증권예탁제도는 증권을 중앙예탁결제기관(CSD)에 예탁하여 두고 그 이동 없이 증권발행 및 거래를 처리하여 증권 후선업무(back－office)를 효율적이고 안정적으로 처리하는 제도입니다. 종래 우리나라 증권 법제는 실물증권 발행을 전제로 하여 설계되어 있어, 실물증권에 수반하는 사회적 비용이 불가피하게 발생하였고, 이는 증권예탁제도에서도 동일하게 일어나는 현상이었습니다. 따라서 실물증권으로 인한 사회적 비용을 절감하고 비효율을 제거하기 위하여 증권의 무권화(無券化, dematerialization)의 완성단계인 전자증권제도를 시행하게 되었습니다.

Q3. 비상장회사의 주식사무 담당자인데, 전자증권제도에 참여하면 어떤 장점이 있나요?

A 발행회사 입장에서는 실물증권 발행에 따르는 인건비, 증권용지비, 인쇄비, 발행대행비 및 관리비 등 각종의 비용을 절감할 수 있습니다. 또한 증권 실물이 존재할 경우 필요한 절차가 사라짐에 따라 주주확정 등 Corporate Action 절차가 간소화되고 신속한 자금조달이 가능해집니다. 또한 기존에는 주주현황을 통상 연 1회 파악하였으나, 전자증권제도에서는 분기별 1회 주주현황 파악이 가능하여 대주주 지분율 변화 및 우호주주 파악 등이 쉬워지고 적대적 M&A 등 경영위험에 대하여 적시에 대처할 수 있습니다.

Q4. 상법에도 전자등록의 근거가 있는 것으로 알고 있습니다. 전자증권제도와 관련한 상법과 전자증권법의 관계는 어떻게 되나요?

A 전자증권제도 입법방식을 놓고 법무부는 상법 개정으로, 금융위원회는 자본시장법 개정으로 처리하고자 하였으나 결국 상법에 주권의 전자화에 대한 근거를 규정하고 세부사항을 특별법에서 정하기로 합의하여 현재와 같은 구조를 가지게 되었습니다. 즉 상법과 전자증권법의 관계는 일반법과 특별법의 관계로 볼 수 있습니다. 예를 들면 상법은 상법상 유가증권의 전자등록제도의 근거를 두고 있으나, 전자증권법에서는 이에 한하지 않고 자본시장법상 증권 등 적용대상 증권을 확대하였습니다. 이외에 전자증권법에서는 상법과 달리 제도를 시행하는데 필요한 사항을 상세히 규정하고 있습니다.

Q5. 전자등록이 되는 것은 증권 자체인가요, 증권상의 권리인가요?

A 자본시장법, 공사채등록법, 상법 등 종래 증권 법제에서는 실물 증권을 전제로 하고 있습니다. 반면에 전자증권제도가 적용되는 경우에는 실물 증권 발행이 금지됩니다. 즉 전자증권제도는 증권 실물 대신에 증권에 표시되어야 할 권리를 전자등록계좌부에 등록하는 제도입니다. 전자증권법에서는 적용대상을 논할 때 "증권에 표시되어야 할 권리"임을 명시하고 있으며, 증권 대신에 "주식등"이라는 용어를 사용하고 있습니다(제2조).

제 2 장　제도운영기관

Q1. 전자증권제도 운영기관에는 어떤 것이 있나요?

A　전자증권제도의 운영기관으로는 전자등록기관과 계좌관리기관이 있습니다. 전자등록기관과 계좌관리기관의 관계는 증권예탁제도에서 중앙예탁결제기관(한국예탁결제원)과 예탁자와의 관계와 유사합니다. 전자등록기관은 전자등록계좌부 등 법적 장부를 작성·관리하고, 권리행사 대행 등 전자증권 관련 제반 업무를 수행하는 기관으로 전자증권제도 핵심 운영기관입니다. 계좌관리기관은 고객(투자자) 계좌의 개설·폐지·관리 업무, 고객계좌부 작성·관리업무 등을 수행합니다.

Q2. 전자증권제도를 운영하는 전자등록기관이 되기 위해서는 허가를 얻어야 하나요?

A　전자등록기관의 업무를 영위하고자 하는 자는 허가요건을 구비하여 허가권자로부터 전자등록업 허가를 받아야 합니다. 전자증권제도는 중앙예탁결제기관(CSD)인 한국예탁결제원이 운영하는 예탁결제제도를 대체하는 제도인 점, 전환비용의 절감 및 안정적 전환을 위해서 한국예탁결제원은 전자등록기관으로 허가받은 것으로 간주하고 있습니다(부칙 제8조 제1항). 현행법상 전자등록기관 허가제를 채택하여 복수의 전자등록기관의 출현 가능성을 열어두고 있습니다.

Q3. 전자등록업 허가제를 채택한 이유는 무엇인가요?

A　증권예탁제도의 근거를 규정하고 있는 자본시장법에서는 중앙예탁결제기관(CSD)인 한국예탁결제원에 대해서 법정설립주의를 채택하여 독점적 운영체제를 보장하였습니다. 이는 집중예탁제도의 자연독점적(natural monopoly) 성격을 고려하고, 중앙예탁결제기관(CSD)이 난립하게 되면 자본시장의 효율성을 저해할 것이라는 점을 고려한 것입니다. 하지만 전자증권법에서는

다수의 전자등록기관이 상호간 경쟁을 통하여 양질의 서비스를 제공하고 이를 통해 자본시장의 경쟁력을 강화하고자 허가제를 채택하였습니다.

Q4. 전자등록업 허가권자는 누구이며, 허가요건은 무엇인가요?

A 전자등록업 허가권자는 금융위원회와 법무부장관이며, 두 기관으로부터 각각 허가를 얻어야 합니다. 전자등록기관에 대한 허가요건은 ① 회사형태 요건, ② 자기자본, ③ 사업계획, ④ 인력 및 설비, ⑤ 정관 및 업무규정, ⑥ 임원, ⑦ 대주주, ⑧ 사회적 신용, ⑨ 이해상충방지체계 등 법에서 정한 엄격한 요건을 모두 갖추어야 합니다.

제 3 장　계좌의 개설 등

Q1. 전자증권제도에서 계좌의 구조 및 종류는?

A 전자증권제도의 계좌구조는 증권예탁제도와 같이 복층구조(two－tier)로 구성되어 있습니다. 계좌관리기관이 한 개 층만 존재하는 구조로 순차적으로 전자등록기관, 계좌관리기관, 개별투자자 단계로 권리가 보유되는 형태를 의미합니다. 계좌의 종류는 다음과 같습니다. ① "발행인관리계좌"는 발행인이 자신이 발행한 전자등록주식등의 내역을 관리하기 위하여 전자등록기관에 개설하는 계좌입니다. ② "고객관리계좌"는 계좌관리기관이 고객계좌부에 기재된 전자등록주식등을 관리하기 위해 전자등록기관에 개설하는 계좌를 의미합니다. ③ "계좌관리기관등 자기계좌"는 계좌관리기관 등이 전자등록주식의 권리자가 되려는 경우에 전자등록기관에 개설하는 계좌를 의미합니다. ④ "고객계좌"는 전자등록주식의 권리자가 되려는 자, 즉 고객(투자자)이 계좌관리기관에 개설하는 계좌를 말합니다.

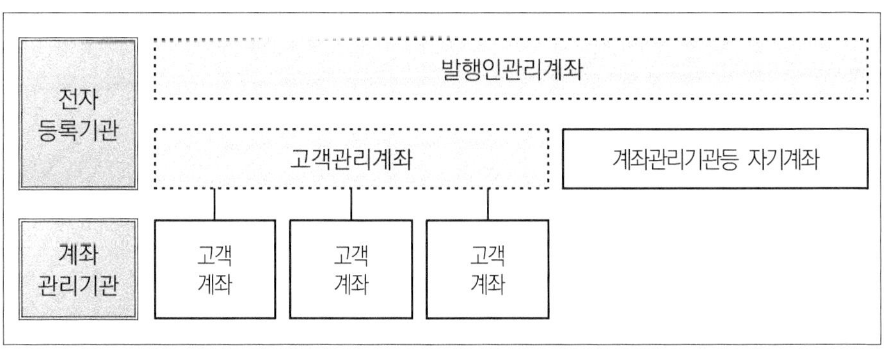

[그림 3-1] 전자증권제도의 계좌구조

Q2. 전자증권제도의 계좌는 증권예탁제도와 차이가 있나요?

A 가장 큰 차이점은 발행인관리계좌가 새롭게 도입되었다는 점입니다. 계좌 구조 및 기능은 거의 동일하고 명칭이 변경되었습니다. 증권예탁제도에서의 예탁자계좌 자기분, 예탁자계좌 투자자분, 투자자계좌는 전자증권제도에서는 각각 계좌관리기관등 자기계좌, 고객관리계좌, 고객계좌에 대응하는 것으로 볼 수 있습니다.

〈표 3-1〉 전자증권제도와 증권예탁제도의 계좌 비교

증권예탁제도	전자증권제도
–	• 발행인관리계좌
• 예탁자계좌 자기분	• 계좌관리기관등 자기계좌
• 예탁자계좌 투자자분	• 고객관리계좌
• 투자자계좌	• 고객계좌

Q3. 계좌관리기관 이외에 개인 또는 법인이 전자등록기관에 전자등록계좌를 개설할 수 있나요?

A 전자증권제도에서는 기본적으로 증권예탁제도와 같이 복층구조(two-tier)를 채택하였습니다. 하지만 예외적으로 투자자가 직접 전자등록기관에 계좌를 개설할 수 있는 근거를 마련하고 있습니다. 전자등록기관의 업무규정에서도 이를 직접등록계좌라 하여 상세내용을 규정하고 있습니다. 자본시장법 제9조 제1항의 대주주에 해당하는 개인 또는 법인, 전자등록기관을 통한 담보권의 설정 및 담보관리를 하기 위하여 전자등록주식등을 담보로 제공하고자 하는 자 등은 전자등록기관에 직접등록계좌를 개설할 수 있습니다. 상세내용은 한국예탁결제원 직접등록계좌 사이트를 참고하시기 바랍니다(https://dacc.ksd.or.kr).

제 4 장 전자등록

Q1. 제가 보유한 주식이 전자등록된 것인지 확인할 수 있는 방법이 있나요?

A 상장주식은 고도로 분산되어 있으며, 전전유통가능성이 높으므로 전자증권 제도의 의무적 적용대상으로 하여 제도의 실효성을 보장하고자 하였습니다. 즉 상장주식은 전부 전자등록의 대상이므로 본인이 보유한 주식이 상장주식이라면 전자등록되었다고 보시면 됩니다. 상장주식은 유가증권, 코스닥, 코넥스 시장에 상장된 주식을 의미합니다. 비상장주식의 경우에는 발행인이 신청한 경우에 전자등록 대상이 됩니다. 이는 한국예탁결제원 홈페이지에서 전자등록여부를 확인하실 수 있습니다(www.ksd.or.kr>e서비스>전자등록(예정) 종목 조회, 2023. 4월 기준).

Q2. 발행회사가 주식을 전자증권으로 전환했다는 소식을 들었습니다. 전자등록되면 주권 실물의 효력은 상실된다고 하는데, 제가 가진 주권에 대한 권리가 상실되나요?

A 발행회사가 이미 주권이 발행된 주식의 전자등록을 신청하는 경우에는 기준일 이후에는 주권의 효력이 상실되므로 주주명부에 권리자로 기재되어 있는 자에게 주권을 제출할 것을 알려야 합니다. 하지만 권리자가 주권을 제출하지 않은 등 전환절차에 협조하지 않는 경우에 권리를 상실할 위험에 처하게 되는데 이를 방지하기 위해 권리자 명의로 특별계좌를 개설합니다. 결론적으로 실물증권 소지자의 권리는 특별계좌에 그대로 보유되며, 해당 주주가 실물주권을 제출하면 특별계좌에서 해당 주주명의의 전자등록계좌로 권리를 이전하는 절차가 진행됩니다.

Q3. 주식을 전자등록의 방법으로 새롭게 발행하는 경우와 이미 주권이 발행된 주식을 전자등록하는 경우에 절차는 어떤 점이 다른가요?

A 이미 주권이 발행된 주식의 전자등록을 신청하는 경우에는 실물 주권을 소

지하고 있는 권리자가 존재하는 경우이므로 "전자등록의 방법으로 새로 발행하려는 경우"와는 구별되며, 기존 권리자를 전자증권제도로 포섭하려는 절차가 필요합니다. 기준일의 직전 영업일을 말일로 1개월 이상의 기간을 정하여 공고하고, 주주명부 등에 권리자로 기재된 자에게 통지하여야 합니다. 공고·통지할 사항은 ① 실물 주권의 효력이 상실된다는 뜻, ② 권리자는 전자등록계좌를 통지하고 주권을 제출하여야 한다는 뜻, ③ 주주명부상 권리자 기준으로 전자등록을 신청한다는 뜻입니다.

Q4. 전자등록을 신청할 수 있는 주체는 누구인가요?

A 주식등의 발행인이 전자등록을 신청할 수 있습니다. 전자증권법은 주식등의 권리자 또한 전자등록을 신청할 수 있다고 규정하고 있는데(제24조 제1항), 실제로는 권리자가 전자등록신청을 하기 위한 절차를 마련하고 있지 않습니다. 또한 일부 권리자들의 신청만으로 해당 종목이 전자등록된다는 것은 다른 주주의 권리에 중대한 영향을 미치므로 주주들 간의 의견 충돌 등 주식 사무의 혼란을 초래하고, 또한 전자등록기관 또한 수많은 권리자의 전자등록신청에 일일이 대응해야 할 수 있으므로 업무가 번잡해질 우려가 있습니다. 따라서 권리자는 전자등록을 신청할 수 없다고 보는 것이 타당합니다.

Q5. 비상장회사의 주식사무 담당자입니다. 주식을 전자등록하려면, 즉 전자증권제도에 참여하기 위해서는 어떤 절차를 거쳐야 하나요?

A 우선, 발행회사는 명의개서대행회사를 선임하여야 합니다. 전자증권제도에 참가하여 이용하는 절차는 기술적인 사항이 많아 발행회사가 직접 처리하기 어려우므로 업무경험, 네트워크를 보유하고 있는 전문기관의 도움을 받는 것이 효율적이기 때문입니다. 둘째, 정관을 개정하여야 합니다. 주식을 전자등록한다는 사항은 주식에 관한 본질적인 사항으로서 이해관계인 누구나 알 수 있어야 하기 때문입니다. 셋째, 발행인은 전자등록기관에 발행인관리계좌를 개설하고 업무참가신청서를 제출해야 합니다. 넷째, 신청일로부터 1개월 이후로 전자등록일을 지정하여 명의개서대행회사를 통해 전자

등록기관에 전자증권 전환을 신청해야 합니다. 다섯째, 전환 과정에서 이해관계자 보호를 위해서 전환사실의 공고, 주주명부상 권리자에 대한 개별적 통지를 하여야 합니다.

Q6. 주식의 신규 전자등록시 사전심사란 무엇인가요?

A 사전심사란 전자증권으로 신규 발행하려는 증권에 대해 최초 1회 수행하는 종목에 대한 심사입니다. 심사내용은 종목코드, 종목명, KRX발행기관코드, 발행국가 및 통화, 주식 종류 및 이에 따른 권리 등입니다. 이때 전자등록하는 주식등에는 보통주만이 아니라 모든 종류 주식과 신주인수권증서가 포함되므로, 기존에 발행한 우선주가 있는 발행인은 반드시 이에 대해서도 사전심사를 신청하여야 합니다.

Q7. 주식의 신규 전자등록시 구비해야 할 서류는 무엇인가요?

A 전자등록신청서 또는 사전심사신청서를 전자등록기관에 제출하여야 합니다(제25조 제3항). 또한 정관, 법인인감증명서 및 법인 등기사항증명서, 법인등기부등본, 공고를 증빙하는 첨부자료 등이 필요합니다. 서류 제출은 업무시스템(e-SAFE)을 통한 전자적 방식으로 처리합니다.

Q8. 주식사무 담당자입니다. 내부 절차가 지연되어 정관변경이 완료되지 않았는데 이 경우에도 전자등록을 신청할 수 있을까요?

A 주식을 전자등록하기 위해서는 회사의 정관에 그러한 취지의 규정이 있어야 합니다. 따라서 전자등록신청서에는 발행인의 정관을 첨부하여야 합니다. 하지만 정관을 변경하기 위해서는 주주총회 특별결의에 의하여야 하므로(상법 제434조) 절차가 까다롭고 제도 활성화를 위해 발행인을 지원할 필요가 있다는 취지에서 특례를 마련하고 있습니다. 즉, 증권시장에 상장하는 주식등 의무적 전자등록 대상인 경우에는 정관의 개정안을 제출한 경우에는 해당 서류를 제출한 것으로 간주하고 있습니다(영 부칙 제6조).

Q9. 전자등록기관이 전자등록을 거부하기도 하나요? 한다면 그 사유는 어떤 것이 있나요?

A 전자등록기관은 전자등록 여부를 결정할 때 원칙적으로 신규 전자등록을 거부할 수 없습니다(제25조 제6항). 하지만 제도의 안정적 운영을 위해 일정한 배제사유를 규정하고 있습니다. 구체적으로는 주식등의 양도성이 제한되는 경우, 대체가능성이 없는 경우, 전자등록기관을 통한 권리행사가 곤란한 경우 등에는 전자등록을 거부할 수 있습니다.

〈표 4-1〉 전자등록 거부사유

- 주식등이 성질상 또는 법령에 따라 양도될 수 없거나 그 양도가 제한되는 경우
- 같은 종류의 주식등의 권리자 간에 그 주식등의 권리 내용이 다르거나 그 밖에 해당 주식등의 대체 가능성이 없는 경우
- 해당 주식등을 새로 발행하거나 이미 주권등이 발행된 주식등을 권리자에게 보유하게 하거나 취득하게 하는 것이 법령에 위반되는 경우
- 이미 주권등이 발행된 주식등의 신규 전자등록이 신청된 경우로서 그 주권등에 대하여 「민사소송법」에 따른 공시최고절차가 계속 중인 경우
- 전자등록신청서등을 거짓으로 작성한 경우 등

Q10. 주식이 전자등록되었는데, 주주가 요청하는 경우 등 필요한 경우에는 실물 주권을 발행할 수 있을까요?

A 전자증권제도는 실물 발행을 원천적으로 배제한다는 점에서 가장 발달된 형태의 무권화제도라고 평가할 수 있습니다. 즉, 발행인은 전자등록주식에 대해서는 주권을 발행할 수 없으며(제36조 제1항), 이에 위반하여 발행된 주권은 무효입니다(동조 제2항). 하지만 발행인이 전자증권제도에서 이탈하는 경우에는 실물 주권을 발행할 수도 있습니다. 실무상으로는 이를 전자증권 등록해제라고 부릅니다. 발행인의 해산·청산 또는 법원의 판결로 발행인의 법인격이 소멸되는 경우나, 발행인이 전자등록기관에 신청하여 주식등의 발행방법을 실물 주권으로 변경하는 경우에 예외적으로 발생합니다.

Q11. 보통주만 전자등록하고 우선주는 실물증권 발행하는 것도 가능한가요?

A 회사가 여러 종류의 주식을 발행하고 있는 경우 어느 종류주식은 실물 발행하고 어느 종류주식은 전자등록하는 것은 허용되지 않습니다. 일부 종류에 대해서만 전자등록을 채택하게 되면 실물과 전자등록의 병행 발행으로 주식 사무의 번잡을 초래하고, 주식거래의 안정성을 저해하므로 전자등록은 단일한 회사에서는 모든 주식에 관해 통일적으로 적용되어야 합니다. 전자등록업규정도 같은 취지로 종류주식에 대해서는 신규 전자등록을 신청할 의무를 부과하고 있습니다(제3-1조).

Q12. 주식은 전자등록하더라도 채권은 전자등록하지 않는 것이 가능한가요?

A 전자증권제도 참가는 발행인에게 선택권이 부여되어 있으며, 그 등록되어야 할 권리별로 정관에 따로 규정할 수 있습니다. 즉 증권의 종류별로 전자등록 여부를 달리 정할 수 있습니다. 즉, 주식이 전자등록되어 있더라도 사채가 상장증권이 아닌 경우에는 정관에서 정하는 바에 따라 실물 발행을 선택하는 것도 가능합니다.

Q13. 전자증권제도 시행 후에도 예탁제도는 여전히 유지되는 건가요?

A 전자증권제도는 권리 유통의 원할회를 위한 제도로서 본래 예탁제도를 내체하고자 하는 목적으로 설계된 제도입니다. 따라서 이상적으로는 전자증권제도가 시행된 이후에는 예탁제도는 폐지하는 것이 바람직하지만, 전자증권제도로 편입하기 어려운 기업어음, 금지금 및 비상장증권을 위해서 예탁제도도 병행하여 운영하고 있는 실정입니다. 다만 제도운영의 효율성을 위해서는 장기적으로 전자증권제도로 일원화하는 것이 바람직하다고 판단됩니다.

제 5 장　전자등록주식등에 관한 권리행사

Q1. 전자증권제도에서는 주식의 소유자 등 권리자 확정은 어떻게 처리되나요?

A 전자증권제도에서는 증권의 실물발행 없이 권리자 명의로 전자등록되는데, 일정한 시점에서는 소유자 등 권리자 내역, 그 보유수량 등을 파악할 수 있는 장치가 필요하게 됩니다. 전자등록기관은 직접 투자자(고객)의 보유내역 등은 관리하지 않으므로 여러 계좌관리기관의 협조를 얻어 권리자 내역, 보유수량 등 구체적 내역을 확보하게 되며, 이를 주주명부에 반영하는 절차를 거쳐 권리자를 확정하게 됩니다. 전자증권법은 집단적으로 권리자를 확인하는 절차, 즉, 전체 권리자 내역 및 그 보유 수량 등을 파악하기 위해 소유자명세 제도를 마련하고 있습니다.

Q2. 소유자명세는 어떤 사유로 작성되며, 얼마나 자주 작성되나요?

A 소유자명세는 발행인의 신청 또는 전자등록기관 직권으로 작성하여 발행인에게 통보하는 명세로서 일정한 날을 기준으로 주식등의 소유자의 인적사항, 주식등의 종류, 종목, 수량 등의 소유내역 등이 기록됩니다. 소유자명세는 해당 주식등의 소유상황에 관한 집단적 확인을 위한 전자증권법상 유일한 장치입니다. 소유자명세는 원칙적으로 발행인의 요청이 있는 경우에 작성하나, 예외적으로 전자등록기관 직권으로 작성하는 것도 가능합니다. 현행법상 소유자명세 작성은 법령에서 규정된 사유 이외에는 허용되지 않습니다. 제도 시행 이전에는 기준일이 있는 경우 연 1회 실질주주명세가 작성되었으나, 전자증권제도에서는 분기 단위로 소유자명세가 작성되고 있어 주주관리 편의성 측면에서 한층 발전된 형태가 되었습니다.

〈표 5-1〉 소유자명세 작성사유

<table>
<tr><th colspan="3">구 분</th><th>법 [제37조]</th><th>시행령 [제30조·제31조]</th></tr>
<tr><td rowspan="4">발행인 요청</td><td colspan="2" rowspan="2">당연 요청</td><td>• 상법상 기준일(제345조 제1항) 설정에 따른 소유자 파악</td><td></td></tr>
<tr><td>• 투자신탁 분배금 배분 제외</td><td>• 투자회사 분배금 배분 제외</td></tr>
<tr><td rowspan="2">임의 요청</td><td>기명 주식</td><td>• 법령 또는 법원의 결정
• 일정 주기별로 파악
• 자본시장법상 공개 매수청구 시 대응 목적</td><td>• 분기별
• 채무자회생법상 필요시
• 상장심사 준비 목적
• 정관 및 (발행 관련) 계약·약관 등에 의한 경우</td></tr>
<tr><td>무기명 주식</td><td>• 자본시장법상 조건부 자본증권의 주식 전환 시</td><td>• 상환사채 상환 시
• 은행법 및 금융지주회사법상 조건부자본증권의 주식 전환 시</td></tr>
<tr><td colspan="3">전자등록기관 직권</td><td>• 해산·청산 또는 실물증권으로의 복귀 사유로 인해 말소의 전자등록이 되는 경우</td><td>• 법원의 판결 등에 따라 말소의 전자등록이 되는 경우
• 초과분 발생을 발행인에게 통지하는 경우</td></tr>
</table>

출처: 금융위원회 보도자료

Q3. 상법 규정에 의하여 소수주주로서 발행회사에 임시주주총회 소집을 청구하고자 합니다. 현재 주식이 전자등록되어 실물주권이 없는데, 어떤 방법으로 권리를 행사할 수 있나요?

A 전자증권제도는 전자등록주식등에 대한 전체 권리자 내역을 파악하는 소유자명세 이외에 소수주주권 행사 등 개별적 권리행사를 위한 제도를 마련하고 있습니다. 후자의 예로는 소유자증명서와 소유 내용의 통지가 있습니다. ① 소유자증명서는 소유자가 자신의 권리를 행사하기 위하여 전자등록기관으로부터 발급받는 해당 전자등록주식등의 전자등록을 증명하는 문서를 의미합니다. 소유자증명서는 권리가 화체된 것은 아니므로 유가증권으로는 볼 수 없고 전자등록주식의 소유를 증명하는 증거증권일 뿐입니다. 다만 명의개서의 대항력에 관한 상법 제337조 제1항 불구하고 명의개서를 완료

하지 않은 상태에서도 발행인에게 대항할 수 있다는 특수한 효력이 부여되어 있다고 봅니다. ② 소유내용의 통지란 전자등록주식등의 소유자의 신청에 따라 전자등록기관이 발행인등에게 소유자의 보유내역을 통지하는 것을 의미합니다. 소유자명세와는 달리 소유내용의 통지를 하였다고 해서 해당 내용이 주주명부에 반영되지는 않으며, 명의개서의 대항력에 관한 상법 제337조 제1항의 예외로서 명의개서 없이도 회사를 상대로 주주권을 주장할 수 있다는 의미입니다. 소유자는 계좌관리기관(증권사 등)에 소유자증명서 발급 또는 소유 내용의 통지를 신청할 수 있습니다. 임시주주총회를 소집하기 위해 소유자증명서 또는 소유내용의 통지제도를 이용하여 권리를 행사할 수 있습니다.

제6장 기 타

Q1. 전자증권제도에서 초과분이 무엇인가요?

A 초과분이란 전자등록되어야 하는 주식등의 수량·금액보다 더 많은 수량·금액이 전자등록된 경우를 의미합니다. 예컨대 투자자 甲, 乙, 丙 각각 100주씩 전자등록되어야 하나(총수량 300주), 계좌관리기관의 과실로 인하여 실제로는 甲 200주, 乙 100주, 丙 100주가 전자등록되었다면 甲에 대한 100주는 초과등록된 것으로서 초과분에 해당합니다. 증권예탁제도에서는 실물증권의 존재를 전제로 도난·멸실 등의 사유가 빈번하여 예탁되어야 할 수량보다 실제 예탁된 수량이 부족한 경우인 부족분의 처리에 대해서 규정을 두고 있지만(자본시장법 제313조). 전자증권제도에서는 부족분이 생긴 경우에는 해당 부분에 대한 등록으로 처리할 수 있어 말소, 선의취득의 문제가 발생하지 않으므로 초과분의 처리방법에 대해서만 규정하고 있습니다.

Q2. 초과분을 확인하는 방법은 어떻게 되나요?

A 전자등록기관과 계좌관리기관은 관리계좌부와 전자등록계좌부를 매일 상호 대조하여 초과분 발생 여부를 확인합니다. 발행인관리계좌부와 고객관리계좌부는 발행총량을 관리하기 위해서, 즉 초과분의 발생여부를 확인하기 위한 용도입니다.

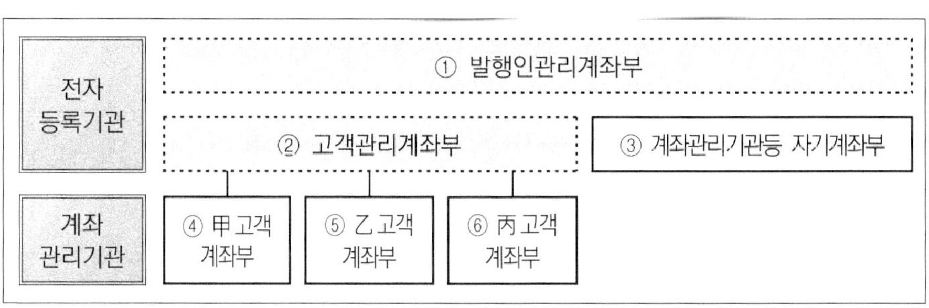

[그림 6-1] 초과분 확인 방법

초과분은 다음과 같은 경우에 발생합니다. 계좌관리기관의 경우에는 고객계좌부에 전자등록된 주식등의 종목별 총수량 또는 총금액(그림에서 ④+⑤+⑥)이 고객관리계좌부에 기록된 전자등록주식등의 종목별 총수량 또는 총금액(그림에서 ②)을 초과하는 경우에 발생합니다(② < ④+⑤+⑥). 전자등록기관의 경우에는 계좌관리기관등 자기계좌부에 전자등록된 주식등의 종목별 총수량 또는 총금액과 고객관리계좌부에 기록된 전자등록주식등의 종목별 총수량 또는 총금액의 합(그림에서 ②+③)이 발행인관리계좌부에 기록된 전자등록주식등의 종목별 총수량 또는 총금액(그림에서 ①)을 초과하는 경우에 발생합니다(① < ②+③).

Q3. 초과분에 대해서 선의취득이 인정되나요?

A 초과분에 대해서 선의취득 인정여부에 대해서는 견해의 대립이 있었지만 전자증권법에서는 초과분 선의취득자라고 하여 명시적으로 인정하고 있습니다. 즉 초과분에 대하여 선의·무중과실로 전자등록계좌부를 신뢰한 양수인은 그 권리를 적법하게 취득합니다. Q1의 사례에서 丁이 甲으로부터 200주를 선의·무중과실로 매수하였다면 丁은 초과분 선의취득자에 해당합니다. 전자증권제도에 대한 신뢰를 확보하고 거래안전을 보호하기 위해서 초과분에 대한 선의취득을 인정하고 있습니다.

Q4. 초과분을 해소해야 하는 의무자 및 방법은 무엇인가요?

A 초과분 해소의무자는 전자등록기관 또는 계좌관리기관으로 각자 초과분이 발생한 전자등록계좌에 대해 초과분을 해소할 의무를 부담합니다. 초과분을 해소하는 방법은 초과분 선의취득자가 있는지 여부에 따라 달라집니다. ① 초과분이 발생하였는데 초과분 선의취득자가 없는 경우에는 전자등록기관 또는 계좌관리기관은 지체없이 그 초과분을 말소하는 전자등록을 해야합니다. ② 초과분이 발생하여 초과분 선의취득자가 생긴 경우에는 전자등록기관 또는 계좌관리기관은 선의취득한 초과분 수량 또는 금액에 상당하는 초과분 전자등록주식등을 말소하는 전자등록을 해야 하며, 이를 보유하고 있지 않은 계좌관리기관 또는 전자등록기관은 초과 전자등록 종목을 취

득하여 말소하는 전자등록을 해야 합니다. ③ 의무자가 위의 방법으로 이행하지 않은 경우에는 전자등록적립금, 숲 계좌관리기관의 분담금을 순차적으로 사용하여 초과분을 해소합니다.

Q5. 전자등록방식으로 주식등이 발행되는 경우 발행내용이 공개되나요?

A 전자증권법은 발행시장의 투명성을 제고하고, 투자자들의 해당 정보에 대한 접근권을 보장하고자 하는 취지에서 주식등의 발행내용을 공개하도록 하고 있습니다. 공개정보의 범위는 전자등록주식등의 종류·종목, 발행조건, 발행 회차 및 발행가액 총액, 단기사채등의 발행한도 및 미상환 발행잔액 등입니다. 해당 전자등록기관의 인터넷 홈페이지를 통하여 공개하여야 하며, 구체적으로 일부 정보에 대하여는 예탁결제정보통신망(e-SAFE) 또는 예탁결제원의 정보공개 업무를 수행하기 위한 홈페이지(SEIBro[1])를 통하여 정보를 공표할 수 있습니다.

Q6. 전자등록증명서의 용도는 무엇인가요?

A 전자등록증명서는 전자등록주식등의 소유자가 공탁법에 따라 공탁하거나 자본시장법 제171조에 따라 보증금 또는 공탁금을 대신 납부하기 위하여 신청하는 경우 전자등록기관이 발급하는 해당 전자등록주식등의 전자등록을 증명하는 문서를 의미합니다. 전자등록증명서는 증권예탁제도의 예탁증명서를 이어 받았습니다. 1997년 상장유가증권의 활용도를 높이기 위해서 국가, 지방자치단체 등에 보증금이나 공탁금을 납부하는 경우에 상장유가증권으로 납부할 수 있도록 하였지만 이러한 방식은 증권 실물로 반환받아 납부하고, 그 사유가 소멸하면 다시 예탁하는 절차를 거쳐야 했으므로 분실 위험 등 리스크에 노출되었습니다. 1998년에는 한국예탁결제원이 발행하는 예탁증명서로 실물 납부를 대신하게 함으로써 증권의 도난, 분실의 위험을 제거할 수 있게 되었습니다. 전자등록증명서는 예탁증명서와 비교하여 적용대상을 공탁법에 따라 공탁하는 경우를 추가하였고, 대상증권을

1) 한국예탁결제원이 운영하는 증권정보포탈 사이트의 명칭이다(https://seibro.or.kr/). 일반 투자자 또한 무료로 이용이 가능하며, 기업·주식·채권 등 다양한 증권정보를 제공하고 있다.

상장증권에만 한정한 것이 아니라 비상장주식을 포함한 모든 전자등록주식등으로 확대한 점이 특징입니다.

Q7. 한국거래소에 주식을 상장하고자 하는데 발행등록사실확인서가 필요하다고 합니다. 전자등록기관인 한국예탁결제원에서 발급할 수 있나요?

A 주식을 상장하기 위해서는 한국거래소에 발행등록사실확인서를 제출해야 합니다. 발행등록사실확인서는 주식등이 전자등록되어 있음을 증빙하는 서류로서 상장 목적으로 이용됩니다. 전자증권법에 따르면 상장주식은 의무적 전자등록 대상이므로 전자등록이 되어 있음을 증빙하는 절차가 필수적입니다. 발행인은 명칭, 발급신청사유, 확인하고자 하는 전자등록주식등의 종류, 종목 및 수량 또는 금액, 전자등록 일자, 전자등록 사유 등을 기재하여 전자등록기관에 발급을 신청할 수 있습니다(업무규정 제78조).

발행등록사실확인서

주식 · 사채 등의 전자등록에 관한 법률 제26조에 따라 아래와 같이 증권이 발행인관리계좌부에 기재(반영)되어 있음을 확인합니다.

발행회사	
발급용도	한국거래소상장신청용
발 행 일	-
등 록 일	2020년 4월 7일
유통(예정)일	-
기 준 일	-
발행/말소구분	발행
발행사유	국내CB행사
횟 수	-
증권구분	주식 (보통주)
종 목	
수 량	21,875,000 주
총발행주식수	178,177,027 주

* 총발행주식수의 경우, 확인서 발급시점의 발행인관리계좌부 수량이 보여지므로 발급일자에 따라 변동할 수 있습니다.

TEST

출처: 한국예탁결제원

부 록

각종 서식

1. 발행인관리계좌 개설 및 전자등록 업무참가 신청서

KSD 한국예탁결제원

발행인관리계좌 개설 및 전자등록 업무참가 신청서

계좌번호	
계 좌 명	

한국예탁결제원 귀중

- 한국예탁결제원에 「주식·사채 등의 전자등록에 관한 법률」(이하 '전자증권법'이라 한다) 제21조에 따라 발행인관리계좌 개설 및 전자등록 업무참가를 아래와 같이 신청하며, 전자증권법을 비롯한 제반 법령과 한국예탁결제원의 내규 및 약관(향후 제·개정되는 것을 포함한다), 처리관행 및 조치사항 등을 준수할 것을 확약합니다.
- 한국예탁결제원과의 업무처리에 필요한 예탁결제정보통신망(e-SAFE)에 참가하며, 「전자금융거래 이용약관」(향후 제·개정되는 것을 포함한다)을 교부받아 그 내용을 확인하고 이해하였으며, 해당 약관을 준수할 것을 확약합니다.

□ 위 내용에 대하여 동의합니다.(필수)
□ 한국예탁결제원에 제출 또는 신고하였던 명칭, 주소, 사업자등록번호 등의 변경이 있는 경우, 한국예탁결제원의 「계좌관련 제신고(신청)서」에 갈음하여 본 신청서로써 변경된 사항을 신고합니다.(선택)

1. 발행인관리계좌 개설 및 발행인 업무참가 신청 (신청사항에 √ 하십시오)

명칭(회사명)	
참가 신청 업무	□ 주식 전자등록
	□ 채권 전자등록
	□ 단기사채 전자등록
	□ CD 전자등록
	□ 파생결합증권 전자등록
	□ 집합투자증권 전자등록
	□ KDR 전자등록
	□ 신탁수익증권 전자등록
	□ 투자계약증권 전자등록

※ 주식 전자등록 대상 : 주식 및 신주인수권증서 등, 채권 전자등록 대상 : 사채, 국채, 지방채 및 신주인수권증권 등

2. 발행대리인 신고 (발행인인 경우에만 신청사항에 √ 하십시오)

대리 업무	□ 최초 신고	□ 해지 신고	□ 변경 신고		
			변경 전 발행대리인	변경 후 발행대리인	변경적용일
□ 주식 전자등록					
□ 채권 전자등록					
□ 단기사채 전자등록					
□ CD 전자등록					
□ 집합투자증권 전자등록					
□ KDR 전자등록					
□ 투자계약증권 전자등록					

※ 발행대리인은 주식·사채 등의 전자등록업무규정 제10조에 따라 발행인을 대리하여 주식등의 전자등록을 위한 사전심사 및 신규 전자등록 신청 등을 수행하는 자를 말하며, 발행인이 주식, 집합투자증권(「자본시장과 금융투자업에 관한 법률」 제194조에 따른 투자회사의 주식에 한한다) 및 KDR의 전자등록 업무참가를 신청하는 경우 반드시 발행대리인을 신고하여야 합니다.

3. 발행대리인의 업무참가 신청 (발행대리인인 경우에만 신청사항에 √ 하십시오)

□ 주식 전자등록	□ 채권 전자등록	□ 단기사채 전자등록
○ 발행대리인	○ 발행대리인 ○ 발행대리인(주간사) ○ 발행대리인(온라인중개회사) ○ 발행대리인(매출은행) ○ 발행대리인(개인투자용국채 판매대행기관) ○ 인수기관	○ 발행대리인 ○ 자금결제인 ○ 전문투자자 ○ 자금중개회사 ○ 인수기관

□ CD 전자등록	□ 집합투자증권 전자등록	□ 투자계약증권 전자등록
○ 발행대리인	○ 발행대리인	○ 발행대리인

4. 업무대금계좌 신고 (발행인인 경우에만 해당사항을 작성하십시오)

결제유형	계좌번호	계좌명
한국은행의무결제		

※ 단기사채 전자등록 발행인 중 본인명의의 한국은행 BOK계좌를 이용해 자금결제를 직접 수행할 발행인만 작성합니다.

5. 네트워크(CCF/VPN) 연계 (신청사항에 √ 하십시오)

구분	서비스명	업무단위
발행인	단기사채등록	○ 발행인
	CD등록	○ 발행인
	파생결합증권등록	○ 발행인
발행 대리인	채권 등록	○ 발행대리인(매출은행) ○ 발행대리인(개인투자용국채 판매대행기관)
	단기사채 등록	○ 발행대리인 ○ 자금결제인 ○ 전문투자자 ○ 자금중개회사 ○ 인수기관

6. 사용인감 신고 (발행인관리계좌의 사용인감을 신고하려는 경우에 한해 해당란에 날인하십시오)

사용인감 인영

신청일 년 월 일

주 소 :

상 호(또는 명칭) :

대표이사(또는 대표자) : (인) (법인인감)

붙 임 서 류	
국내법인	가. 법인 등기사항증명서 1부* 나. 법인인감증명서 1부* 다. 사업자등록증사본 1부
외국법인	가. 법인 등기사항증명서* 또는 이와 유사한 서류(투자등록증 등) 1부 나. 발행대리인 선임에 관한 계약서류 사본 1부 다. 발행대리인의 법인 등기사항증명서*, 법인인감증명서*, 사업자등록증사본 각 1부 ※ 붙임서류가 한글로 작성되지 아니한 경우에는 공증된 한글 번역본을 첨부하여야 합니다.

* 이 신청일로부터 역산하여 3개월 이내에 발급된 법인 등기사항증명서 및 법인인감증명서에 한함

2. 전자등록업무 사용자신고 등 제신청서

KSD 한국예탁결제원

전자등록업무 사용자신고 등 제신청서

법인(고객)명	

한국예탁결제원 귀중

- 한국예탁결제원에 아래와 같이 전자등록업무 관련 사용자신고 등 제신청을 하며, 「주식·사채 등의 전자등록에 관한 법률」을 비롯한 제반 법령, 한국예탁결제원의 관련규정 및「전자금융거래 이용약관」등 제약관(향후 제·개정되는 것을 포함한다), 처리관행 및 조치사항 등을 준수할 것을 확약합니다.

□ 위 내용에 대하여 동의합니다.(필수)

1. 사용자신고(신청사항에 √ 하십시오) 사용자(□등록 □변경 □해지) □ 책임자지정(취소)

구 분	변경 전 사용자			변경 후 사용자		
	책임자	담당자1	담당자2	책임자	담당자1	담당자2
성 명*						
생년월일*						
I D *						
부 서 명						
전화번호*						

- 신청서를 제출하기 전에 **반드시 e-SAFE 시스템(http://e-safe.ksd.or.kr)에서 회원가입**을 하여야 합니다.
- 부여된 업무권한은 소속기관 변경 또는 장기(6개월) 미사용 시 해지됩니다.
- 담당자를 신고하는 경우 반드시 그에 대한 책임자도 함께 신고하여야 합니다.
- (*) 표시된 부분은 반드시 기재해 주시기 바랍니다.

2. 발행인의 업무권한 신청 (신청사항에 √ 하십시오)

구 분		신규	해지
발행인	주식 전자등록		
	채권 전자등록		
	단기사채 전자등록		
	CD 전자등록		
	파생결합증권 전자등록		
	집합투자증권 전자등록		
	신탁수익증권 전자등록		
	투자계약증권 전자등록		

3. 발행대리인의 업무권한 신청 (신청사항에 √ 하십시오)

□ 주식 전자등록	□ 채권 전자등록	□ 단기사채 전자등록
○ 발행대리인	○ 발행대리인 ○ 발행대리인(주간사) ○ 발행대리인(온라인중개회사) ○ 발행대리인(매출은행) ○ 발행대리인(개인투자용국채 판매대행기관) ○ 인수기관	○ 발행대리인 ○ 자금결제인 ○ 전문투자자 ○ 자금중개회사 ○ 인수기관

□ CD 전자등록	□ 집합투자증권 전자등록	□ 투자계약증권 전자등록
○ 발행대리인	○ 발행대리인	○ 발행대리인

신청일 년 월 일

주 소 :

상 호 :

대표이사 : (인) (법인인감 또는 사용인감) ※ 법인인감 날인 시 법인인감증명서* 첨부

* 이 신청일로부터 역산하여 3개월 이내에 발급된 법인인감증명서에 한함

※ 사용인감은 한국예탁결제원에 사전 등록한 사용인감에 한함

3. 전자등록계좌(특별계좌) 개설 및 관리 신청서

KSD 한국예탁결제원

전자등록계좌(특별계좌) 개설 및 관리 신청서

전자증권제도가 도입·시행['19. 9. 16(월)]됨에 따라 「주식·사채 등의 전자등록에 관한 법률」 제 29조에 근거하여 당사의 주주명부 주주에 대하여 전자등록계좌(특별계좌)개설 및 관리를 신청합니다.

신 청 일 : 년 월 일

회 사 명 : (인) (등록인감 또는 법인인감)

※ 법인인감 날인 시 신청일로부터 3개월 이내에 발급된 법인인감증명서 제출

4. 사전심사 및 전자등록 신청서

KSD 한국예탁결제원

사전심사 및 전자등록 신청서

한국예탁결제원 貴中

본 회사는 「주식·사채 등의 전자등록에 관한 법률」 (이하 '전자증권법'이라 한다) 제24조(전자등록의 신청 등) 및 같은 법 제25조(주식등의 신규 전자등록)에 따라 예탁 비상장주식등의 전자등록 사전심사 및 그 등록을 아래와 같이 신청하며, 본 신청서를 제출함에 있어 전자증권법을 비롯한 제반 법령과 한국예탁결제원의 내규 및 약관(향후 제·개정되는 것을 포함한다) 등에서 정하는 바를 성실히 이행할 것을 확약합니다.

― 아 래 ―

1. 신청 회사

■ 회사명 :	■ 대표자 :
■ 사업자등록번호 :	■ 명의개서대행회사 : ※ 주식인 경우에만 기재

■ 업무 담당자

직위(직책)	성명	회사 전화번호	E-mail

2. 전자등록 신청 내역(※ 전자등록 신청은 주식 및 신탁법상 수익권에 한해서만 가능)

구분	주식등 종류	종목명	종목코드	발행수량(주/좌)
1	보통주	KSD	KR7030590004	10,000,000
2	우선주	KSD우	KR7030590005	500,000
3	수익권	KSD신탁 수익권	KR3030590005	5,000,0000

3. 전자등록 전환 일자 : 년 월 일

※ 전자등록 전환 신청 후 전자등록 전환일자 전까지 기준일 및 주주명부폐쇄기간을 정하면 안 됩니다.

※ 전자등록 전환 일자는 신청일로부터 1달 이후의 날짜로 지정해주시기 바랍니다.

※ 붙임서류 : 1-1. 정관(사본) 1부(주식인 경우).
1-2. 신탁계약서(사본) 1부(신탁법상 수익권인 경우).
2. 법인인감증명서(원본) 1부.
3. 법인등기부등본(원본) 1부.
4. 사업자등록증(사본) 1부.
5. 개인정보의 수집, 이용, 제공에 관한 동의서(원본) 1부.

년 월 일

주 소 :
상 호 :
대표이사(또는 대표자) : (인) (법인인감 또는 사용인감 날인)

〈 사전심사 및 전자등록 신청 관련 유의사항 〉

1. 본 신청의 대상이 발행주식인 경우에는 해당 발행인이 발행한 모든 종류주식(보통주 · 우선주 · 혼합주 · 후배주)을 일괄 신청하여야 하며, 종류주식의 일부에 대한 신청은 허용되지 않습니다.

2. 전자등록 전환 신청 후 전자등록 전환일자 전까지 기준일 및 주주명부 폐쇄기간을 정하면 안됩니다.

3. 본 신청에 따라 전자등록이 승인된 후에도 해당 증권이 전자증권법 제25조(주식등의 신규 전자등록) 제6항 각 호의 사항에 따른 전자등록 거부사유에 해당되는 경우에는 한국예탁결제원은 해당 증권의 전자등록을 거부할 수 있습니다.

5. 전자증권 권리자 대상 공고 및 통지문(샘플)

KSD 한국예탁결제원

전자증권 전환대상 주권 등의 권리자 보호 안내

당사의 전자증권제도 도입·시행에 따라 전자등록일['○○. ○○. ○○( )] 당시 예탁되지 아니한 전환대상주권 등의 권리자를 보호하기 위하여 「주식·사채 등의 전자등록에 관한 법률」 제27조 제1항에 근거하여 아래의 사항을 공고합니다.

※ 당사의 주식을 **증권회사 계좌를 통해 소유 중인 주주**는 소유 주식이 전자증권으로 자동 전환되므로 **별도로 조치하실 사항이 없으며**, 아래 사항은 실물증권 보유 주주에 한하여 적용되는 내용입니다.

\- 아 래 -

1. 당사의 증권이 전자등록 됨에 따라 전자등록일['○○. ○○. ○○( )]부터 소유중인 실물증권은 효력을 잃게 됩니다.

2. 당사의 실물증권 보유자는 해당 증권을
① '○○. ○○. ○○( )[1]까지 거래 증권회사 계좌에 입고하거나 또는
② '○○. ○○. ○○( )[2] 오전 11시까지 한국예탁결제원(명의개서대행회사)에 실물증권을 제출하고 거래 증권회사 계좌(전자등록되는 전자등록계좌)에 입고 요청하여야 합니다.

3. 당사는 전자증권등록일 직전영업일 '○○. ○○. ○○( )[3]의 주주명부에 기재된 권리자를 기준으로 전자등록이 되도록 전자등록기관(한국예탁결제원)에 요청합니다.

년 월 일

(발행회사 주소)
주식회사 ○○○○ 대표이사 △△△
명의개서대리인 한국예탁결제원 사장 ○○○

1) 전자증권등록일 2영업일 전
2), 3) 전자증권등록일 직전 영업일

6. 특별계좌 주식 계좌간 대체 신청서

KSD 한국예탁결제원

특별계좌 주식 계좌간 대체 신청서

「주식·사채 등의 전자등록에 관한 법률」 제29조제2항 및 「증권명의개서대행업무규정」 제84조의6제3항에 따라 특별계좌부에 전자 등록된 주식에 대하여 아래와 같이 계좌 간 대체의 전자등록을 신청합니다.

1. 주권 제출 : 본인명의□ 타인명의□

▣ 제출 주권내역

발행회사명	매수	주식수	명의인	교체여부

2. 주권취득사유(1. 주권제출 : 타인명의 선택 시 기재)

매매□ 증여□ 증권회사출고□ 우리사주□ 상속□ 압류□ 법원판결□ 기타□( )

※ 타인명의의 주권을 제출하는 경우에는 신규 전자등록 이전에 해당 주권을 적법하게 취득하였음을 증빙할 수 있는 서면(계약서, 출고확인서, 판결문 등)을 첨부하여야합니다.

3. 주권 미소지 : 미수령□ 불소지□ 제권판결(분실)□ 기타□( )

발행회사명		주식 수		비고	

4. 전자등록계좌 (신청인 본인 명의의 계좌에 한합니다)

증권회사명	계좌번호	계좌주

위와 같이 신청합니다.

년 월 일

신 청 인 성명 (상호) :
주민(사업자)등록번호 :
주소 :
전화번호 :

서명/등록인감

- ※ 표시란은 기재하지 마십시오.
- 대리인이 신고할 경우에는 아래의 위임장을 작성하고 신분증(주주, 대리인포함)을 제출하여 주십시오.

※	실소유자 확인	실명확인/접수/인감	심사/검인

대리인 청구의 경우 위임장

위의 사항을 아래의 대리인에게 위임하여 청구합니다.

대리인에 관한 사항

성 명	주민(사업자)등록번호	주 소(전화번호)	위임자와 관계

위임자 (등록인감)

7. 직접등록계좌개설 및 업무참가 신청서(법인)

KSD 한국예탁결제원

(전면)

직접등록계좌개설 및 업무참가 신청서(법인)

계좌번호*	
계 좌 명	

※ 표시란은 기재하지 마십시오.

한국예탁결제원 귀중

- 한국예탁결제원에 아래의 계좌개설 및 업무참가를 신청함에 있어 「자본시장과 금융투자업에 관한 법률」, 「주식·사채 등의 전자등록에 관한 법률」 등 관련 법령, 한국예탁결제원의 관련 규정, 해당 업무에 관한 제약관(향후 제·개정되는 것을 포함한다), 처리관행 및 조치사항 등을 준수할 것을 확약합니다.
- 한국예탁결제원과의 업무처리에 필요한 전자적 업무처리시스템(e-SAFE)에 참가하며, 전자금융거래약관(향후 제·개정되는 것을 포함한다)을 준수할 것을 확약합니다.

□ 위 내용에 대하여 동의합니다.

1. 계좌개설 자격 요건 확인 (신청사항에 √ 하십시오)

자격 요건	□ 「자본시장과 금융투자업에 관한 법률」 제9조제1항에 따른 대주주
	□ 담보 제공자

- 대주주인 경우 발행회사가 이를 확인하는 별도의 첨부서류를 제출해야 합니다.

2. 계좌개설자 정보

법인명 (한글)		법인명 (영문)	
법인등록번호		사업자등록번호	
관리주소			
관리부서			
전화번호			
이메일 주소			

3. 은행계좌 정보

예 금 주	※법인명의 은행계좌만 가능		
은 행 명		은행 계좌번호	

- 통장사본을 첨부해 주시기 바랍니다.

4. 사용인감 신고 (사용인감을 신고하고자 하는 경우에 한해 해당란에 날인하십시오)

사용인감 인영

※ 붙임서류 1. 법인등기부등본*, 법인인감증명서*, 사업자등록증사본 각1부
2. 은행 통장사본 1부
3. 본인확인서(FATCA/CRS 신고서) 1부
4. 대주주인 경우 대주주 확인서 1부
* 이 신청일로부터 역산하여 3개월 이내에 발급된 법인등기부등본 및 법인인감증명서에 한함

신청일 년 월 일

주 소 :

상 호(또는 명칭) :

대표이사(또는 대표자) : (인) (법인인감)

8. 직접등록계좌개설 및 업무참가 신청서(개인)

KSD 한국예탁결제원

(전면)

직접등록계좌개설 및 업무참가 신청서(개인)

계좌번호*	
계 좌 명	

※ 표시란은 기재하지 마십시오.

한국예탁결제원 귀중

- 한국예탁결제원에 아래의 계좌개설 및 업무참가를 신청함에 있어 「자본시장과 금융투자업에 관한 법률」, 「주식·사채 등의 전자등록에 관한 법률」 등 관련 법령, 한국예탁결제원의 관련 규정, 해당 업무에 관한 제약관(향후 제·개정되는 것을 포함한다), 처리관행 및 조치사항 등을 준수할 것을 확약합니다.
- 한국예탁결제원과의 업무처리에 필요한 전자적 업무처리시스템(e-SAFE)에 참가하며, 전자금융거래약관(향후 제·개정되는 것을 포함한다)을 준수할 것을 확약합니다.

□ 위 내용에 대하여 동의합니다.

1. 계좌개설 자격 요건 확인 (신청사항에 √ 하십시오)

자격 요건	□ 「자본시장과 금융투자업에 관한 법률」 제9조제1항에 따른 대주주
	□ 담보 제공자

- 대주주인 경우 발행회사가 이를 확인하는 별도의 첨부서류를 제출해야 합니다.

2. 계좌개설자 정보

성 명			
주민등록번호	–	국 적	
신청 아이디		전 화 번 호	※ 핸드폰번호 포함
이메일주소			
주 소			
거주자 확인	□ 「소득세법」에 따른 거주자임을 확인합니다.		

- 거주자란 국내에 주소를 두거나 183일 이상의 거소를 둔 개인을 말합니다.

3. 은행계좌 정보

예 금 주	※ 본인명의 은행계좌만 가능		
은 행 명		은행 계좌번호	

- 통장사본을 첨부해 주시기 바랍니다.

4. OTP(One Time Password) 발급 (신청사항에 √ 하십시오)

OTP 종류	□ 모바일
	□ 실물

- 모바일OTP 발급시 별도의 모바일앱을 본인 핸드폰에 직접 다운로드해야 합니다.

5. 업무알림 정보(신청사항에 √ 하십시오)

수신여부	☐ 수신
	☐ 미수신
알림수단 (※알림 미수신시 공란)	☐ 이메일
	☐ 문자메시지

- 알림미수신 선택시 한국예탁결제원은 주요 정보에 관한 고지 및 통지 의무를 지지 아니합니다. 다만, 일부 중요한 사항에 대해서는 고객 의사와 상관없이 알림이 통보될 수 있습니다.

6. 인감/서명 신고 (인감 또는 서명을 신고하고자 하는 경우에 한해 해당란에 날인 또는 서명 하십시오)

날인 또는 서명

신청일 년 월 일

(인) (날인 또는 서명)

제 출 서 류	
내국인 거주자	가. 실명확인증표(주민등록증, 운전면허증) 나. 개인정보의 수집·이용·제공에 관한 동의서 1부 다. 은행 통장사본 1부 라. 본인확인서(FATCA/CRS 신고서) 1부 마. 대주주인 경우 대주주 확인서 1부
외국인 거주자	가. 실명확인증표(거소신고증, 외국인등록증) 나. 개인정보의 수집·이용·제공에 관한 동의서 1부 다. 은행 통장사본 1부 라. 본인확인서(FATCA/CRS 신고서) 1부 마. 외국인등록증 지참시 외국인등록사실증명서 1부 바. 대주주인 경우 대주주 확인서 1부
대리인 방문시	가. 실명확인증표(본인 및 대리인 실명확인증표) 나. 개인정보의 수집·이용·제공에 관한 동의서 1부 다. 은행 통장사본 1부 라. 본인확인서(FATCA/CRS 신고서) 1부 마. 본인의 인감증명서 1부 바. 위임장 1부 사. 대주주인 경우 대주주 확인서 1부

9. 직접등록계좌 사용자신고 등 제신청서

KSD 한국예탁결제원

직접등록계좌 사용자신고 등 제신청서

계좌번호	
계 좌 명	

한국예탁결제원 귀중

한국예탁결제원에 아래와 같이 사용자신고 등 제신청을 함에 있어 한국예탁결제원의 관련 규정, 전자금융거래기본약관 등 제약관(향후 제·개정되는 것을 포함한다) 및 조치사항 등을 준수할 것을 확약하며 이에 아래 신청서를 제출합니다.

1. 사용자신고 (신청사항에 √ 하십시오) 사용자(□등록 □해지)

구 분	내 용
성 명	필수
생년월일	필수
회원 ID	필수
부 서 명	
전화번호	필수

○ 사용자등록을 신청하기 전에 반드시 **SAFE 시스템(http://e-safe.ksd.or.kr)에서 회원가입**을 하여야 합니다.
○ 사용자 아이디(ID)를 분실한 경우에는 SAFE 시스템 초기화면의 '**ID/PW 찾기**'를 이용하여 확인하시기 바랍니다.

2. 업무 권한 등록/해지 (신청사항에 √ 하십시오) 업무 권한(□등록 □해지)

업무 권한	☑ 직접등록계좌 관리 업무(□고객담보관리 업무 미포함)

3. 실물OTP(One Time Password) 발급 (신청사항에 √ 하시고, 신분증 지참 후 방문하시기 바랍니다)

구 분	□ 발급	□ 반납	□ 분실
본 인 : (본인 방문시) 대 리 인 : (대리인방문시) OTP번호 : OA□□-□□□□	□ 신규 발급 □ OTP재발급	□ 사용자해지 □ 기타( )	

4. 실물OTP(One Time Password) 인계 (신청사항에 √ 하시고, 신분증 지참 후 방문하시기 바랍니다)

OTP	인계자	인수자
OTP번호 : OA□□-□□□□	본 인 : (본인 방문시) 대 리 인 : (대리인방문시)	본 인 : (본인 방문시) 대 리 인 : (대리인방문시)

※ 사용자 유의사항

○ 법인사용자는 범용법인 인증서 또는 e-SAFE 인증서를 사용하실 수 있습니다.
○ Windows 프로그램을 정기적으로 업데이트하고, 바이러스 백신프로그램을 반드시 설치하여 업무용 PC를 보호하시기 바랍니다.
○ 최초 로그인 후 업무 알림 정보 사항을 선택해 주시기 바랍니다 (경로 : 마이페이지 -> 법인계좌정보 -> 개인정보수정)

신청일: 년 월 일

주 소 :
상 호 :
대표이사 : (인) (법인인감※ 또는 등록인감)

※ 법인인감 날인 시 법인인감증명서 첨부(이 신청일로부터 역산하여 3개월 이내에 발급된 법인인감증명서에 한함)

10. 전자등록증명서 발행신청서

KSD 한국예탁결제원

전자등록증명서 발행신청서

한국예탁결제원 귀중

「주식·사채 등의 전자등록에 관한 법률(이하 “법”이라 한다)」 제63조제1항에 의해 발행된 전자등록증명서를 「공탁법」에 따라 공탁하거나 「자본시장과 금융투자업에 관한 법률」 제171조에 따라 보증금 또는 공탁금으로 대신 납부하기 위한 경우 외에는 사용하지 않을 것과 공탁된 전자등록주식등을 수령할 자 등(법 시행령 제44조제2항제5호에 따른 자를 말한다)의 신청에 따라 귀원이 해당 전자등록주식등에 대하여 계좌간 대체의 전자등록을 하여도 이의 없음을 확약하며, 아래와 같이 전자등록증명서의 발행을 신청합니다.

1. 소유자에 관한 사항

성 명 (명 칭)	주민등록번호 (사업자등록번호)	고객계좌번호 계좌관리기관(계좌번호)	주 소

2. 전자등록 증권등에 관한 사항

증권구분	종 목	수 량
	(종목코드)	
	(종목명)	

3. 사용목적

가. 제출처 :

나. 용 도 :

※ 붙 임 : 고객계좌부 사본 1부.

년 월 일

계좌관리기관 : (인) 신고인감

접 수	입 력	검 인

※ 표시란은 기재하지 마십시오.

참고문헌

1. 단행본

박임출, 「전자증권법의 이해」(율곡출판사, 2020)

법원행정처, 「공탁실무편람」(2015)

이철송, 「회사법강의」(박영사, 2021)

임재연, 「회사법 I」(박영사, 2022)

임재연, 「자본시장법」(박영사, 2021)

최준선, 「회사법」(삼영사, 2022)

한국사법행정학회(편집대표 김용덕), 「주석민법(물권법)」(2019)

한국예탁결제원, 「주식·사채 등의 전자등록에 관한 법률 및 동 시행령 조문해설서」(2020)

한국예탁결제원, 「증권예탁결제제도」(박영사, 2018)

한국증권법학회, 「자본시장법 주석서 II」(박영사, 2015)

허항진, 「전자단기사채제도의 이해」(한국학술정보, 2011)

2. 학술논문

고동원, "주식등의 전자등록 제도 도입에 따른 관련 법제의 개선방안", 「예탁결제」 제109호(2019)

김광록, "전자증권제도의 도입에 따른 상법상 주주명부의 지위에 관한 고찰" 「법학연구」 제31권 제1호(2020)

김병연, "주식·사채 등의 전자등록제도의 도입에 관하여", 「증권법연구」 제19권 제3호(2018)

김사엽, "유가증권 공탁제도의 문제점과 개선방향」, 「예탁결제」 제102호(2017)

김지환, "주식의 전자등록제도에 있어서 주주 보호 방안" 「상사법연구」 제34권 제1호(2015)

김홍기, "전자증권법의 시행에 따른 법적 쟁점과 과제", 「연세법학」 제34호(2019)

노혁준, "전자증권법의 상법상 쟁점에 관한 연구: 주식관련 법리를 중심으로", 「비

교사법」 제24권 제4호(2017)
문판수, “주식 전자등록제도의 법적 개선방안”, 성균관대학교 박사학위 논문(2021)
박철영, “전자증권제도에 의한 주식제도의 변화와 주주명부의 기능 강화”, 「기업법연구」 제32권 제2호(2019)
심인숙, “주식에 관한 전자등록제도 시행에 즈음한 법적 문제점 검토”, 「중앙법학」 제19집 제4호(2017)
오영표, “KRX 금시장의 법적 쟁점”, 「기업법연구」 제28권 제3호(2014)
원용수, “프랑스의 증권예탁결제제도”, 「비교사법」 제3권 제2호(1996)
장영수, “전자증권법의 주요 쟁점에 관한 소고”, 「기업법연구」 제35권 제3호(2021)
장영수, “전자증권소유자의 권리행사 개선과제－주주명부제도 및 집단적 권리행사제도를 중심으로－”「경영법률」 제32집 제2호(2022)
주정돈, “증권예탁제도와 전자등록제도에 관한 비교법적 검토”, 「예탁결제」 제99호(2016)
정경영, “전자증권의 법적 성질과 전자등록제도에 관한 고찰”, 「상사법연구」 제22권 제3호(2003)
정대익, “독일 전자증권법의 주요내용에 대한 검토”, 「금융법연구」 제18권 제3호(2021)
정성구, “전자증권과 담보”, 「BFL」 제96호(2019)
정승화, “전자증권 발행 및 유통상의 주요 이슈”, 「BFL」 제96호(2019)
정승화, “전자증권제도 시행의 주요 법적과제”, 「외법논집」 제43권 제1호(2019)
정찬형, “전자증권제도의 도입에 따른 법적 과제” 「상사법연구」 제22권 제3호(2003)
최지웅, “전자증권제도의 시행과 주주명부제도 개선과제”, 「경영법률」 제28권 제4호(2018)
최지웅, “전자증권법제의 도입 및 향후 법적 정비 과제”, 「증권법연구」 제20권 제3호(2019)
허항진, “일본의 주권전자화제도와 주요 실무적 쟁점에 관한 고찰”,「비교사법」 제17권 제1호(2010)

3. 연구보고서

법원행정처, 「각국의 공탁제도에 관한 연구」, 2016

사법정책연구원, “공탁제도 및 공탁절차에 관한 개선방안”, 2022

삼일pwc, 「전자증권제도 도입에 따른 사회경제적 기대효과 연구」, 연구용역보고서, 2017

서울대학교 금융법센터, 「전자증권법 시행에 따른 상법 정비방안」, 연구용역보고서, 2018

자본시장연구원, 「국내 전자증권제도의 효율적 도입방안에 관한 연구」, 연구보고서 09-01, 2009

자본시장연구원, 「거래소 인수·합병: 동향과 사례」, 2010

자본시장연구원, 「전자증권제도 도입 효과 분석」, 연구용역보고서, 2014

자본시장연구원, 「비상장회사의 전자증권제도 참여확대방안 연구」, 연구용역 보고서, 2020

한국증권법학회, 「전자증권제도 법제화방안」, 증권예탁결제원 연구용역보고서, 2006

4. 외국문헌

○ 일본자료

金融法委員会, “振替株式等と商事留置権の成否について”, 金融法務事情No.2052, 2016

森田宏樹, “有価証券のペーパーレス化の基礎理論”, Discussion Paper No. 2006-J-23(日本銀行金融研究所, 2006

島田志帆, “振替株式の権利行使方法と今後の課題-近年の最高裁決定を中心として-”, 「立命館法學」第338号, 2011

證券受渡決濟制度懇談會, 總株主通知等の請求·情報提供請求におけ正堂な理由について解釋指針, 2009

○ 영문자료

DTCC, From physical to digital advancing the dematerialization of U.S. securities, A White Paper to the Industry, 2020

Kenneth D. Garbade, Origins of the Federal Reserve Book-Entry System, FRBNY Economic Policy Review, 2004

Valerie Combs, The Law of Intermediated Securities: U.C.C. versus UNIDROIT

Commentary, Alabama Law Review Volume 58, 2006

5. 기타자료

○ 보도자료

금융위원회, "전자증권제도 도입방안"(2015.5)

금융위원회, "ETF·ETN시장 건전화 방안"(2020.5.15)

금융위원회, "「증권형 토큰 발행·유통 규율체계 정비방향」 의견수렴을 위한 정책 세미나 개최"(2022.9.6)

법무부·금융위원회, "전자증권제도 및 법령 주요내용"(2019.9.16)

법무부·금융위원회, "오늘부터 전자증권제도가 시행됩니다. 전자증권제도, 혁신과 공정을 위한 새로운 시대를 엽니다."(2019.9.16)

한국예탁결제원, "전자증권제도 시행 1년간의 성과"(2020.9.16)

한국예탁결제원, "전자증권제도 시행 2주년의 성과"(2021.9.16)

한국예탁결제원, "전자증권제도 시행 3주년의 성과"(2022.9.16)

○ 신문기사

머니투데이, "종이주식 없는 전자증권제 도입 본격추진"(2014.9.24)

머니투데이, "원유ETF·ETN 액면병합 추진…변동성 낮추기 고육지책"(2020.5.10)

머니투데이, "주식이 아니라… ETF·ETN 액면분할·병합 안된다"(2022.4.13)

○ 국회자료

국회 정무위원회, "증권등의 전자등록에 관한 법률안 검토보고(이종걸 의원 대표발의, 의안번호 12722)", 제331회 국회(임시회) 제3차 정무위원회(2015.3)

국회 정무위원회, "주식·사채 등의 전자등록에 관한 법률 일부개정법률안 검토보고(김용태의원 대표발의, 의안번호 23758)", 제376회 국회(임시회) 제1차 정무위원회(2020.2)

국회 농림축산식품해양수산위원회, "수산업협동조합법 일부개정법률안(김우남의원 대표발의, 의안번호 18712)", 제342회 국회(임시회) 제2차 전체회의(2016.5)

찾아보기

[ㅈ]

[기타]

[저자 약력]

심 영

연세대학교 법학사, 법학석사
University of London(QMW) Ph.D. in Law
법무부 상법특별위원회 위원장
금융위원회 비상임위원
현: 연세대학교 법학전문대학원 교수

김사엽

성균관대학교 법학과 졸업
연세대학교 일반대학원 법학과 석사
현: 한국예탁결제원 차장

전자증권법 해설서

초판발행 2024년 11월 15일

지은이 심 영 · 김사엽
펴낸이 김중용

편 집 심성보 · 김인숙

펴낸곳 도서출판 정독
경기도 고양시 일산서구 하이파크로 113, 102-204
등록 제406-2014-000093호
전 화 031)924-7203 팩 스 031)935-0345
홈페이지 www.jeongdok.co.kr 이메일 admin@jeongdok.co.kr
ISBN 979-11-6858-312-2 93360

※ 무단복사 및 전재를 금합니다. 파본 및 낙장본은 교환하여 드립니다.

정 가 20,000원